长清地方史志系列图书

九省御道过长清

王景禹题

曹建民 著

中共济南市长清区委党史研究中心
济南市长清区地方史志研究中心 编

山东友谊出版社·济南

图书在版编目（CIP）数据

九省御道过长清 / 中共济南市长清区委党史研究中心，
济南市长清区地方史志研究中心编；曹建民著. -- 济南：山东
友谊出版社，2025.1
　　ISBN 978-7-5516-3332-1

Ⅰ. K295.24

中国国家版本馆CIP数据核字第2025E4B129号

九省御道过长清
JIU SHENG YUDAO GUO CHANGQING

封面题签：王景吾
责任编辑：孙　锋
装帧设计：刘一凡

主管单位：山东出版传媒股份有限公司
出版发行：山东友谊出版社
　　　　　地址：济南市英雄山路 189 号　邮政编码：250002
　　　　　电话：出版管理部（0531）82098756
　　　　　　　　发行综合部（0531）82705187
　　　　　网址：www.sdyouyi.com.cn
印　　刷：济南乾丰云印刷科技有限公司

开本：710 mm×1 000 mm　　1/16
印张：24.75　　　　　　　　字数：350 千字
版次：2025 年 1 月第 1 版　　印次：2025 年 1 月第 1 次印刷
定价：98.00 元

"长清地方史志系列图书"编委会

主　任：肖　辉　王士强

副主任：刘振强　陈　楠

委　员：何长勇　胡立涛　付　勐　马　雍　魏　珺

　　　　房志明　宋好修　司家国　王　林　田　超

《九省御道过长清》编审人员

总编审：刘振强

主　编：魏　珺　房志明

副主编：边绍林　李　鹏

著　者：曹建民

编　辑：郗文成　王　珊　杜文琦　李子薇

摄　影：曹建民

编　务：卢云华　赵志波

序言

　　历代帝王到各地巡视,是封建王朝加强大一统国家统治和发展的重要政治活动。清朝也不例外。从顺治十年(1653)始,逐步开通、恢复了明朝起就开始修建的从京城通往东南各省的一条大道,其途经九个省,故称"九省通衢";因为是专门为皇帝巡视所修,故又称"九省御道"。这条御道成为沟通我国东部南北交通的大动脉。长清境内的九省御道,大体位于今104国道东侧,这里沿泰山西侧断裂带延伸,北接直隶,中贯山东,南达江淮及浙、赣、闽、粤诸省,素有"齐川通鲁"之誉。其绵延一百多华里,因称"百里御道"。它的开通,带动了长清东部的政治、经济、文化等各方面的发展。

　　古道旧尘让人追忆,车马嘶鸣犹如昨日。在长清百余里的古道旁,留下了许多往事和印记,值得今人寻迹思考。乾隆作为清朝统治史上一位极有影响的皇帝,六下江南巡视、八次驻跸灵岩寺、十一次去泰山,均经行"九省通衢"驿路之长清段。对此地方志书和宫廷文献都有记载。乾隆皇帝还专门令人写下长篇图记《南巡盛典》,详细记录了行走路线及过程。在此前后的近三百年时间里,帝王将相、文人学士经行此地,写下了大量诗文,也发生了许多可圈可点的历史事件。九省御道对清代以来中国的南北文化交流、地域融合产生了深刻影响,是一条具有高知名度的文化走廊。深入挖掘御道文化,能为长清旅游开发提供文脉基础,也能给长清经

济带来发展契机。可以说御道文化是上天赐给长清的宝贵财富,我们应该开发利用好这一得天独厚的文化资源。

长清文史爱好者曹建民先生长年坚持挖掘长清古文化,孜孜以求,是一位非常敬业的本土作家。他在中共长清区委党史(史志)研究中心的大力帮助下,已撰写出了"长清地方史志系列图书"其中的三部专著,可喜可贺,劳苦功高。至此,"长清的风,吹越三百里"(长城一百公里、黄河一百里、御道一百里)活动的收官之作——《九省御道过长清》正式出版,为我区文史研究工作又提供了新内容。该书主要分御道寻踪、灵山秀水、古村剪影、金石遗文、津梁营汛、乾隆行宫、名士先贤、逸闻趣事、四途同归、风物特产等十个章节,对百里御道加以详细记述,旨在让读者了解长清东部清代以来(部分涉及更久远的历史)各方面的发展情况。作者还耗费大量时间和精力,辑录116首乾隆过长清所作诗作,让读者一起欣赏这位封建皇帝是如何赞美我们长清美好景色的。

总之,作者状摹御道旧时风物,钩稽御道陈年遗事,描绘御道风土风貌,全方位忠实记录了长清百里御道的点点滴滴,其感情真挚、文字优美、史料可信。阅读此书,一定会让读者对长清东部产生更加深刻的认识。近者悦,远者来,阅读此书一定能让读者产生心向往之,极欲一睹风采,从而品味、关注、热爱美好长清的兴趣。

回望是为了远瞩,温故是为了知新。相信本书的出版,一定能为加快长清高质量发展提供有益借鉴。开卷有益,希望大家抽时间阅读一下此书,定会有丰厚收获。

2024 年 11 月

目　录

第一篇

御道寻踪

康乾时期，清朝进一步巩固和发展了统一多民族国家，社会基本安定，国家逐渐富强。尤其是乾隆执政期间，政治、经济、军事、文化达到鼎盛，史称"康乾盛世"。为了疏通京城到南方各省的交通，朝廷专门修建了一条贯穿南北的道路，连通北直隶、鲁、苏、皖、豫、浙、赣、闽、粤等九省，成为京城与南方各省的交通要道之一，后称"九省通衢"。这条御道随着政治的稳定、经济的繁荣，逐步成了连接京城与南方各省的纽带。皇帝巡幸，人马车轿不绝于路，凡是"御辇经临"的地方，都要逢山开路，遇水架桥。御道的开通，不仅为这位"马背上的皇帝"提供了出行方便，更有利于朝廷笼络江南各省民众的人心、缓和满汉矛盾。

乾隆盛世达巅峰

　　清高宗爱新觉罗·弘历(1711年9月25日—1799年2月7日),清朝第六位皇帝,入关后之第四位皇帝。年号乾隆:"乾",意思是天运;"隆",意思是兴隆,"乾隆"之意,就是天道昌隆、天运兴隆之意。他25岁登基,在位60年,禅位之后为太上皇,又执政了3年零4个月,实际行使国家最高权力长达63年零4个月,是中国历史上实际执掌国家最高权力时间最长的皇帝,也是中国历史上寿命最长的皇帝。乾隆皇帝于嘉庆四年(1799)正月初三日去世,享年89岁。庙号高宗,谥号法天隆运至诚先觉体元立极敷文奋武钦明孝慈神圣纯皇帝,葬于清东陵之裕陵。

　　乾隆帝在位期间,清朝政治、经济、军事、文化达到了空前昌盛,将中国帝制时代第三个王朝盛世康乾盛世推向了顶峰。康熙、雍正开创了一个强盛的王朝时代,乾隆皇帝发扬光大,将文治武功推向了鼎盛,巩固了多民族国家的统一,社会稳定,经济繁荣,国家富强。乾隆皇帝重视水利建设,鼓励生产,发展农业,国库极大地充实;他统治期间文化繁荣,纂修《四库全书》《满文大藏经》等文化典籍;武功鼎盛,平定边疆地区叛乱,维护了国家统一,开拓疆土,加强民族融合,完善对西藏地区的统治,重新将新疆地区纳入中国版图,使清朝的版图达到最大,疆域1300余万平方公里。

图 1—1　乾隆画像

乾隆皇帝一生创造了许多历史之最,主要包括七个方面:

第一,中国历史上执政时间最久的皇帝。康熙皇帝在位 61 年,应该是在位时间最久的皇帝。而乾隆皇帝在位 60 年,虽不如康熙时间长,但是,他 25 岁登基,实际执掌皇权近 64 年,因此是中国历史上执政时间最长的皇帝。

第二,中国历史上最长寿的皇帝。中国古代帝王之中,60 岁以上的有 36 人,70 岁以上的有 12 人,而 80 岁以上的只有 6 人,分别是梁武帝萧衍 86 岁、唐女皇武则天 82 岁、五代吴越王钱镠 81 岁、宋高宗赵构 81 岁、元世祖忽必烈 80 岁、清高宗弘历 89 岁。

第三,清代统治疆域最辽阔的皇帝。极盛之时,版图总面积达 1300 余万平方公里。

第四,中国古代统治人口最多的皇帝。康熙六十年(1721),全国人口数为 2740 万人;雍正八年(1730),为 2550 万人;到了乾隆五十八年(1793),总人口达到 31328 万人。

第五,中国古代国家经济最繁荣的皇帝。顺治九年(1652)国库收入

2428 万两；康熙二十四年（1685）为 3200 万两；乾隆三十一年（1766）为 4858 万两。

第六，中国古代纂修规模最大的文化丛书的皇帝。《四库全书》是一部乾隆年间完成的大型丛书，分经、史、子、集四部，故名四库。全书收录了 3460 余种古书，共计 7.9 万余卷，3.6 万余册，约 8 亿字，基本囊括了中国古代主要典籍，故称全书。

第七，世界历史上写诗最多的皇帝。在世界史上，各个历史时期的各国君主中，著述最为丰富的皇帝，应首推乾隆皇帝。他宏富的著作包括《乐善堂全集》30 卷、《御制诗初集》44 卷、《御制诗二集》90 卷、《御制诗三集》93 卷、《御制诗四集》200 卷、《御制诗五集》89 卷、《御制诗余集》20 卷、《御制文初集》30 卷、《御制文二集》44 卷、《御制文三集》16 卷、《御制文余集》2 卷。乾隆皇帝作诗合计 43630 首，作文合计 1035 篇。乾隆个人诗文集如此数量庞大，是前所未有的。康熙年间编纂的《全唐诗》九百卷，收录唐代 300 年间 2529 位诗人的诗作 48900 余首。陈尚君先生《全唐诗补编》中，收录全唐诗诗人 3800 人的诗作 55730 首。乾隆皇帝一人之作，足可与全唐诗人的总诗作数相媲美。

也正是这位文功武治的皇帝的"伟绩"，造就了他闭关锁国、故步自封的治国方略；他屡次南巡，耗巨资修建九省御道，为大清江山的危机埋下了伏笔。

通衢大道连九省

　　从明朝起,朝廷为了疏通京城到南方各省的交通,开始修建一条贯穿南北的道路,连通北直隶、鲁、苏、皖、豫、浙、赣、闽、粤等九省,成为京城与南方各省的交通要道之一,后称"九省通衢"。这条大道于清顺治时期明确为国家御道后迅速发展,特别是自康熙皇帝南巡开始,这条大道又得到了大规模重修。据史料记载,康熙皇帝于康熙二十三年至四十六年(1684—1707)的24年之间、乾隆皇帝于乾隆十六年至四十九年(1751—1784)的33年之间,分别各六次南巡,除走京杭大运河外,或往或返,基本都要经过山东,走一次这条御道。其间,乾隆帝于乾隆十三年至五十五年(1748—1790)间五次东巡山东,登泰山祭祀、到曲阜参加祭孔活动。

　　乾隆执政年间,国库充盈,社会安定,这条御道随着政治的稳定、经济的繁荣,达到了鼎盛时期。皇帝巡幸,人马车轿,不绝于路,凡是御辇经临的地方,都要铺路修桥。一天路程之内必须建一座行宫或大营,供皇上一行人马休息。

　　民间对这条大道还有"九省御道""阳光大道""阳关大道""两京大道"等多种叫法。但不论哪种叫法,沿途百姓们只要一提起御道,言语神色里总会带着一种自豪感。

　　乾隆帝长年奔波于南巡路上,他的六次南巡,始于乾隆十六年

（1751），止于乾隆四十九年（1784）。也就是说，乾隆皇帝从 41 岁壮年开始，一直到 74 岁的老年时期，都在南巡之中：第一至第四次，是陪同皇太后南巡，皇太后时年 60 岁到 74 岁；第五、六次，是乾隆自己巡游，时年 70 岁到 74 岁。乾隆皇帝执政 60 年，认为有两件大事值得自豪：一是西部用兵，边疆安定；二是六次南巡，天下晏然。同时，他留下了大量诗篇，其中赞美山水和行宫的诗句颇多。如：

山环水复水环山，月地云居山水间。

寺侧离宫临绝胜，春来驻跸寄几闲。

乾隆认为出巡是一种必要的管理手段，一举多得，不只领略中国的大好河山，饱了眼福，主要的还是集省方问俗、察吏安民、阅武视文、祭祀山川先贤、笼络江南士人、缓和满汉矛盾诸种目的于一体。为此他专门令高晋等人编写了 120 卷的《南巡盛典》这部大型图书，详细记载了乾隆十六年（1751）、二十二年、二十七年、三十年途经直隶、山东四次南巡两江两浙的情况。

那当时御道的路况又是怎样的呢？当然是那个时代的"高配"：道路在一段里程内要笔直，不能随意弯曲；该拐弯处要"藏风水"，不能绕大弯；路面要平整坚实，石板桥上要黄土铺垫，车驾经过时要清水洒街以浥扬尘。路宽也有制式规定：帮宽 3 尺，中心正路宽 1 丈 6 尺，两旁马道各 7 尺。这样算来，总路宽能达到 33 尺（约 11 米），在 260 年前这已是非常宽阔的大道了。但这也只是最基本的标准，到沿途城镇驻地道路宽度要增加一倍以上。民间还有"南京到北京，御道十八弓"的说法，一弓折合 1.67 米，十八弓则有 30 余米，也就是说路最宽处可达 30 多米。

高宗不管是南巡还是东巡的路线，都是巡行前几年由朝里大臣提拟，后经路过的各省据实提出修改意见后而确定的基本固定的路线，每次也时有调整。但无论怎么规划，由于长清特殊的地理位置，乾隆的六次南巡、八至灵岩、十一次来到泰山，几乎每次都要走长清的百里御道。为了方便，也图观赏沿途景色，在长清百里御道上光乾隆行宫就建了三座，自北而南分别是潘村行宫、崮山行宫、灵岩行宫,另外还有大营和尖营等。
行宫是皇帝可以长住的地方,规格很高,只有皇帝等少数人可以在行宫内
过夜;大营主要供皇亲贵胄、随扈王公大臣以及禁卫部队住宿使用;尖营
须环绕在行宫周边设置,除固定的大营外,皇帝的亲随人员、品级较低的
官员、值班的守卫等,在尖营里过夜。

图1-2　《南巡盛典名胜图录》书影

　　一个县内的百里御道上就设三处行宫,这在乾隆南巡几千公里的路
线上是不多见的,且潘村行宫到崮山行宫只有不到二十里,在咫尺之间再
多加一处行宫,正说明了乾隆对长清百里山川厚爱有加。尤其是对我国
四大名刹之首的大灵岩寺更是情有独钟。他一生总共到过八次灵岩寺,
每次都赋诗八首,可说是历史上在长清留诗最多的一位。清代乾隆年间
编纂的《南巡盛典》共收入"名胜"155处,山东"名胜"中行宫数量最多,共
有9处,而仅一个长清县就占了三分之一。建在灵岩寺的灵岩行宫,有名
泉佳石可观赏,有历史文化可探寻。《南巡盛典》中记道:"灵岩行宫,在长
清县东南九十里。灵岩山一名方山,……上有黄龙、甘露、独孤、双鹤、卓
锡、石龟六泉;下为灵岩寺,寺内有铁袈裟,山石黑锈如铁,覆地如袈裟披
折之状,……峰壑秀美,谒岱岳者必纡径以造焉……"

据 1999 年文物出版社出版的《灵岩寺》一书记载："清乾隆二十一年(1756)高宗弘历下令在甘露泉西建造爱山楼行宫(俗称乾隆行宫)。同年建造驻跸亭。"乾隆八次来灵岩,皆驻跸行宫,并且每次都留下赞颂灵岩八景的诗句。其中乾隆四十一年(1776)在甘露泉驻跸亭留诗曰:

石罅淙泉清且冷,观澜每至小徜徉。

设云此即是甘露,一滴曹溪谁果尝。

由此,驻跸亭又称"观澜亭"。如今,灵岩寺甘露泉、卓锡泉、袈裟泉和飞泉等池壁上尚存有乾隆帝咏泉诗刻数方。另外,灵岩寺山门外的"御碑崖"和山上"白云洞"的崖壁上都有乾隆诗作碑刻,恐怕在九省御道上沿途留诗刻碑,灵岩也是最多的一处。

据资料显示,九省御道盛况最佳当数山东,而山东最佳当数长清。只因乾隆历次南巡多走运河水路,直达江南,而南巡也好,东巡也好,来山东曲阜、泰山是必须走陆路的。因此,长清这段御道是乾隆诸次南巡的必经之路——这在沿途各省也是少有的。因此,如果说乾隆南巡几千公里是一幅盛世行乐图卷的话,那长清则是图卷的点睛之笔,也是乾隆盛世最经典的注解。

康乾巡视留足迹

　　九省御道从顺治皇帝开始修建,康熙皇帝续建,乾隆皇帝完善,经历了100多年方完全形成规模。尤其山东是康、乾两位皇帝巡视最多的省份。一是山东物产丰富;二是离京城近,道路好走,更便于及时回京处理要务。据史料记载,两位皇帝分别六次南巡,每次都要经过山东;而乾隆对山东更是情有独钟,他除了南巡外,还五次东巡山东。

康熙皇帝南巡途经长清

　　清康熙皇帝在位期间,共有六次南巡活动。活动目的在于勘阅河工、巡视运河和漕运、劝课农桑。康熙南巡途经长清时间及路线如下。

　　第一次:康熙二十三年(1684),九月启程,十月五日入山东境,驻德州南关。六日抵达平原七里铺,七日抵达禹城二十里铺,八日抵达济南府,九日抵达长清大湾底(今万德)。十日进入泰安州,登泰山。后去曲阜,亲祀孔子庙。

　　第二次:康熙二十八年(1689)正月启程,十三日入山东境,驻德州西关。十四日进驻平原七里铺,十五日抵达齐河晏城村。十六日抵济南府,观趵突泉、珍珠泉,题词"作霖",驻长清张夏店。十七日抵达泰安州。

　　第三次:康熙三十八年(1699)二月启程,乘舟沿运河南下进入山东,没有经过长清。

第四次：康熙四十二年(1703)，正月启程，入山东境驻德州城外教场，依次过禹城黎济、齐河邱家岸。驻济南府时，赏珍珠泉，写三渡齐河诗；驻长清黄山店(今属市中区)，次日驻跸界首；然后登巡泰山，令免驻地及沿途欠收各县赋税。

第五次康熙四十四年(1705)和第六次康熙四十六年(1707)，均沿运河乘舟南巡，没入长清境。

乾隆皇帝南巡途经长清

乾隆皇帝在位期间，也有六次南巡活动，南巡终点多在苏、杭一带。沿途或视察水患，祭拜先贤，笼络人心；或召见文人学子，命题选士，网罗人才；或游览、诗咏沿途胜景。

第一次：乾隆十六年(1751)正月十三日启程，二十日进入山东境，驻德州小店。途经济南府长清县吴家庄、石家庄及公家庄大营。抵泰安府驻东大营，遣员祭泰山，去曲阜祭拜周公、孔子。

第二次：乾隆二十二年(1757)正月启程，二月二十六日入山东境，驻德州恩泉行宫。二十七日入驻平原李刘庄大营，二十八日驻跸齐河卫家庄大营，三月一日驻长清崮山大营。二日至九日，驻灵岩行宫、泰安府行宫等，沿途去灵岩寺、岱庙、南天门、碧霞祠、玉皇顶等地拈香。

第三次：乾隆二十七年(1762)正月启程，入山东境后驻德州行宫，经平原李刘庄大营、齐河卫家庄大营、长清崮山大营。遣员去泰安祭泰山，至曲阜祭拜周公、孔子。

第四次：乾隆三十年(1765)正月启程，入山东境后抵德州行宫，驻德州平原李刘庄大营、长清潘村大营。遣员祭东岳泰山，驻灵岩寺行宫。二月初，驻泉林行宫，祭拜周公、孔子。

第五次：乾隆四十五年(1780)正月启程，入山东境先后驻德州行宫，平原曲陆店行宫、李刘庄大营，齐河晏子祠行宫。经济南府长清县潘村大营到灵岩寺行宫。遣员祭东岳,拜周公、孔子。

　　第六次:乾隆四十九年(1784)正月启程,入山东境驻德州行宫。沿途驻平原曲陆店行宫、李刘庄行宫、晏子祠行宫,济南长清潘村行宫、灵岩寺行宫。抵泰安府行宫,于岱庙行礼,驻魏家庄行宫。

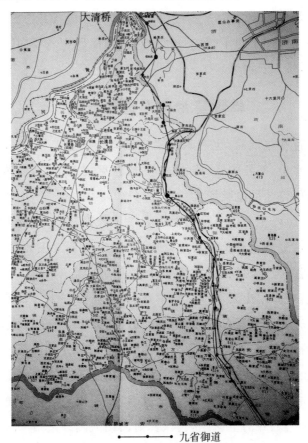

——→ 九省御道

图1—3　九省御道长清段走向图

　　另外,乾隆皇帝还于乾隆十三年至五十五年(1748—1790)间,曾五次东巡山东,登泰山拈香和到曲阜祭孔。不过除了乾隆十三年回京走了一次长清御道外,其余回程均走的是运河一线,虽每次都驻跸灵岩寺,但其余四次都是按原路返回运河,只走了长清境内万德部分御道。

一线百里过长清

　　据相关资料记载,长清御道在山东中段,从西北的大清桥入长清境,到南边的界首铺,经过了今平安、崮云湖、张夏和万德四个街道办事处,总长51公里,俗称"百里御道"。其间,基本上是先避开玉符河向东南行,从潘村东开始向南拐弯,经开山、炒米店,穿范庄、大崮山高地后进入中川河谷地,然后过大刘庄进入张夏街道红石岭到金庄、张夏村,经馒头山下茶棚过石店、青杨、土门到靳庄,后进入万德阴灵关,再从万德街到金山铺、长城铺、皮家店进店台铺,过界首铺经圣济桥出长清界入泰安境。一路基本同中川河同向而行。为尽量避免沙河带来的不便,多沿中川河东岸行进,其间因无法绕过东面山区下来的多股细流,故架设了十几座大石桥:经过崮云湖街道炒米店广惠桥、崮山无影桥,张夏街道张夏村北大桥、北普济桥、南普济桥、土门广济桥和永济桥,万德街道阴灵关桥、店台广生桥和界首普济桥等。最壮观的还有四道过街阁:张夏村玄帝阁、靳庄村真武阁、长城铺玉皇阁和店台铺真武阁等。

　　这条道不同于一般的交通大道,因为除了是皇帝走的御道外还是官道、驿道、贡道、香道,集多种功能于一身。直到19世纪初,这里开始有铁路、公路,发展到如今又有国道、高速公路、高速铁路,诸路集束于一条山谷之中,车水马龙,形成了我国东部南北交通大动脉。

长清境内的这条御道两边都是高山,处于泰沂山区狭长的断裂带上,成为长清东部唯一一条贯穿南北的孔道。这条道不但位置重要,景色也十分壮美。两面青山叠翠,中间中川河波澜不惊,这样的景色构成了长清东部的百里画廊,称为"长清百里锦屏秀"也不为过。因此,对于一生酷爱作诗的乾隆来说自是流连忘返,始终保持创作激情,在南巡沿途到底作诗多少首实在不好统计。他驻跸潘村行宫时,不仅把"橛山"改为"笔架山",还专门题写楹联;前行到开山,又想起同亡妻富察氏皇后同游济南城的往事,写下了五言绝句《开山驿》;驻跸崮山行宫,看到如此佳境,更是诗兴大发,挥笔狂书:

> 齐郊行不见燕山,旷野轻与目为闲。
>
> 今晓一峰忽入望,岩岩遥示岱宗颜。

当他路过万德长城铺时,看到齐长城与九省御道在此相汇,遂留诗一首:

> 乘山筑郭达琅琊,四起防门谨蔽遮。
>
> 策士合从资倡议,篝答天下属赢家。

到了灵岩寺,乾隆就更无法控制写诗的冲动,八次驾临对灵岩八景作诗竟达近百首,道出这位文治武功的皇帝为长清山水而陶醉的心情。

图1—4　乾隆南巡图

　　随着御道的通行,依托御道形成了许多村庄,各种道路四通八达,与之相接。各个驿站、铺舍相连,带动了沿线经济的发展。按照现在的数据,九省御道在长清境内达百里之多,而实际上旧时的总长度比现在还要长得多。因为康熙版、道光版、民国版《长清县志》上的《长清县四境图》和长清县地图显示,当时的长清县城比今天的面积要大得多。仅据民国《长清县志》载:长清县"至省城历城县治七十里,至茌平县治九十里,至肥城县治九十里,至齐河县治四十里"。1992年《长清县志》记载的史上长清面积最大时是1934年前后,曾达到了1854平方公里。地图显示当时县域形状大体呈蝴蝶状,而不是现在的三角形。1950年6月,济南市政府将原长清县第五区所辖的北店子、大金庄等41个村划属济南市郊区;1956年10月,将黄河以西赵官镇、胡官屯、仁里集和潘店4个区划归齐河县。现在长清区的总面积是1178平方公里。

　　因此,如果按历史沿革来看,原来长清境内古御道的总长度就不止一百里了。

第二篇

靈山秀水

劉金宣

　　长清百里御道从大清桥进长清境后，总体方向是沿玉符河一路东南行。这段属于山区与平原过渡区，基本没有山，视野开阔。到潘村后，逐渐进入两侧都是连绵群山的狭长地带。此时青山夹峙，绵延近百里，最窄处宽度只有数百米，一直延续到泰山。这些山挺拔俊秀，峰卓岭耸，多达几十座，并且大多都有一段或几段动人故事留下来。其间还有一条长清最长的大沙河（古称中川河）贯穿南北，与御道同向而行。中川河主流源头在泰山后，途中还有三个支流从山间流入，加上两边几座大中型水库、塘坝蓄水，为河道提供了丰富的水资源。因此这里山青水长，形成了一条美丽的百里画廊。

乾隆赐名笔架山

　　笔架山海拔287米,在百里御道的最北端,也是自古济南通往泰山的隘口。从此山开始,御道进入山区。这里山势嶙峋狰狞,地理位置险要,古时候就设有军事设施墩台。道光版《长清县志》载有"笔架山"条:"笔架山旧名'橛山',县东三十余里潘村行宫之左,峰形如列炬,乾隆间东巡赐名'笔架山'。"还有"李白文北走嶻崨即此山也,土人呼为奠山,而山阴之桥仍名嶻山桥,乃济南入泰安大道"之按语。"嶻"与"橛"虽含义有所不同,但互为异体字,现《新华字典》已查不到"嶻"字。不知为何,一处出现了两个不同写法。历来喜欢诗词歌赋的乾隆来到此处,驻跸潘村行宫,看到形似笔架的山峰,本来挺有雅致的,却被村人叫作"橛山"。橛者,"橛子"也。这也太直白了吧!朕要去泰山曲阜祭拜仙山、先圣,出门却碰到了橛子,岂有此理!难道此地就没出过文化人吗,取了个这么土气的名字?遂一道口谕,给它赐名为"笔架山",既丢掉了晦气,又显示出他的满腹经纶,也是情理之中的事。

图 2—1 笔架山

　　笔架山山形独特,风景秀丽,多有攀登者。据当地老乡说,山顶上原有一座危石奇峰,因为山下曾驻军,成了训练基地,从安全角度考虑把它炸掉了。这里枕山傍水(玉符河),实乃一块难得的宝地。

　　当时乾隆写没写诗没找到记载,倒是后来有个叫张元钧的举人作诗赞道:

　　　　山势嶙峋笔架名,圣皇巡幸赐恩荣。

　　　　羡池遥与嵋峰对,烟雨溟濛画不成。

亦山亦村名开山

　　开山在笔架山南，两山被一道山梁连在一起。开山海拔295.6米，因产大量优质石灰石而被开采几百年。据《长清区志》载："明洪武间(1368—1398)，陈氏由山西洪洞县迁居该村，以开山卖石营生，故命名开山。民国间，名开山庄。今名开山。"开山村就在开山下，山名也是村名。说起这个名字，至今开山村人还津津乐道。据他们介绍：村民们"靠山吃山"，自古以凿石卖石维持生活，可以说这座山养活了几十代开山人。

　　这里原是百里御道最窄处，两山夹峙，中间道路如同劈开了一扇巨大的石门。清代有个叫徐宗干的人，留诗《开山晚眺》赞道：

　　　　行行不觉夕阳冥，杨柳阴中长短亭。

　　　　前路万山半天黑，月光微露数峰青。

　　按照史书上的资料分析，最初两边山体的距离应该只有百米左右，甚至更近。而从明代建村起，村民就开始凿山卖石，养家糊口。经过数百年的开采，这扇门也就越开越大。后来这里建了水泥厂，更加快了向东开采山石的速度，使得山体逐渐缩小。厂房、民房建筑蚕食东移，如今已是山门大开，最窄处也在1000米以上。近些年开始对山体修补绿化，还大山一片绿色。

图 2—2　开山

　　据相关资料显示,乾隆二十二年(1757)春,乾隆皇帝第二次南巡,从大清桥入长清境后没有进济南府,而是沿御道东南行径直到潘村。当一行人爬坡行进,即将到达最高处的开山时,他不由自主地驻足回首,向东北遥望济南城。无奈被大山挡住视线。越是这样,他的心情越是沉重,触景生情,想起十年前携亡妻富察氏皇后曲阜拜孔庙、泰安登泰山,回程又同游济南城的往事,遂赋诗一首:

　　　　开山向平野,东北济城垂。

　　　　已过十年事,惟消片刻思。

　　　　了知如窅梦,何必惹清悲。

　　　　朝爽城犹近,前旌可慢移。

　　道出了他十年间无时无刻不在思念富察氏皇后的伤感和此生永不再入济南城的缘由。

　　如今的开山脚下,不再是只有一条九省御道,还开辟了津浦铁路、国道104线和京沪高速公路,建起了南、北两处大型高速路进出口,来往车辆川流不息,成为通衢大道上的一个十分重要的交通枢纽。

诗人罹难北大山

北大山，民国时期称"北达山"，位于御道右侧，与开山隔谷对望。两山对峙，如同为中间道路开了一扇巨大的石门。门东的山高，门西的山低。开山人把西面的山称为"西大山"，而此山与北大山实为一体，故南面各村统称其"北大山"。正是因为不同位置对山的不同称呼，曾一度引起人们对徐志摩坠机事故发生地的混淆，考证了很长一段时间。由于事故发生时大雾弥漫，而后又因记者报道时几次更改山名：相继为白马山、开山、北大山等，弄得人们一时难辨真伪。

北大山海拔高度仅有 225 米，但这座名不见经传的小山，却备受人们的关注，越来越多的文人墨客慕名而来。因为经过多方考证，最后认定这座山才是著名诗人徐志摩的遇难之地。

1931 年 11 月 19 日，35 岁的徐志摩搭乘邮政航班"济南号"飞机由南京飞往北平，因大雾影响飞行员视线而误触长清县北大山坠毁，一代诗人就这样悄悄地走了。此山成了诗人断魂之处。为了纪念这位诗坛巨匠，2006 年有关部门在当年诗人罹难处修建了"徐志摩纪念园"。徐志摩是民国时期著名诗人，他深受西方教育的熏陶及欧美浪漫主义和唯美派诗人的影响，形成了浪漫主义诗风。他先后任北京大学、光华大学、大夏大学和南京中央大学教授。代表作品有《再别康桥》《翡冷翠的一夜》等。其

中《再别康桥》里脍炙人口的诗句,直到今天还被广泛传颂:

  轻轻的我走了,正如我轻轻的来。

  我轻轻的招手,作别西天的云彩……

  北大山东西很长,到原来的石围子王村山体开始折向北延伸。在其拐弯处,山势突然陡峭起来。就在这个突兀的山顶上,有一个废弃多年的山寨,不知道在这默默地守望了多少年。

  山寨的寨门设于最险要处,四面均无视线死角。山顶平阔,有足球场大的山梁。山的南、北面全是悬崖峭壁,徒手难以爬上来。在山的东北面,有一片石屋,约有三十多间,均已塌陷。

图2—3 北大山

  站到山的最高处,视野开阔,能看到从东南到西北几个方向的所有景物:东南、南、西可以依次看到大学城、园博园和团山;西北面是川流不息的济菏高速公路;北面是卧牛山和金牛洞。凭高望远,真有点"一览众山小"的感觉。

  此山四周低洼,据说古时候是一片沼泽,因此这里有着重要的战略地位。据当地村民讲,清代时山寨曾是附近村民躲避战乱的避难处。上世纪中叶,山后曾是解放军某部的靶场,某电影制片厂还在这里拍摄过战争题材的影片。

双龙饿狼为一山

　　双龙山亦名饿狼山,位于今国道 104 线西、长清大学科技园东南侧,其海拔 300 米,山顶呈尖崮状,为方圆 10 里最高山。此山山势险峻,雄峙天东,山上沟壑纵横,植被葱茏;东可望旭日东升,西可观日薄西山,气势非同一般。山上有庙宇,面积占据整个山顶。建筑群坐北朝南,顺山势而建,山门之下怪石嶙峋,十分陡峭。

　　上得山来,仰望高高在上的三叠牌楼,庄严气派,门楣上面雕刻有"双龙山"三个苍劲有力的大字,两边楹联为"天门一长吼,万里清风来"。上横梁画有二龙戏珠图案。

　　攀上十九级石阶,进山门再回看牌楼,门楣上刻着"南天门"三个字,更增几分气势。站在这里,果真有"一览众山小"的感觉。

　　进牌楼迎面是孔子庙,起脊硬山式,屋顶有二龙戏珠及宝刹鸱吻,垂脊有走兽。其面阔三小间、进深两小间。建筑紧凑合理,庄严肃穆。

　　孔子庙东面九级台阶上为第二道山门,坐东朝西。山门为"积善门",上书"碧霞行宫"四字。门内有哼哈二将站立左右,威风凛凛。

　　进门向东为三圣堂,是整座道观最为神秘且最经典的建筑,为叠涩式无梁穹顶结构。殿门两侧有一副楹联:"恩泽四海风调雨顺千野绿,德布八方国泰民安万事欢",门楣刻"普救众生"。

自然,山的最高处,即离天最近的地方,就是玉皇庙了。其阔三小间,进深两小间,单檐挑脊全石结构,体量虽小,但不失威严。过梁上也画有二龙戏珠图案。两边有双楹联,分别为"古今天地皆为小,宇宙日月不可逾""天地有神主,人间万乘尊"。

　　院落最东边稍宽敞之处有一"恩泽亭",全石结构,四柱支撑攒山顶,单檐琉璃瓦,上有宝刹。面西两根柱子上楹联为"道心静如山藏玉,修身巧似水养鱼"。在亭内凭高望远,可以观赏山下几条铁路、公路行云流水般的繁忙景象和对面山峦起伏、群山奔涌的绝佳景致。若是晴天碧空,南面的泰岱清晰可见,使人顿觉胸襟大开,飘飘欲仙。

图 2—4　双龙山

　　关于此山为何一山两名,笔者没有找到相关记载。今人多称"双龙山",但多版济南市长清区(县)地图却一直把它标为"饿狼山"。

　　凡事自有源,凡名自有因。"双龙"一名是因山顶有一处山洞,洞内有两石丘像极了两条交颈缠绕的巨龙,呈二龙戏珠状,鳞爪毕现。"饿狼"一名是因山顶道观配房里原住着一个道士,相传旧时一只饿狼入道观偷食,见道士外出回观来不及逃走,便藏入床下。道士不知,插门睡觉。那饿狼等道士鼾声起,就把他咬死后吞食,但饱餐一顿后才发现门是插着的,任凭怎么打也打不开,遂困于屋内多日不得出。山下村民来上香,因多日不见道士,而屋门又在里面插着,感觉不祥。众人打开门大吃一惊:屋内是一条已经咽气的狼,床上有一堆被嚼碎的白骨。狼的肚子瘪瘪的——分明是饿死的。此后人们便称此山为饿狼山。

其实"吃了道士饿死狼"的故事在多地都有流传,仅长清就有三座"饿狼山"。除了双龙山外,还有文昌街道的文昌山、归德街道的玉皇山,都被当地人称作"饿狼山"。那么究竟哪座山是真饿狼山呢?大家莫衷一是。估计这几座山都不一定发生过这件事,只是人们道听途说罢了。

另外山上还有几座小庙如灵官殿、月老祠等,因此双龙山(饿狼山)山顶虽然不大,却有诸多建筑,且布局紧凑,有条不紊。院中有残碑数块,多已难识,只有民国十一年(1922)"重修碧霞元君神祠碑"和一通龟趺碑(残碑)可以读出些残言断语。民国碑有此山"层峦叠嶂,壁立千寻""上耸云霄"等字样;龟趺碑上云:"奇峰突兀,上耸云霄者,惟此山为最秀。……俨开,屏障其他,淡冶苍翠,春如笑,而夏如绽"。足见其山势非同一般。碑文还记载:三圣堂建于何年何代无据可查,清初和民国曾经重修。查几版县志,均无辑录。从建筑风格分析,建筑群始建年代不一,最早的应为明末清初。

因双龙山特殊的地理位置,2018年有关部门在此山开工建设"双龙山山体公园"。本着"自然、生态、野趣"的原则,保护优化原有自然生态景观,挖掘长清历史文化,打造自然健康游赏环境。沿自然山势修建登山步道5000多米,满足周边社区居民和在校师生的健身休闲需求。同时打造西门入口广场,并建有舞秀园、望湖亭、祈福园、钟灵毓秀园、卧龙岗和小南山等六处游憩节点。目前双龙山已经形成了一个生态自然、文化氛围浓厚、健康舒适、风光优美、功能丰富的山体公园。

秦王筑寨宝泉山

　　在今崮云湖街道范庄村东(大崮山村北)有一座海拔 360.2 米的十分有名的宝泉山,因山上有一个泉眼叫"宝泉"而得名。传说李世民称帝前曾率部在此修建了百余座石屋,做临时驻扎之所。因此现在人们都习惯称屯兵营为"唐王寨"。

　　宝泉山清秀俊奇,与北面更加高大的海拔 366.4 米的"大山顶"上的山寨遥相呼应,互为犄角,战略位置极其重要。山寨虽经过 1400 余年风雨的洗礼,几乎所有的石屋都已经破败不堪,但却卓然而立。据相关资料记载:唐武德四年(621),窦建德的部将刘黑闼,在今河北衡水一带,再次起兵造反,先后攻下了河北、河南、山东等地,甚至威胁到唐王朝的根基。唐高祖李渊急命齐王李元吉剿灭刘黑闼部,但李元吉畏其兵强,不敢东进。朝野震动。朝臣多主张再派能征善战的秦王李世民领军平乱。于是李渊封次子李世民为天策上将军,率十万大军攻打刘黑闼。

　　秦王李世民带兵复取相州,进至洺水沿岸,双方展开拉锯战,在山东白皮关(今大崮山),李世民被刘黑闼数倍于己的兵力围困。他退至白皮关北面的宝泉山上,一面在山上筑寨整顿军队,一面派大将秦琼杀出重围,求救兵增援。齐王李元吉和幽州总管罗艺援军迅速赶到,两面夹击,把刘黑闼击退。太子李建成和弟弟李元吉乘机率大军一路追至饶阳(今河北饶阳东北），在洺州（今河北赵县）彻底剿灭了刘黑闼。

图 2—5　宝泉山唐王寨

　　李世民登基当上皇帝后，认为是白皮关的神灵保佑他渡过难关，转败为胜，又念及修山寨时得到了当地百姓的大力援助，为感恩，就在白皮关敕建了"青云观""光明寺""官道""官井"等，并拨款在大崮山山顶建了一座玉皇庙。当年他被围困的山寨，至今还保留石屋一百余座，皆用青石板叠涩垒砌，鳞次栉比。山寨位置险要，是理想的屯兵之所。山上有点将台、天水池、一夫当关的山门等。

　　其实宝泉山的出名远远不止于山寨上的建筑和传说。由于此山属于华北寒武系标准剖面，2001 年被山东省人民政府列为省级地质遗迹自然保护区。在通往山顶的小路旁，好几处留有考察者树立的标识牌、记号，刻凿着几座大专院校的校名，说明这些院校的师生均来此地进行过考察。根据几处的标示来看，此山由好几种岩层组成，其中不乏各类化石，主要有三叶虫化石，还有一些说不上名的岩石，应该是地质勘探者感兴趣的研究对象。

翠柏盈巅大崮山

　　崮——四周陡峭、山顶较平的山之意。道光《长清县志》崮山条："县治东南三十余里。翠柏盈巅，中隐玉皇殿，多骚人题咏。"大崮山海拔160米，登山沿着通往山顶的台阶攀爬，越往上越陡，虽然距离不长，但陡峭度给人以泰山十八盘的感觉。

　　此山的海拔虽不算高，但所处的位置非常独特：东面是峰峦叠嶂的群山，南面是中川河近九十度拐点，西南面是浮金跃银的崮云湖，古御道从北边到山下紧贴山体转向东南方向延伸，使得山水之间宽

图2-6　大崮山玉皇庙

度只有800米左右。今津浦铁路、京福高速公路和104国道三条南北干线都拥挤在这个狭窄的地带，因此它如桥头堡一般，扼守着南北交通大动脉的咽喉，其战略地位相当重要。

　　山顶玉皇庙周围长满了柏树，一棵树一个绿浪，层层叠叠卷上去，众星捧月一般。据统计，整个山上生长的古柏达416棵，树龄千年以上的就有十几棵。这些古树雄伟苍劲，巍峨挺拔，使大崮山有了灵气，使一切生命在它们的面前都显得苍白逊色。庙门前一棵一根二株的崖柏，树荫遮天蔽日，树根牢牢地深扎在岩缝里，凭眼力就能判断出树龄在一千岁以上，甚至还要长。还有数棵千年崖柏顽强地从石缝中长出，令人惊叹。

　　正是因为这里地理位置特殊，环境优雅，才成为皇帝们南巡时首选的栖息之地。据相关史料记载，康熙初年朝廷就在大崮山脚下设了驿站，供康熙一行南巡时休息暂住。乾隆皇帝又于乾隆三十年(1765)扩大规模，建成行宫。乾隆每次去灵岩寺、泰山或南巡都要从此路过，有时还驻跸这里，并曾留诗数首。

十全十美石秀山

　　石秀山亦名"十秀才山",位于今崮云湖街道大刘村东,因山上有酷似一位手捧书卷的老先生在给几个学子授课的一组岩石得名。

　　传说旧时大刘村人识书达礼,学习蔚然成风。从宋代至清末,仅一个村就考取了九个秀才,其中有的还考上了举人。这种情况在封建社会是非常罕见的。村人认为是东边的这座山有灵,保佑了这方水土。为图吉利,遂将这座山称为石秀才山。时间久了,因为"石"和"十"同音,预示着村里还会有人考上秀才,加在一起正好十个,人们就把这座山叫成了"十秀才山",以期盼人才辈出,十全十美,彰显良好村风、学风。

图 2—7　石秀山

石秀山海拔 353.6 米,山峰秀丽,层峦叠翠,绿树成荫。近年来,大刘村着力打造了"石秀山公园",分别在三个方向开设了出入口,并将石阶路修到山顶。山上建了观景亭,可观赏四面风景。站在山巅,东可观日出,西可望崮云湖;山下南北交通大动脉津浦铁路、国道 104 线、京台高速路车水马龙的景象尽收眼底;更有京沪高铁贯穿山体隧道,列车风驰电掣般地从山的"腹中"呼啸而过,快如穿梭。

在群山环抱中,还有一山泉,名曰"秀山泉",泉水从两山峡谷中汩汩涌出,通过村中小河,流入西边的中川河。此情此景,在百里御道沿线绝无仅有。当地有民谣赞道:

群山蟒袍河玉带,泰山奶奶赐福脉。

十里峡谷八御道,三千居民十秀才。

步步莲花三座山

今崮云湖街道陆家庄村北、村东和村南,有重峦叠嶂的三座山、两道深谷,形成了向西突出的大小差不多的三个山峰。从空中看,宛如莲花的三个花瓣,端庄秀丽;从下面看,"横看成岭侧成峰",险峻异常,是一处非常难得的观光点。

北面的山是石秀山,山上的"石秀才"岩石及周边沟壑连连的崖谷,比在大刘村所见的壮观程度更有过之。山顶上原有一间石屋,后被改造成观景亭,可观赏到碧波荡漾的崮云湖、两条公路和两条铁路昼夜不歇的繁忙景象。

东面的山被当地村民称作"北岭皮",又叫"北二站"。其南边山坳里有一处摩崖造像。民国版《长清县志·地舆志》有记载:"三台山　山茌区陆家庄东山,相传,有二仙人,当宋元祐二年饮酒,物化于此,至今遗迹犹存。"此造像为"嵩川醉仙神",直到三年前才被发现并打造成景点(详情见本书《金石遗文》之《摩崖嵩川醉仙神》)。

南面的山叫"红石山"(陆家庄人称"东二站"),因岩石呈红色得名。山西坡有一座泰山行宫,行宫前有碑刻、后有摩崖石刻。

三座山起伏跌宕,山峦耸立,逶迤绵延。常言道"十里不同俗",多年来,山前大刘、陆家庄和红石岭三个村对三座山有三个不同的称呼:一个称"三泰山"、一个称"三台山"、一个称"三唐山"。

图 2—8　三唐山

　　"三泰山"之说，是因为它和泰山、五峰山是"三姐妹"——这个说法似乎有点牵强。因为在长清关于泰山三姐妹的传说还有另外两个不同版本：一说泰山、五峰山和马山是"三姐妹"；一说泰山、五峰山和灵岩山是"三姐妹"。其实相互连体的三座山，本身就形成了"三姐妹"，把它们作为一座山显然有点说不通。

　　"三台山"之说是人们认为连续三个像莲花一样的山峰，像三个伸出的台子，故有其名。且民国县志中也有此称，这个解释似乎更合理些。

　　对以上两种称呼，红石岭村人却不以为然，因为村北山上泰山行宫前的一块石碑足以推翻以上两种观点。碑文是这样写的："盖闻山不在高，有仙则名；水不在深，有龙则灵。山名'三唐'，大抵创自唐也……"这就毋庸置疑了。宋代《金石录》作者赵明诚曾说："盖史牒出于后人之手，不能无失；而刻词当时所立，可信不疑。"原来村民称谓多年的"三泰山"或"三台山"的名字应该都是口误，即使民国县志也应是道听途说，不足为证。只有碑刻才是唯一正确答案：这三座山应该称作"三唐山"。

张山茌山通明山

　　今张夏街道驻地东面有一座大山，其岩崖峥嵘，连亘如屏，削如立壁，故曾被称作"屏风山"。后又因有贯穿山体的两个山洞（旧时有四个透明洞）能透过光亮，改名通明山。

　　康熙版《长清县志》载："通明山　在县东南六十里，旧名屏风山。其峭壁中有二石孔，日光东西明透，御史郭嘉曰：'海蜃四孔之山，犹称四明，矧兹始终元机而乃以屏风限之，使乾坤之蕴不昭明天下'，易以今名。"康熙版《长清县志》又有张山条："张山　去县五十里，在张夏店北，土人相传昔有张翁结庐山上，卖药自给。不畏山虫野兽，后不知所在，遂呼为张山焉。"道光版《长清县志》通明山条有案语云："张山在县东南五十里，张夏之东。山顶峭壁有孔通东西，亦名通明山。旧《志》分为二，实为一山也。山半有双泉寺，名双泉庵。"

　　以上两版县志虽将通明山、张山合二为一，但还是有两个矛盾之处：一是康熙县志把张山写作"张夏店北"，而道光县志却记在"张夏之东"；二是两版县志都将通明山定位于"在县东南六十里"，道光县志又载两山"实为一山也"，却又记张山"在县东南五十里"。两者相差十里地，似乎"实为一山"有点牵强。为此笔者多次到访，实地考察确认。也难怪，这里山峦起伏，巉岩恐怖，南北长达数里，似一道与东面车厢峪隔开的屏风；北边山腿又向西伸出很长,几乎把张夏街道揽入怀中(这也是"张山之下"的出处)。因此不排除原来"张夏店北"为张山、"张夏之东"叫通明山的可能性。时间长了,人们就把它们统称为通明山了。这样"十里之差"也就不足为怪了。

另有茌山。民国版《长清县志》载有:"茌山 县东南五十里,山南麓有小山突起,松柏苍翠,上有茅亭,暑夏,人多纳凉,以观汽车往来。"

这就更有意思了:又是"县东南五十里",难道是几座山连在一起叫混了?为此,多年来人们不断寻找茌山位置。"县东南五十里"除此之外还有土屋村的四禅寺距离基本相符,因此曾有人认为茌山在四禅寺附近。但四禅寺位置偏僻,离张夏较远,又三面环山,即使爬到山顶,既看不到"山南麓有小山突起,松柏苍翠",更不能"观汽车往来"。如此看来,站在南边山麓能看到汽车,成了唯一线索。

图2—9 通明山

如今通明山山腰处建起义净寺,站在南山门观望,才让人恍然大悟:

"山南麓有小山突起"，且"松柏苍翠"，只有这里符合以上所列条件。虽然已不见了"茅亭"（百年前的茅亭不可能留存），但只有在这里能"观汽车往来"，别无他处。进一步说，唐代张夏一带曾作过山茌县治所，茌山就应该在张夏附近，断不可能离得太远。

　　由此得出结论：无论是通明山，还是茌山、张山、屏风山，指的就是山山相连、不可分割的同一座大山——通明山。

　　清代举人张永铨过通明山时留诗赞道：

　　　　通明山下且盘桓，日月容光昼夜看。

　　　　岂是五丁开两窍，谁将一线测双丸？

　　　　乾坤鼓荡如环转，乌兔升沉欲挽难。

　　　　赖有残碑传异迹，教人不作列屏观。

　　注：在通往灵岩寺的路南还有一座"透明山"（或称"明孔山"），山上也有贯穿山洞，比张夏通明山要高许多。人们往往将它们混为一体。实则有三点不同：1.一为"通"、一为"透"，字面不同；2.前者两个洞、后者一个洞，数量不同；3.一为东西向、一为南北向，方向不同。

险绝积翠青崖山

　　青崖山位于五峰山南侧,海拔565.4米,因山上筑有山寨又名青崖寨山。青崖山南端形如道冠,北面酷似卧佛,中间连体如一,浑然天成,因此青崖山又有"道佛山"之名。青崖山北为五峰山,山阳是明德王陵,东南为润玉泉古村,西面是街道驻地,1997年被定为"长清县第二批文物保护单位"。其山势险峻,仅西北隅有一小径可达山顶,半山腰有几处隘口,大有"一夫当关,万夫莫开"之势。山上隋唐时便驻有义军;金元时期严实曾在此山顶筑寨屯兵,且时间较长;明末清初为义军孙化亭所据。元代大文人杜仁杰曾有诗:"青崖何亭亭,险绝不可状"而得名青崖山。

　　和长清区境内的诸多山寨比起来,青崖山的路更加难走。从南面上山的话,起初是茅草横生的蜿蜒小路,再往上是石灰岩层的风化路,继而是乱石组成的其实根本就不是路的路,只能从多年被山水冲刷的"水道"上攀爬。最让人恐怖的是,几近到达山顶的隘口时,山风呼啸,不敢直身行走,不小心就会跌入山涧。这时就不得不手脚并用了。继续往上爬,山路越来越险峻,两边怪石嶙峋,不时有几只老鹰在头顶盘旋,顿让人感觉几分苍凉和恐惧。快到山顶时,眼前顿然一亮:正北是五峰山,西北五峰山街道驻地和纵横公路尽收眼底,往南隐约能看到波光粼粼的钓鱼台水库。

图 2—10　青崖山

　　据史料记载,青崖寨占地面积 1 万余平方米,原有半穴式古建筑约 260 间,有高 1.5 米—3.0 米,长 300 米的断续寨墙。青崖寨门面向西北,高 3 米,宽 2 米,深 4.5 米,有沿寨墙马道两条,哨位 4 处。寨内有用凿石制成的直径 0.6 米的舂臼 7 个;直径 10 米、深 1.5 米的饮马池 1 个;直径 1.5 米、深 0.8 米的石瓮 2 个;长 2 米、宽 1.2 米的水槽 1 个;打兵器淬火用的小方水槽 2 个。山隘口有吊桥,平时吊起,上下山要放下来方能进出。山寨下面西北方向设有点校场和点将台。山的四周几乎全是悬崖峭壁,在冷兵器时代,没有登山工具根本就别想攻打上来。令人称奇的是,在山的东南面有三级跳般的三块硕大岩石,每块岩石上都有一块很大的自然平石面,布局规矩,且都留有旗杆眼,真是鬼斧神工。

　　青崖山在御道西边,是附近最高的山,所谓鹤立鸡群,因此成为“五峰八景”。清代于绍舜咏其中的“青崖积翠”一景道:

　　　　青崖壁立迥千寻,点点苍苔太古心。

　　　　天造庄严成胜概,纤尘不到白云深。

地质名山馒头山

　　馒头山位于今张夏街道驻地中川河西岸,海拔 408.9 米。当地老百姓习惯称此山为"馍馍山"或"满寿山"。馒头山(馍馍山)一名因山的外形似馒头而得;满寿山是因当年乾隆皇帝来此的一段传说而得名。此山形成年代久远,独具的寒武纪底部底砾岩和倒灌现象、特殊的地理构造和极为丰富的古化石,吸引着国内外众多的地质专家、学者。此山被联合国教科文组织命名为世界第三地质名山,并被列入山东省省级地质遗迹自然保护区。

图 2—11　馒头山

据专家估测,馒头山约有 5.5 亿年历史,是国内外寒武纪年代地层和生物地层的标准剖面,对研究我国华北寒武系的起源地,具有重要的科研和科考价值。早在 1903 年,美国学者布来克·维里士就来此处考察,并命名了馒头山页岩、张夏石灰岩、崮山页岩、炒米店石灰岩。1959 年,中国科学院院士卢衍豪把这里的寒武系分为金庄阶、徐毛阶、张夏阶、崮山阶、凤山阶和长山阶。2004 年馒头山还被山东省政府批准为省级地质公园。

馒头山地质结构典型,地质层面清晰,生物化石代表性强,忠实记录了距今 5.43 亿—4.90 亿年间沧海桑田的变化,是研究寒武纪地质史的圣地,具有极高的科研和科考价值,被称为"地学实验室"、中国地质科普教育的"天然博物馆"。这里的岩层中多有三叶虫化石,当地人称"燕子石""蝙蝠石"。三叶虫是生活在 6 亿年到 2 亿多年前的古老节肢动物,在当时它几乎占据了整个海洋。从 20 世纪初开始,地质科研人员在馒头山地区陆续发现了 17 个三叶虫生物带。

不仅如此,馒头山处在泰山隆起边缘,地势东南高、西北低,由东南向西北依次是山区、丘陵、山前平原和黄河洼区。物产资源十分丰富,特别是木鱼石资源。木鱼石又称木纹玉,呈紫檀色,质地细腻,纹理清晰,它形成于寒武纪,与泰山石的形成年代相近,是在海底沉淀生成的一种珍贵玉石矿材,其成石材距今已有 5.5 亿—5.8 亿年之久远,而产地仅限于泰山西北侧的张夏境内的馒头山一带。关于木鱼石,在明代李时珍的《本草纲目》石部中作了精辟论述,有"定六腑镇五脏,保肝益脾胃,蓄精固本理中焦,利下焦"之功效。久服用木鱼石器具浸泡的汤水,有强力、耐寒、耐暑,不饥、轻身、延年不衰老之神奇疗效。故被世人称为"多福石""鸿福石"和"神石"。早在 2500 年前的战国卢医扁鹊就用砭石疗法为民众疗病,而在宋、明、清时代已有人将木鱼石雕刻成工艺品进行把玩。

这里的木鱼石质地细腻,纹理清晰,密度高,不渗水,能与广东高要端溪产的端砚石媲美。据介绍,用木鱼石保健杯泡茶,酷暑季节其色、香、味十日不变,春秋季节三十日不变质,当日泡的茶水,绵绵入口,清香怡人。普通的酒,装在木鱼石杯内 3—5 日后,味道更加甘醇,芳香扑鼻,饮之口感极佳,回味悠长。

传说乾隆皇帝未成年时,其父雍正帝让皇子们寻找会唱歌的石头,其他皇子都半途而废,唯独他在张夏馒头山下找到了木鱼石,结果成年后顺利地继承了皇位,并成就了 60 余年的盛世霸业。(详见本书"逸闻趣事"篇)

福地洞天莲台山

　　莲台山原名娄敬洞山,位于今张夏街道驻地东南,相传因汉初谋臣娄敬曾在此隐居而得名。山峪只有一条进出口,中间俗称小娄峪。又因山形似老龙蟠曲,如佛座莲台,故又名蟠龙山、万花山等。道光版《长清县志》娄敬洞山条:"县东南六十里,山势绵亘,而洞亦通朗,中有娄敬、范蠡、张良石像。前有石棋枰。山中人故摆棋而退,次日观之,枰残矣。洞门有一槐如龙。"

图 2—12　莲台山

据传,战国时候的范蠡,帮着越王灭了吴国以后不愿为官,而去做了买卖,上了年纪后就到这个山洞里居住。时间到了秦朝,张良因刺杀秦始皇没成功,也躲到这个山洞里隐藏起来。此后,张良在洞里苦研兵法,摆石布阵。学成以后,和好友娄敬一道投奔了刘邦。二人齐心辅佐刘邦打天下,建立了汉朝。刘邦对张良的评价:"运筹帷幄之中,决胜千里之外。"娄敬因献计献策之功封二千户,为建信侯。但他俩深知"伴君如伴虎",选择急流勇退,来到这里过起了隐居生活。俩人时常在洞口饮酒对弈,传说以后都成了神仙。

当地还有一个传说:东边大娄峪村里有个以卖油为生的后生叫王质。有一天,他推着油车子路过油房崖,忽然车轴断了。他就找了把斧子,到山上寻找合适的小树砍了换车轴。他发现前面有个山洞,就好奇地爬到洞口,见有两位清秀的老者坐在石光梁上下棋,于是站在旁边观起棋来。其中一位老者递给他几个小枣儿让他含到嘴里。他一尝,又甜又香,就一口气都吃了。王质看得入迷,只见山上的树一会儿青一会儿黄,一会儿发芽一会儿落叶,觉得很神奇。两位老者累了,催他赶紧回家,他这才想起砍树换车轴的事。可回到山下,那辆推车却不见了踪影。他只好悻悻地回家去。进村后,怎么一个人也认不得了?他问一位晒太阳的七八十岁的老头,为何家里一个人也没有了?老头说:"当初听俺爷爷说过,说有个叫王质的出去卖油,一去就再也没回来,只找到了那辆断了轴的推车。可那是百十年前的事儿了。"王质一听才明白,自己这是到了仙界,洞口下棋的俩老头都是神仙啊!就折回身赶紧上山去找,可跑遍了山上的72个山洞,怎么也没找着他俩。想想自己落到这个境况,干脆也上娄敬洞里修炼去吧。他成没成仙没人知道,听说多年以后,他变成了一只大鸟。这只鸟整天"油葫芦""油葫芦"一声声地叫个不停。据说直到现在,方圆百里都没有这种鸟,也没有这种叫声,只是娄敬洞里有这么一只。

道光版《长清县志·娄敬洞说》载:娄敬洞"洞居三峰山之半,东西透彻,阔可一二丈,高可十余丈。穿洞约行里许,至东洞门口,有范蠡、张良、娄敬三像。前一石香台,刻有'大金国泰和四年造'八字。石发灰青色,光耀润泽。旁塑一少年,短褐趺坐者。油博士也。"这个油博士就是王质。遗憾的是石刻现已无法识读。

莲台山奇峰环围如城郭,古洞毗连似仙府,山上有许多大、中、小型溶岩洞穴,素有"莲台山72洞,洞洞有妖精"之说。著名的有青龙洞、王母洞、八卦洞、火龙洞、仙姑洞、三清洞、娄敬洞、老君洞、朝阳洞、聚风洞等,大小不一,形状各异。

此处环境幽雅,交通闭塞,群山环抱中,还建有蓬莱观、张仙祠、观音堂、莲台庵等庙宇。原有的玉皇殿、三元宫、吕祖祠、洞虚观等古建筑历史悠久。此处碑石林立,古迹遍布。

莲台山植被茂密,品种繁多,素有"江北第一天然植物园"之称。其林木覆盖率达80%以上,树冠郁闭度90%以上,树木达33科100多种,有国家二级保护鸟类8种。尤其到了深秋季节,漫山黄栌、枫树红似火,景色惹人心醉,让人流连忘返。加上许多传说故事,使得此山更具神秘色彩。

半夜啼叫鸡鸣山

鸡鸣山位于今万德街道驻地东北方,海拔418米,因似一只守在路旁的雄鸡得名。道光版《长清县志》"鸡鸣山"条:"县东南八十里,灵岩寺西十里。昔有群盗夜过此山,忽闻鸡鸣,奔回,夜尚未半。聚而复回,又闻鸡鸣。如是者三,方知是山灵,惊觉,皆回心向善,故名。"

其大致意思是:在进入灵岩峪的山口,有一座奇形的山,犹如古代的阙。它是灵岩寺的门户,过山跨桥,就算是进入灵岩寺的境地了。曾有一伙盗贼,夜间前去行窃,当盗贼路过此山时,山上突然雄鸡高鸣,盗贼以为已至拂晓,于是原路返回。回去一计算时间,尚不到子夜,又集合行动。当再次路过此地时,山上又有雄鸡鸣啼。这样盗贼行动三次未果,他们认为路经灵岩圣地门户,三次鸡鸣,是老佛爷在教化他们,从此,他们弃恶向善。由此,人们把这座富有灵性而又酷似雄鸡的山取名"鸡鸣山"。

鸡鸣山由4个连环山坳组成,从"鸡头"往南便是"鸡身",在"鸡尾"处,有一个人工洞穴和两个天然洞穴。人工洞虽然较小,但从山下看上去十分显眼。其修建在悬崖峭壁,前面就是好几丈的深渊,纯用人工开凿,不得不让人赞叹!

图 2－13　鸡鸣山

人工洞口坐东面西,高约 2 米,宽约 1 米。洞门两侧的中上部有开凿的石榫,洞门上檐之上有一处横槽。根据这些能判断当年洞口外应该有木结构的窟檐,用于防雨和西晒。只是时间太久,木构件都已腐朽而垮塌。洞内正面有一个长 2 米、宽 1 米的人工平台,似一个石炕;距"炕"约 0.2 米高又凿进一长方形类似于佛龛的石框,长 1.8 米、高 0.8 米、宽 0.15 米,或许原来供有神像。南北石壁上方均有方形石槽,应为施设垂帘遮挡神像所开。南北石壁及西侧石壁门后有石刻题记三方,阅其内容为明嘉靖、万历年间来往泰山进香的官宦路过此处游览后的题记。其中洞门内侧北壁上方的一则题记记载此处的开山道人是一位名为李教材的道士,配合其他题刻的内容分析,此道士为明嘉靖时期人。故初判此洞年代早于明代。

在石洞北面十几米的山凹处有一上一下两个天然洞穴,下边的洞高约 2 米,深近 20 米,越向里越窄,要躬身方能进入;上边的洞高近 20 余米,可攀岩而入,上部有人工垒砌的石台。根据山下老人讲述,这处天然洞穴的名字叫麻衣洞,而南边那个人工石洞为祭祀所用,当地人称之为"红门"。也就是说,原来门外崖壁上腐朽的木质窟檐是红色的,很显眼。

另据《灵岩志》载:麻衣洞"在鸡鸣山南里许,乃宋麻先生李坚栖隐处。"《灵岩寺》亦称"元代隐士麻衣先生李坚曾隐居于此,故名。"由此可见,真正的麻衣洞当开发使用于宋元时期。

站在洞里向外眺望,万德全景及津浦铁路、京沪高铁、京福高速路和国道104线尽收眼底,组成一幅美丽画卷。

宋代释仁钦曾有诗曰:

鸡鸣欲晓惊行路,回首思量却再来。

两两三三皆省觉,一人独上妙高台。

绝壁奇峰大寨山

　　在济南地区,许多人都知道平阴县有一座大寨山,海拔494.8米,巍峨挺拔,奇险无比。其实长清也有一座大寨山,并且气势一点也不比平阴的大寨山逊色,反倒因为有齐长城从山上穿过,而更为险峻、更加神秘。长清大寨山位于今万德街道店台村东北,海拔637.2米,是长清百里御道沿途最高的山。大寨山拔地通天,异峰突起,在几十里开外即能看到它的雄姿。据《山东省长清县地名志》载:据传,隋朝前后曾有人在山上筑寨为王,故得名大寨山。千百年来,每逢战乱,当地百姓都会逃到这里躲避兵灾。

　　大寨山又名"风门山",由两座山夹峙形成,因两侧高崖垂直壁立,对峙如门得名。从谷底仰望,唯见一线青天;从山顶俯视,又临万丈深渊。绝壁奇峰,惊险绝伦。

　　据店台村民讲,这里曾发生过"马前泼水"的故事:说是汉朝时期,有个人叫朱买臣,因家里穷,靠打柴为生,曾经在风门山潜心攻读。他妻子嫌他穷,就改嫁而去了。于是他更加发奋潜心学习。后来在同乡严助的引荐下,终于做了官,一直做到会稽(浙江绍兴)太守。衣锦还乡后,他前妻十分后悔,拦住他的去路,跪在他的马前向他请罪,并请求复合。朱买臣令随从往地下泼了一桶水,叫前妻再把水收起来,说:"如果你能把水收起来,我就再收你为妻。"他前妻又羞又愧,回家后自缢而死。如今山上还有几块石头叫"朱买臣""白氏郎""大印石"。

大寨山前原来还曾有个尼姑庵叫"王落庵",据传西汉末年,十几个女兵因常年征战,错过了婚嫁年龄,又留恋这里的景致,遂在此建庵,削发为尼,终生未嫁。

大寨山上不仅有山寨,还有相当壮观的齐长城遗址,虽经 2500 多年的风雨冲刷和战火的洗礼,依然高大挺拔,威严耸立。山的最高处怪石林立,风声萧瑟。原来的寨址除东边有少量环墙遗址外,几乎没了踪迹。残墙大都被拆,修了信号塔基座,只有旗杆窝和地基石还在讲述着往事。如今高大的通信信号塔建在最高处,替代了山寨的霸主地位。

大寨山突峰兀石,险峻雄伟,站在山巅,东南方一眼就能望到泰山极顶。泰山山脉山峦起伏,宛如一幅现实版的山水画卷。

图 2—14 大寨山

北面的小山叫"油篓山",山后面是武庄水库,近处东北是邵家庄水库；南面的竹杆顶、仙客楼子两座山隔着卧龙峪遥相对望；西面的津浦铁路、京沪高铁、京福高速公路和104国道交通线路向北直通京城、向南直达泰岱及江南各省。山根店台村中至今还完整保留着很长一段御道和大石板铺就的石桥，桥边古槐参天。再往西远眺，波光粼粼的坡里庄水库像一颗熠熠生辉的珍珠，夺人眼球。站在这里，不禁让人想起那句话："人类是地球的守护者。"每一座山峰都承载着浓厚的历史与璀璨的文化。

大寨山高耸入云，独占鳌头，即使在10里外的齐长城钉头崖上，也能清楚地看到她的英姿。此时此刻，姑且不去想是何人在此筑寨，在这里曾发生过什么事件，就凭这里的险要也足以让人叹为观止。这里是长清一个得天独厚的文化旅游资源，长清区有关部门已经将其打造成独具特色的齐长城文化公园。

正如清代诗人鲍瑞骏在《长清山中》赞道：

不知绝壑有楼台，古村凉花照石开。

两峡中分云气锁，一峰斜泻曙光来。

浴火重生凤凰山

　　凤凰被视为中华精神之鸟,是集合了多种动物特征于一体的想象性的动物,被视为人世间幸福的使者,是祥瑞、永生、爱情的象征。自古以来就有关于凤凰的传说,说它每活五百年,就要背负着积累于人世间的所有不快和仇恨恩怨,投身于熊熊烈火中自焚,以生命和美丽的终结换取人世的祥和和幸福。同样,在肉体经受了巨大的痛苦和轮回后,它们才能换取更美好的躯体得以重生。因此,古人认为时逢太平盛世,便有凤凰飞来。凤凰成为人们心目中的瑞鸟。

　　美好的寓意和传说,使得许多地方都把"凤凰"加在名字里面,以图吉祥如意。这种情况仅长清就有十几处,如:凤凰村、凤凰山、凤凰岭、凤凰台等,分布较广,并各有掌故。店台凤凰山就是其中之一。其位于万德街道店台村西南,村名因山上设有烽火台而叫"垫台"(后改为"店台")。又因山顶平整,呈岱崮地貌,后来人们习惯上叫成了"凤凰台"。自然,也曾

图 2—15　凤凰山

有凤凰落在山顶之传说。

店台凤凰山海拔329米，从地理位置上看，其在万德谷地南段路西，正处在大弯道的要冲，视野非常开阔，古时候曾在此设立烽火台观察敌情、点火放烟传递消息。它与万南烽火台相距十几公里，一个在齐长城以北，一个在齐长城以南。许多人认为齐长城南即是鲁国、北即是齐国，两个烽火台属于两个国家。其实这个观点是不准确的。早在春秋战国时期，齐国南部疆界大体上是以泰山山脉向西一线划定的，齐长城只是一道防线，并不是真正意义上的"界墙"，从泰山到肥城陶山的分水岭才是齐鲁两国分界线。不言而喻，店台村在旧时就归属齐国。

战火平息，太平盛世，凤凰山就长年人迹罕至了。经过多年的风雨侵蚀，现在烽火台已经完全塌落，仅剩下掩映在树丛、杂草中的地基和两道残缺墙体了。其遗址长宽各六七米的样子，大石条散落一地，隐藏在荆棘丛中，失去了昔日风采。站在台子上瞭望，东、南、北的景致一览无余，甚至连店台村的每户人家都能分辨出来。东北方同烽火台遥相对望的高山就是海拔637.2米的大寨山，那里是长清百里御道沿线海拔最高的山，气势恢宏，一夫当关。两座山隔谷相望，遥相呼应。古代在这里用狼烟传递消息是再理想不过的位置了。

那么，万南和店台这两处烽火台在齐长城的一南一北，相互之间是否有必然的联系呢？目前还没找到相关资料。但我们可以推测一下，如果把这两座烽火台看作长城内外共同的一个防御体系，就能说得通了。因为这里处于狭长的谷地，官府不可能在两边的山上驻扎，应该就设在今万德街道驻地一带。因古时候万德曾做过金山县城，处在齐长城保护中，驻军屯粮条件充分。万德南面是谷地大弯道，只有高高的烽火台不处在盲区，因此在通信手段不发达的时代，利用狼烟相互联系，就能迅速了解敌情，启动预案。再者，店台及南面诸村都属于齐国，虽有驻军守护，但暴露在外，相比齐长城防线，无疑很容易被攻破。而谷地往往又是敌军大举进犯的突破口，只有及时通知齐长城内的守军，才能得到救援，击退敌军。

这样,两座烽火台接力传递情报,迅速快捷,它们存在的意义就突显出来了。

店台烽火台不仅在古代是军事要地,历来也是兵家必争之地。据店台村年过九旬的退休教师赵明堂老先生介绍,抗战时期他目睹了一个班的战士在此处阻击日本鬼子的真实场景,战斗打得非常惨烈。

"野火烧不尽,春风吹又生。"这座经历过无数次蜕变,屡受战火洗礼的凤凰山,如今像浴火重生的凤凰,再一次焕发青春,变得更加郁郁葱葱,继续默默地见证着世事沧桑。也许只有她,才能完整地叙说出长城、叙说出御道所发生过的一切……

波光潋滟崮云湖

　　崮云湖位于今崮云湖街道驻地南。中川河在大崮山南同御道分道扬镳后，开始转西北向，进入山前低洼地带。此处平坦宽敞，容易聚水，政府在一湾池塘的基础上，于 1966 年开始，逐步将其改造成一座总库容 240 万立方米的水库，用以灌溉附近农田。随着形势发展需要，又把它打造成旅游度假村。今日的崮云湖偎依青山，波光潋滟，风景秀丽：湖岸白杨参天，绿柳垂丝，翠草如茵，清泉潺流；湖内有沙滩浴场、垂钓方塘、小浴池、滑水道、栈桥、观瀑亭和泊于水中的多功能客轮宾馆。附近还有游艇、鱼馆饭店等服务设施，成为人们休闲、游览、度假的绝佳之处。

图 2—16　崮云湖

　　游人们可在观瀑亭内观飞瀑、赏"乌龟""双龙"等怪石,还可乘小船畅游于湖上,亦可在绿荫下悠然垂钓。清晨,在客轮宾馆可凭栏观看"崮山日出"。

　　每逢雨季,崮云湖集诸路河水于一湖,湖水像沸腾一般,跳动着涌向西边的大坝。飞流直下的瀑布气势恢宏,人还没到近前,就能听到滔滔水声,继而一幕天然的水墨画展现在眼前:长达200米的瀑布,晶莹剔透,形成一道白色水帘。"共看玉女机丝挂,映日还成五色文。"大瀑布的水灌入长长的水池后涌入三个台阶,犹如三级跳,使河水时隐时现于怪石间,将欢快调皮的水性展现得淋漓尽致。此处为中川河最经典的一段,观其景,不禁让人想起了袁枚的诗句:"银河飞落青松梢,素车白马云中跑"……

　　崮云湖东南岸上,青龙山巍峨葱茏,像一道巨大屏风,将湖光映照于山色。左青龙右白虎,东面山峰之上,绿树丛中掩映着一片小石屋,被人们称为"白虎寨"。其依山势而建,层层递进,险象环生。山上寨墙还算完整,丛林中和草丛里有很多不经意看不到的石屋,多半因年代久远,只剩下了屋基。

　　山寨在长清区境内属于中等规模,建筑时间无考。传说古时候在山上曾有一对白色老虎出没,经常到山下的玉珠泉饮水。让人不解的是,附近水源并不缺乏,两只白虎却非玉珠泉水不喝。更为奇怪的是,虽为猛兽,它们却从来不伤及百姓。为此,村民们在玉珠泉旁专门建了一座白虎亭以作纪念。白虎亭全石结构,单檐六角,柱上有楹联曰"山灵常引四时雨,亭小可邀八面风。"道光版《长清县志》载:玉珠泉在"崮山南三里许,出山崖下,状如井筒,水与地平,深不过二尺余。虽大旱,河井皆干,而此泉不竭。附近数十村庄、崮山驿马,皆需此水。灌溉近泉地数十亩,不费人力"。玉珠泉泉边有崮山籍著名书法家武中奇题写的"玉珠泉"碑。泉北侧修筑有三个大小不等的蓄水池,成为崮云湖畔一大景观。因泉水甘洌,优于普通矿泉水,每天都有许多市民前来取水,带回家直接饮用。

　　崮云湖南岸还有一处商周文化遗址,被文物部门定为"土山遗址"。

《济南名胜古迹词典》有："土山遗址，新石器时代、夏、商、周，崮山土山村北"的记载。民国版《长清县志》"土山"条还有"山之西面土中常出古物，民国七年，土山庄有王姓者，掘土得铜器类鼎、卤、香炉等物"的记载。土山村中有石钟楼一座，四柱双檐，顶雕瓦垄，做工细致。钟亭横梁有重修题记："清邑崮保旧有石钟亭一座，形制壮丽，可垂后世，永不再造。不料民国十五年六月初三日，被疾风暴雨摧下庙前大槐树一股，将钟楼挫倒。阖庄人不忍坐视，捐资重修，以志不朽。"

关于土山村的来历，村中还有一个传说：当年二郎神从此路过，觉得脚硌得慌，就坐在青龙山上脱下鞋磕打里面的尘土，结果就形成了这座小土山。如今深刨黄土，还能偶尔发现几千年前先辈们遗留的瓦片、陶器等生活用品的碎片。

葡萄湾水聚石店

　　葡萄湾水库和石店水库均在今张夏街道黄家峪(俗称"三十里杏花谷")。葡萄湾水库在上,石店水库在下;葡萄湾水库修建早于石店水库,总容量仅为石店水库的十分之一。据传,在水库的大坝下边有一深不见底的水潭,潭不大,但水色墨绿,来往行人及上山下坡的村民从不涉水洗浴,即便天气再炎热,也只是站在水边休息,没人敢上前。因为传说过去有一果农挑一担葡萄到集市出卖,因天气炎热,路途劳累,便在水边休息,见眼前水中有一块黑色"大石",便毫无顾忌地跳上去戏水。不料这块"大石"瞬间沉没,人也随着潜入水底,只留下一担葡萄在水边树下。据村中老人讲,此"大石"可能是一巨型龟。此潭名为葡萄湾,后来修水库就叫成葡萄湾水库。另传,葡萄湾中的水是南与泰山黑龙潭,北与济南趵突泉一脉相通。泰山黑龙潭的赤鳞鱼是稀有的上贡珍品,北上进京献贡,中途只能在葡萄湾、趵突泉两处换水才能鲜活,换其他水鱼便会死。传得最邪乎的是从泰山黑龙潭倒入麦糠,三天后便能在葡萄湾和趵突泉水中冒出来。

　　葡萄湾水库建于1963年6月,总库容103.5万立方米,属于小一型水库。主要水源来自灵岩寺后山、东西野老山区诸多泉水。该水库处在三面环山的洼地,只有东西一条路通过。一池清水藏于层层梯田的包围中,"高峡出平湖"。平日里,"潭面无风镜未磨";微风起,"斜汀藻动鱼应觉"。鹅鸭成群,鱼虾欢跳,真如仙境一般。尤其是每年漫山杏花怒放时,这里游人如织,赏花踏青,湖边戏水。更有长达十几里的小溪形成一连串的瀑布群,清水顽皮地嬉戏于岩石中,欢快地汇入下游的石店水库。

图 2—17　葡萄湾水库

石店水库原名岳庄水库,1966 年在原拦河坝上开工兴建,总库容1055 万立方米。其主要水源是上游的葡萄湾水库来水及晓露泉、上泉、下泉、长湾泉等周围的山泉水,水库面积广、容量大,属于长清三座中型水库之一。规模仅次于马山的崮头水库。该水库长年不竭,为周围农田提供了充足的水源保障。

石店水库下方就是石店村,至今村中还有一段贯穿南北的原始御道。至于当年乾隆到此是否观赏过"鹰击长空,鱼翔浅底"的景色,我们不得而知,不过按照他写诗"不求最好,只求最快,只求最多"的脾性特点,也不是没有可能。

两座水库由一条小河串起,宛如镶嵌在张夏东面的两颗明珠,熠熠生辉。黄家峪谷深景美,自古以盛产瓜果出名,尤以御杏名扬全国。每年阳春三月,万物复苏,被称为"春天第一花"的杏花带头次第绽放,花香四溢,犹如胭脂万点;似梅间落雪,又如卮蕊月瓣。从远处眺望,堆云叠雪,云蒸霞蔚,恍如人间仙境。

图 2—18　石店水库

　　水库岸边设有独具特色的农家乐供游人食宿,对于住惯了城市喧闹环境的人们,节日闲暇同家人、朋友来此观赏美景,品尝水库的鱼虾和山区纯天然野菜,更是一种独特的享受。

　　近年张夏街道打造了突出御道品牌的"三十里御杏康养谷"的赏花基地,植杏树面积多达两万多亩,100 多万株,被列入济南市市长工程和全市八大林果基地之一,也是目前全省规模最大的御杏生产基地。当地以节为媒,运用现代技术手段创新融合千年张夏人文历史、九省御道文化古迹,将古御道、渊源文化与现代杏花融为一体,使杏花节发展成为长清区春季旅游的重要标志性活动。多年来,张夏街道已连续成功举办了二十一届杏花节,很好地推介了张夏,推介了长清。

姜女殉情红石江

　　红石江位于今万德街道长城村东,原名叫中川水、北大沙河,在大禹治水时叫乌龙江,是源自泰山后的一条自然河流。前面说过,中川河与九省御道相向而行,长达近百里。当时为了尽量减少修桥带来的开支,御道大都修在沙河以东。然而长城铺同张夏金庄村一样,弯弯的沙河在村南向东绕了一个大圈,又向北流淌。御道实在躲不开,就在最窄处修了座简易桥(现已改建)。长城铺东河面宽阔,形成一个天然大池塘。非常奇特的是,河两边的岩石都呈现出红色。为此,若干年前人们就把这一段称为"红石江",一直沿用至今。

　　其实"红石江"这个名字与孟姜女哭长城的故事有关。自古长城村就有孟姜女哭长城的传说,村中过去还建有姜女祠,至今村中还有孟府和姜宅遗址。据说长城铺古时候村中南北大街就是驿道,开驿站、商铺的较多,因此取名叫"铺子村"。村中有两户人家——孟家和姜家,他们一直是好邻居,并且都无子女。有一年,孟家栽了一棵葫芦,长得很旺盛,葫芦秧从墙上一直爬到了姜家的屋顶上去了。起初葫芦秧开了不少花,却只结了一个葫芦,又正好长在两家共有的墙上。秋天葫芦成熟了,孟、姜两家都希望葫芦归自家所有。于是各不相让,争吵不休。最后,在村人的调和下,商定把葫芦从中间锯开做成瓢,一家一个。于是两家把葫芦摘下来锯为两半。

可打开葫芦后,众人一看全愣住了:里面竟然端坐着一位俊俏的小姑娘。这孩子如同满了周岁一样,一会儿就自己走了出来。小姑娘不仅天真可爱,长得也跟仙女似的。两家一看,也不争着要那什么葫芦、什么瓢了,都抢着要抱她。这下两家谁也说服不了谁了。最后还是由众人调解,孩子由两家共同抚养,一家轮换一个月。

过了些日子,孟员外对姜员外说:"咱们给她取个名吧。"经他们商量,便以两家的姓氏为名,起名孟姜女。从此,孟姜女这个名字就被人们叫开了。

关于孟姜女哭长城的故事早已是家喻户晓,无需再赘述,但以后发生的事就鲜为人知了:

传说孟姜女哭倒长城八百米,着实让人感动,但这可是惊天动地的大事啊!当时齐国派出去修长城的监工把此事禀报了齐王。倒了长城还了得?于是齐王命手下将孟姜女抓去问罪。再说这孟姜女千里寻夫,虽受苦挨冻衣服破烂,面黄肌瘦,但依然掩藏不住她那年轻俊俏的脸庞。齐王一看眼前这么标致的女子,早已是垂涎欲滴了。他心怀鬼胎,案子也不审了,就要纳孟姜女为妾。悲恨交加的孟姜女本是刚烈之女,哪里能从?但她转念一想:如果不答应他,自己死了无所谓,可丈夫定会暴尸荒野,不如来个缓兵之计。便告诉齐王:"要想完婚也行,但必须派两辆高头大马车,一辆放棺材,一辆装银两作为聘礼,护送樊杞梁回老家安葬。回来即可名正言顺地完婚,否则,我死也不从。"怕强扭的瓜不甜,齐王只好答应,差人打制了上等柏木棺,将樊杞梁尸骨入殓,并护送棺木和银子,赶往孟姜女老家铺子村。

走了三天三夜,终于回到了老家铺子村。按那时风俗,最高规格是水葬。人们来到乌龙江边,为樊杞梁举行了下葬仪式,将棺木沉入江底。这时围观的人越聚越多,街坊邻居都为樊杞梁的死和孟姜女千里寻夫的壮举而感动。可是齐王派来的监官催着要让孟姜女上车回府完婚。这时的孟姜女悲痛、仇恨、怀念之情齐聚心头。她万念俱灰,只求一死,趁大家不注意,便一头扎进了乌龙江,追随丈夫而去。

图 2—19　传说孟姜女殉情处

也许是此举感动了上天,顷刻间电闪雷鸣,大雨滂沱,江水陡涨,大水把整个铺子村都围了起来。再看那滚滚的江水顿时变成了红色,血水将岸边的岩石都染红了。直到今天,两岸的岩石还是殷红殷红的……

后来,人们为了纪念孟姜女,更是为了控诉齐王修长城的残暴行径,让后人永远记住这段历史,便把铺子村改名"长城铺",把乌龙江改成了"红石江"。

卧龙峪里水流欢

卧龙峪生态风景区位于今万德街道南部,距泰山只有 10 公里左右,占地六千余亩,属市级森林公园。它南邻泰山,北依灵岩寺,西面紧邻 104 国道等 4 条运输线,正处在山东省"一山一水一圣人"黄金旅游线上。交通方便,位置优越。

风景区依偎在齐长城脚下,自然风光优美,沟谷幽深,纵横交错,怪松奇石遍布;四周山峰峭壁环绕,植被茂密,四季常青,潭瀑溪流长年不断。从空中观看,泛着光的峡谷蜿蜒曲折,像一条游龙俯卧在谷底。尤其到了雨季,那层层叠叠、千回百转的瀑布更是迷煞人。山泉小溪一路跌撞,加上山谷树木中各类鸟儿的鸣啾,仿佛在演奏着一首首欢快又有节奏的交响曲。

图 2—20 卧龙峪溪流

卧龙峪是一个原始的、充满山林野趣的自然天成原生态谷,整个山峪一路上形成"潭""流""瀑""溪"的自然景观,气势磅礴,令人叹为观止。瀑布展现大自然博大精深的胸怀,涓涓细流打破卧龙峪的宁静,欢跳着穿过百里御道,加入中川河的行列。

处在山顶的龙凤庄园首先享受着雨露滋润,因此才有了高山水果,才有了无公害的香甜可口的各类绿色食品。其与泰山近在咫尺,仿佛一跃就能飞到泰山极顶。为此店台村在山顶建起了农家乐、民宿、观景台、儿童游乐园等,为人们提供了全方位的服务。游人们在此可以观泰山日出、看齐鲁长城、品高山水果、尝干柴炖鸡、榨新鲜果汁等,度过一个欢乐假日。

卧龙峪之美,美在"山、木、水、草"四绝,为此,有人巧用带这四个偏旁的字作了一首咏景诗,并将卧龙峪实景巧喻其中:

山岩嵯峨峰岭峻,松栎桃柳林木森。

清溪潭瀑潜流涌,荆藤花蔓芳草萋。

坡里之水藏深山

　　坡里庄水库位于今万德街道南端,与泰安市岱岳区搭界。其建成于1972年6月,总库容131.6万立方米,属于小一型水库;大坝高度达到20米,流域面积7.5平方公里,是万德西南部总库容最大的水库。

　　水库有大山深处的两个源头:一个是正南面崇山峻岭中的盘龙大峡谷流出的水,流水从很远的青山峡谷多处清泉汇集而来,如一条条蚯蚓,逐渐形成一条游龙;一个是西面的两山之间的一条小溪,缓缓注入库中。

图2—21　坡里庄水库

坡里庄水库水资源丰富,平日里水如平镜,雨季碧波荡漾,水满后溢出,"一江春水向东流",顺河流汇入下游的中川河。同山区其他水库有所不同的是,它处在长清百里御道西面,担负着万德西南部山区农田灌溉的任务。在水库下方不远处,有一座上世纪中叶建造的渡槽,中央阳刻着"胜利桥"三个苍劲有力的大字。具有明显的时代特征。渡槽之所以又称之为"桥",是因为在水渠上面覆盖上了一层石板,可供行人走路。这样一桥两用,极大地方便了附近村庄的庄稼浇灌和行人过河。

该水库建在高山的峡谷中,三面环山。站在水库北边的山上,如果赶上好天气,还能看到泰山极顶。重峦叠嶂中,日出东方的景象非常壮观。

充分的水资源,为种植茶叶提供了先决条件,当地在水库边开发了茶叶基地,成立了"国际茶博园",建立起规范化、规模化的中国高纬度北方茶种植园区。上千亩"泉城红"和"泉城绿"无公害茶叶,体现了"长清有茶园,何必下江南"的建园理念。茶博园年产茶鲜叶 17.5 万斤左右,可炒制干茶 3.5 万斤。这样一来,既能帮助当地农民就业,又在一定程度上带动了万德经济的发展。

长清自古出名泉

长清区地处泰山山脉西北麓,地形东高西低,南高北低。由东南向西北依次为山区、丘陵和山前平原。东南部山峦起伏,川谷纵横,裂隙发育。奥陶系灰岩岩溶水接受大气降水入渗后汇流,由于地堑断层阻挡,在破碎带裂隙处涌出地表,成为清泉。长清区的泉水分布较广,主要分布在万德、张夏、马山、五峰、双泉、孝里等街镇的山峪中。尤以沿御道一线的万德、张夏、崮云湖街道之泉为最佳。由济南名泉研究会、济南市名泉保护管理办公室组织的济南新七十二名泉评审,确认长清区的袈裟泉、卓锡泉、清泠泉、晓露泉、檀抱泉进入济南新七十二名泉之列。而以上各泉无一不在长清百里御道附近。这些泉水漫过泉池,泉声阵阵,一路欢歌,流入中川河,形成了一道亮丽的风景线。

袈裟泉

袈裟泉位于灵岩寺地藏殿南50米,因泉边立有一形似袈裟之铸铁块而得名。泉源在封闭的岩洞中,出露形态为岩缝渗流。水自崖壁石罅流出,汇入一半圆形石潭,溢而为溪,盘桓曲绕,由石雕龙口泻入泉池。泉池为不规则形,长8米,宽2米,池中荇藻漂浮,金鳞嬉游。泉周危崖峻峭、丛木悬生、亭廊环绕、鸟语花香,环境清雅幽美,别具风采。2004年有关部门将长清区境内 40 余泉统称为"袈裟泉泉群"。清康熙《灵岩志》载："昔有隐者姓独孤,结茅泉侧,后人以姓命泉也。"故名"独孤泉"。明万历年间进士、历城人刘亮采隐居泉畔,建"面壁斋",因厌恶"独孤"之名,改泉名为"印泉"。但印泉之名未得广泛流传。清代之后,又以泉旁有一形似袈裟的铸铁块取名为"袈裟泉"。"铁袈裟"传为汉代铸铁之遗物。据清《长清县志》《灵岩志》载,北魏法定禅师重建寺刹时,袈裟自地涌出。有人又云,当年达摩自西域来面壁九年,道成而去,弃袈裟于此。

图 2—22　袈裟泉

"铁袈裟"立于泉西侧崖畔,高 2.05 米、宽 1.94 米,锈迹斑斑,上小下大,呈长方"凸"字形,密布凸起的纹路,因外形酷似僧侣的袈裟,故名。历史上"铁袈裟"曾为"灵岩十二景"之一和乾隆御题"灵岩八景"之一。关于铁袈裟的来历,众说纷纭,莫衷一是。清康熙《灵岩志》卷首载:"铁袈裟,世传定公建寺时有铁自地涌出,高可五六尺,重可数千斤,天然水田纹,与袈裟无异,故名。"

顾炎武曾在《山东考古录》中著有《考铁》一文,对铁袈裟成因进行了分析。在他看来,济南地区自古产铁,铁袈裟可能与济南府学文庙前的铁牛一样，都是汉代铁官在冶铁时所遗留的废铁。《灵岩志》在"辨疑"一节中也持此观点："铁袈裟，有云法定禅师创寺时自地涌出。想彼时兴工于此，地中所得，犹郡庠之铁牛山也。"近年来，有专家考证铁袈裟非传说中自然形成，也非铸铁遗物，实为力士铁像的残躯。因为铁袈裟上的纹路看似繁复，却遵从一定的规律，为古代铸铁工艺常用的"合范法"的遗迹。从铁袈裟的造型看，它与龙门石窟唐代力士像十分接近，尤其是姿势与衣服纹路，更是如出一辙。在山东青州、博兴、长清、历城等地的盛唐佛教造像中也有类似造型的力士像。据此推测，铁袈裟应该是一尊体型巨大的力士造像的下半身。原造像左腿直立，右腿侧伸，腰束带，下有战裙，但是因为其早年间被损毁，导致腰部以上与膝下全部缺失，变成现在"铁袈裟"的样子。灵岩寺鲁班洞内现存唐天宝元年（742）李邕《灵岩寺碑颂并序》中有"六身铁像，次者三躯"字样，专家认为铁袈裟可能是唐高宗与武则天舍资在灵岩寺所铸"六身铁像"中的一躯的残体。如根据比例把力士像复原，这尊力士铁像有六七米的高度。其实，早在北宋年间，曾任长清尉的张公亮在《齐州景德灵岩寺记》一文中就明确指出："东北崖上土平处，古堂殿基宛然。石柱础、铁像下体尚存。法定始置于此，为后来者迁之也"。

不管铁袈裟是何来历，它的存在着实为灵岩寺增添了很多神秘色彩。袈裟泉处不光是诗情画意，还有一些神秘传说流传。《灵岩志》载，康熙六年（1667）秋天，秋水暴涨，铁袈裟南崖下石窟前出现石猪拱寺的景象。寺僧们纷纷前去观看，以为祥瑞，并称石窟为"猪拱洞"。有见识的人则说，寺院是洁净之地，这种现象不是什么好兆头。果不其然，灵岩寺从此就开始衰败了。从处于辟支塔西南的墓塔林里很少有清代高僧的墓塔来看，清代的灵岩寺，的确处于衰败期。

历史上文人墨客不断对袈裟泉描摹赞咏，乾隆帝对铁袈裟更是钟爱有加，他八次来灵岩，每次都要留诗数首，其中赞美袈裟泉的诗句尤为精彩：

片铁为衣状水田，沧桑几阅镇精坚。

谁云五叶一花止，试看伽梨万古传。

五步三泉

"五步三泉"在灵岩寺千佛殿东 15 米处,因有相邻的三处泉眼得名。三个泉分自三处,但所溢出的泉水汇入一个泉池。是灵岩寺的主要景点之一。

图 2—23　五步三泉

1.**卓锡泉**　位于长清区灵岩寺千佛殿东侧岩壁下,亦名锡杖泉。清康熙《灵岩志》载:"世传为佛图澄锡杖卓出者,故名。流三四步入大石池内,合寺皆汲于此,名曰'镜池',亦曰'功德池'。"清道光《长清县志》载:"僧法定开创灵岩,苦近庵乏水,乃谋于佛图澄。澄曰:'何地无水!'至一处,曰:'此下有甘泉。'以九环锡杖卓之,得泉甘洌,遂名。"今泉水出露形态为涌状,水自岩壁下一洞穴涌出,汇入深 1 米的水泥砌就的不规则泉池中。卓锡泉是"灵岩八景"之一——"五步三泉"中的一泉。另外两泉是双鹤泉和白鹤泉。与白鹤、双鹤相比,卓锡泉水势最盛。泉旁石崖苍苔满壁,上垂虬髯翠柏,下植凤尾修竹。历代名人游览灵岩胜地后,对卓锡泉多有题咏。其中题咏最多的当数清乾隆皇帝。乾隆多次驻跸济南,亦间或游览过趵突泉、珍珠泉,但对灵岩胜景却情有独钟,不仅数次到此观瞻,还在甘露泉畔筑建了规模宏大的行宫。每次游览卓锡泉后,乾隆帝都题诗咏赞,并有题字。今泉上方石壁上仍镌刻着乾隆御笔题写的泉名,为丹色篆书。泉西侧岩壁上嵌有乾隆咏泉石刻5方。其中一方为《卓锡泉》诗:"泉临卓锡一亭幽,万壑千岩景毕收。最喜东南缥缈处,澄公常共朗公游。"此诗是乾隆于二十二年(1757)再次巡视济南,驻跸灵岩寺,乘兴为灵岩八景题诗中的一首。另一方是乾隆五十五年(1790),乾隆帝最后一次来灵岩,为卓锡泉的题诗:

　　　　五年隔复偶斯来,不改青山崔与嵬。

　　　　信宿便当催辔去,谓他卓锡涉多哉。

图 2—24　卓锡泉

　　2.**双鹤泉**　位于灵岩寺千佛殿南、卓锡泉南七八米处。清道光《长清县志》《济南府志》均收录。泉池为南北向双池,南池壁上题"双鹤泉"三字。与邻近的卓锡泉、白鹤泉水汇为小潭,名曰"镜池",又称"功德池"。

池边原有卓锡亭,建于清乾隆年间。今卓锡亭已毁。双鹤、白鹤、卓锡三泉相邻,故有"五步三泉"之说,被列为灵岩八景之一。

图 2—25　双鹤泉

　　3.**白鹤泉**　　位于灵岩寺千佛殿东南、卓锡泉东 5 米崖壁下。清道光《长清县志》《济南府志》均载。泉池石窟状,泉水自窟壁缝隙中流出。窟上方岩壁嵌乾隆二十年(1755)"白鹤泉"石刻,行书涂丹。与卓锡泉、双鹤泉构成"五步三泉"景观。因白鹤泉水酿酒醇香可口,长清酒厂曾用"白鹤泉"作为系列酒名称,畅销一时。

图 2—26　白鹤泉

檀抱泉

位于灵岩寺灵岩村南崖下,别名檀井、东檀泉、东檀池、水屋泉。因泉穴上方岩壁上,有一株千年青檀,俯抱此泉,故名。泉池呈长方形,石砌,长 4.35 米,宽 1.2 米。泉水出露形态为岩洞涌流,水自青檀树下石穴涌出,积于石砌长方池中,再沿暗渠注入石塘。泉上的千年青檀胸围 2 米,枝叶茂盛,虬根盘错,抱泉而生,曾被评为济南市"十大树王"之一。有关此泉,当地流传着一个神话传说。相传很久以前,东海龙王路过此地,被这里的秀美风光所吸引,慷慨赠与当地百姓两件宝贝:一颗龙珠和一枝海桐花。龙珠落地,化成一泉,润泽着这片土地;海桐花则化作巨大的青檀,树根纵横交错,怀抱清泉,仿佛慈母护卫婴儿般护卫着泉水。于是,当地百姓形象而又贴切地称它为"檀抱泉"。青檀树有泉水滋润,生长得格外旺盛。而檀抱泉受到古檀的呵护,长年喷涌,水质清洌甘甜,四季不竭。二者可谓相依为命、珠联璧合。

图 2—27 檀抱泉

檀抱泉北下为南溪,与南溪相对的山名"红山"。当地人讲,南溪畔的红山处曾是朗公和尚草创灵岩寺的位置,过去曾出土过石碾、石磨等生产生活用具。

檀抱泉南依大山,北临村落,檀因泉润,泉因檀名。水盛时如虎啸龙吟,很远就能听到,形成一道景观。近年来,灵岩村又对泉池进行了修缮,小桥流水,凉亭点缀;同时对大佛山进行了深度开发,共同组成了大佛山风景区,引得全国各地的游客前来观光旅游。

清泠泉

位于五峰山玉皇殿东,因清泉激石,泠泠作响而得名;又因位于五峰山志仙峰下,亦名"志仙泉"。清道光《长清县志》和《济南府志》俱载。金、元时期,曾在这里建有洞真观,因洞真观是长江以北较大的道教圣地之一,故清泠泉被誉为观内"第一名泉"。泉水出露形态为渗流,清澈甘洌,水流平稳,长年不竭。泉自东崖下渗出后自石雕龙头口中流出,跌落于 0.8 米见方、深 0.8 米的池中。游人俯身即能舀出泉水。该泉是洞真观道士主要饮用水源。泉水注入方形小

图 2—28　清泠泉

池后,溢流为二脉:一脉西流约 6 米穿过小石桥,跌入"连二湾玉女盆";另一脉伏流至清泠亭西侧,从两个石雕龙口泻出,喷珠溅玉,落入石砌方池。水大时溢出泉池,途中经三级台阶,从下方泉口喷薄而出,有好事者为其

另起一名为"玉漱泉"。

最后,泉水泻入龙王殿内雕栏石池,潜流至玉皇殿前石桥下出露。泉水淙淙流淌,叮咚悦耳,形成独具特色的泉水景观。

此景观在初建时即经过高人精心策划,泉流设计很符合道家天人合一、顺其自然的理念,呈现"两明两暗,一泉四鸣"的格局。泉水依山绕殿,两明两暗,营造出泉鸣山更幽的佳境,与周边古观古树相映成趣。

今清泠泉上有单檐四面小亭,建于清嘉庆年间,因泉取名"清泠亭"。亭柱南侧镌黄易于嘉庆二年(1797)以隶书题写的楹联"露滴仙人掌,云流玉女盆",柱北侧镌英和行书联"到此洗尘虑,对之清客心"。泉周还散布着青龙、白虎、七星、七仙、鹿泉等许多名泉,形成泉群景观。

清泠亭西有一株雌雄同株古银杏树,虽历经两千多年风雨,却依然枝繁叶茂,生机勃勃。

晓露泉

晓露泉位于今张夏街道积家峪村东北岩洞中。相传泉水因晨露凝聚而成,故名。民国《长清县志》有载。1997 年版《济南市志》称为"肖汝泉"。据说该泉石洞建于明洪武年间,洞深 4 米,宽、高各 2 米。洞内上方有无数块巧石凌空悬挂,下面是顽石啮波,左右秀石错落。泉水从山石缝中汩汩而出,先流入井形泉池中。池上有石板为盖,盖上凿出一直径 50 多厘米的孔洞,再经池中暗道被导出洞外,从一汉白玉雕刻的龙头中流出,跌进石砌大泉池中,溅起白雪般的浪花,声若钟鸣。洞门由张夏产石材砌垒而成。泉池呈长方形,以石为壁,绕以花岗石栏。池水碧绿,水草漂摇,有溢水口可让泉汇入下方的大池塘,继而流入下游的石店水库。池东壁龙头上方嵌"晓露泉"刻石,篆书。因晓露泉毗邻灵岩,旧时将此泉列为"灵岩外八景"之一。

图 2—29　晓露泉

　　晓露泉还是一个晴雨表,非常精准:当洞内石头上结满露水时,两日内必定会下雨。今泉池旁存有清同治二年(1863)《重修晓露泉记》碑刻。文曰:"岱阴名山惟灵岩为最著者,灵岩之北逾岭有季家峪焉。是峪也,奇峰环拱,屏开千仞,屋宇在隐现中。其自东而绵亘于北者囊云岭,林峦苍秀,鸟语花香。岭之足曲径通幽,其潺湲而泻出于石窦之间者,晓露泉也。不意代远年湮,补缀阙如,土人因而葺之,以壮来往之观瞻,以便乡邻之汲取也。爰镌琳琅以告后之有志者。"碑文中称此村为"季家峪",山名"囊云岭"。据村民讲,"囊云岭"是泉东这座山的古称,当地人都俗称"泉子山"。之所以有"囊云"之称,可能和当地的气候有关。因为村里的祖辈一直爱护囊云岭,在岭上遍植松柏。山上曾经柏树密布,古柏有数百棵之多。山上的植被茂密,又多山泉,所以空气湿润,多有云雾,整座山岭恰似装满云雾的布囊,所以得名"囊云"。

　　泉洞洞口上方有一棵树龄已逾千年的古柏,大树从悬崖巨石缝隙中冒出,树身旋拧,枝干茂盛,十分壮观。此树遮天蔽日,两株树干从根部分开,相依为命,难舍难分。树北侧一株虬曲的南蛇藤盘绕其上,两树同生,古奇苍劲,妙趣横生,堪称一景。

晓露泉东还有眼渍米泉,在渍米洞中,坐西向东,泉上的石券洞亦建于明朝,高约 1.5 米,由于年久失修,现已倒塌,但泉水仍四季长流,从石缝中间不断涌出。另外,晓露泉北数百米处还有一个庄岩泉,被村里用砖石保护起来,夏季水满自流,形成一景。此泉也被列入长清 108 泉之列。

甘露泉

位于灵岩寺大雄宝殿东北 500 米处的乾隆行宫遗址东崖下。因自石隙似露珠般流出,清洌甘美而得名,旧有"灵山第一泉"之称。清道光版《长清县志》《济南府志》均收录此泉。泉池石砌,长方形,长 5.7 米,宽 1.1 米。此泉久旱不涸。盛水季节,水自池西壁石雕龙头口中泻出,沿溪奔流,声闻数里。池东侧崖壁上嵌"甘露泉"泉名石刻,为乾隆皇帝御笔。历史上多有文人,如元代的郝经,清代的施闰章、姚鼐、王培荀等咏诗撰文赞美此泉。如今,池壁上尚存乾隆帝咏泉诗刻数方。泉池西侧 10 余米岩壁上,嵌明嘉靖二十七年(1548)山东巡抚彭黯所书"活水源头"巨字刻石。

图 2—30 甘露泉

在甘露泉西面不远处,于乾隆二十一年(1756)为乾隆帝次年巡幸灵岩还专门建了行宫。乾隆帝八次幸灵岩,皆驻跸于此。行宫系砖石结构,规模宏大,但现已倾圮,仅存残垣,已完全看不出当初的辉煌。外面崖壁上还有一处崖刻,风化严重,内容已无可考究了。

乾隆皇帝曾多次驾临,每次均有诗作,其中一诗曰:

　　翁然石缚吐幽泉,借问声传是色传。

　　甘露昔曾领真味,笑兹何事发多宣。

玉珠泉

玉珠泉位于今崮云湖街道土山村东南,崮云湖大桥西约百米路南,小白顶山脚下。清道光《长清县志》和《济南府志》均收录,称在"崮山南三里许,出山崖下,状如井筒,水与地平,深不过二尺余。虽大旱,河井皆干,而此泉不竭。附近数十村庄、崮山驿马,皆需此水。灌溉近泉地数十亩,不费人力"。民国版《长清县志》作"东泉子",称"在山茌区土山庄,水颇旺,附近灌田若干亩。世俗天旱,乡村祈雨者多来此取水",并称此泉"冬温夏凉"。

图 2—31　玉珠泉

今泉水水势依然。泉水量大且清洌甘美,是居民主要饮用水源,亦兼以灌溉。泉水出露形态为岩缝渗流。水自土崖下三个碗口粗的洞穴中流出,北流10余米,汇入一石砌长方形池,池长7.3米,宽3米。再从池壁溢水口泻出,沿小溪东流,入崮云湖。崮云湖偎依青山,波光粼粼,景色秀丽。

近年土山村投资30万元,对玉珠泉进行开发。由崮山籍著名书法家武中奇题写的泉名碑矗立泉边,泉西侧建有一亭,泉北侧修筑有三个大小不等的蓄水池,成为崮云湖畔一大景观。

关于玉珠泉还有一段传说:在很久以前,各路神仙一度盛行饲养宠物,很多神仙喜欢养鬼怪一类的宠物,唯独有一位养了两只老虎。两只幼虎同其他老虎不同的是全身呈白色,甚是独特。老虎在神仙身边长大,一直与神仙相伴玩耍,快乐逍遥。有一天神仙带着它们出游,当来到现在的崮云湖小土山东面的玉珠泉旁,被这里的景色吸引住了,任神仙怎么呼唤,它们也不愿意回到神仙身边。神仙想:既然老虎本来就是野生动物,它们的家属于大自然,就成全了它们吧。他怕日后老虎伤人,于是就施了魔法把它们的利爪和虎牙磨平,让它们留在了东面的山上。俩老虎白天在山上玩耍,晚上到山下的玉珠泉饮水。附近水源并不缺乏,它们却非玉珠泉水不喝。奇怪的是,虽为猛兽,它们却从来不伤及百姓。久而久之它们就化身成为山峰。当地人就将这座山取名为"白虎山",并在山下的玉珠泉旁建了一个"白虎亭"。

除上述诸泉以外,御道沿线还有朗公泉、飞泉、佛公井、大王泉、神宝泉、华严泉、卧龙泉、双龙泉、朝阳泉、长寿泉、长湾泉、井子泉、黄龙泉等等名泉近百处,这些泉喷珠吐玉,纯味甘甜,宛如撒在御道周边的一颗颗明珠,成为山区人民世世代代用之不竭的生命之源。

第三篇

古村剪影

九省御道从长清西北的大清桥进入济南后，经今槐荫区的申家庄、由里庄、大李庄、石头庄和市中区的杜家庙、双庙屯等村至长清潘村，基本沿玉符河西岸呈西北—东南走向。在此有必要申明一下：以上两个区的沿御道村庄一线，据手头现有资料证实，起码在清代以来很长时间内都归长清县管辖。据康熙版、道光版和民国版《长清县志·地舆志》，长清辖域在这一时期基本没有变化，玉符河一带大部都在长清境内。自然，这段御道也归当时的长清县管辖。据民国版《长清县志》载：长清县"至省城历城县治七十里、至茌平县治九十里、至肥城县治九十里、至齐河县治四十里"。1992 年版《长清县志》大事记记载：1950 年 6 月，"长清县第五区所辖的北店子、大金庄等 41 个村，划属济南市郊区。"1955 年春，"长清县东北部的宋庄、周王庄等 21 个村，划属济南市郊区。"由此看来，旧时长清境内的御道要比现在长得多，村庄也要多得多。

官道御道会开山

　　从潘村开始,御道逐渐进入两侧连绵群山地带,最窄处只有数百米,一直延续到泰山。这就为修御道提供了先决条件。不仅如此,后来的津浦铁路、104 国道和京福高速公路都修在了这一狭长地段。把守东边的第一座山名叫"笔架山"。道光版《长清县志》载有"笔架山"条:"笔架山旧名'橛山',县东三十余里潘村行宫之左,峰形如列炬,乾隆间东巡时赐名'笔架山'"。

　　笔架山南边就是开山。"开山"是山名也是村名,据《长清区志》载:"明洪武间(1368—1398),陈氏由山西洪洞县迁居该村,以开山卖石营生,故命名开山。民国间,名开山庄。今名开山。"说起村名,至今开山村民还喜爱有加,据他们介绍:开山人"靠山吃山",自古以凿石卖石维持生活,民国年间就修了火车道直通山根,石头运往外地,铁路部门还专门把这段铁路取名叫"石山线"。现在的"山水水泥厂"(原炒米店水泥厂)就是接管了当时的石料场后扩大修建的。

　　开山最初是因两山夹峙,中间道路如同劈开了一扇巨大的石门得名。而随着几百年的石料开采,山体逐渐缩小,建筑随之东建,开山早已是门户大开,形成了现今格局。

图 3—1　开山造水泥

　　那么御道在这里怎么又交会官道了呢？原来康乾二帝每逢南巡或去泰山，有时先到济南，再行南巡；有时南巡回来再去济南落脚。因为济南在长清的东北方向，如果从原路返回，势必要走许多冤枉路，加上开山村北原来就有一条由济南通往泰山的大道，两位皇帝是不会舍近求远绕上一个大圈的。据相关资料显示，康乾二帝有时从京城出发过大清桥后直接去济南，从今槐荫区的北店子村（原开河店）经桑园、中店铺、吴家堡等，又修了一条通往济南的道路，可直达济南西门（原泺源门）。康熙皇帝于康熙四十二年（1703）第四次南巡时，先到济南观珍珠泉、趵突泉等后，沿"济泰大道"南行，驻跸界首后去了泰山。因此这三条路形成了一个"Y"字形的交叉道，而这个交叉路口就在开山村。

　　道光版《济南府志》《长清县舆图》上，不知为何没有显示从大清桥到开山段的御道，却标有橛山（笔架山）直接通往济南府的路。当然，乾隆以后还有嘉庆执政的 25 年，也不能完全排除原来东南向的御道被忽略或降低等级的可能性。

如今104国道北去济南的老路有一座已废弃的大桥,体量很大也很古老,看上去已经有年头了。由于桥建在玉符河上,人们习惯上叫玉符河桥。桥体高大挺拔,南北桥长约50米,很是壮观。观石桥基本保存完好。其中,中心桥孔最大,孔底宽约7米,内径高约8米;最小的孔底宽约5.5米,高约7米;现存进水方向的桥墩为三角棱形,出水方向的桥墩为梯形,都是用硕大的石材砌成,非常坚固。据民国《长清县志》《玉符河桥落成记》载:此桥为民生、战备而建,建成于民国年间。时任县长李起元亲自撰文写道:"兵燹之时多破坏,建设云乎哉? 民国纪元二十二年,外侮日亟,鼓鼙动地,城之金也摧,市之锦也毁,桥之虹也折,虽欲保存原有建筑于机风、弹雨、硝烟中,且岌岌不可必得,又遑言新建筑?"看来这位县长还是挺有眼光的。

该桥现已被列入区级文物保护单位。

图3—2 玉符河桥

　　一个时期以来,人们把玉符河桥误以为橛山桥(道光版《济南府志》载"嶡山桥")。橛山桥又名奠山桥,因桥南的橛山曾称过"奠山"而得名。据道光版《济南府志》载:"嶡山桥,在(长清县)城东三十五里。明德藩创建。巡抚都御史袁懋功、张凤仪相继修建。泰安武举张所存倡募完工。布政施天裔记。"道光版《长清县志》"笔架山"条:"李白文北走巗崮,即此山也,土人呼为奠山,而山阴之桥仍名为嶡山桥,乃济南入泰安大道。"又"嶡山桥"条:"在县治东三十五里巗山之北,修造严整坚固,虽亚于大清河桥,亦一方之巨梁也。"足见此桥之壮观。遗憾的是偌大的古桥,因铁路拓宽,被掩盖在路基下,现仅剩下几个桥墩。

　　开山村正处在御道与官道交叉口,原村中有两座庙宇:一座在两条路的相交处,一座在其南 100 米左右路东。北边的庙叫"南海观音堂",院落很大,现只有一座大殿,面阔三间,进深两间,硬山式,脊背有宝刹鸱吻,垂脊有神兽,出厦内有精美的砖雕和壁画。堂前共有碑刻五通,其中有两通老碑,可内容均与该庙无关。今人新立三通碑石,其中一块云:此庙初建于明洪武间。两通古碑多年前在观音堂前倒伏着,2023 年才重立于庙前,一通是修井的功德碑,时间为雍正三年(1725),上书"古井段公讳汝梅字萃枝"字样,据说这口井原在村中,后修铁路时被掩于路基之下;另一通碑额为"重修庙碑",落款时间为光绪十三年(1887)。

图 3—3　南海观音堂

南边的关帝庙体量相比观音堂稍小一些,也是面阔三间,进深两间,里面塑有关公像。据说此庙也是命运多舛,先后被用做学校教室、水泥厂食堂,还做过宿舍、仓库等。前些年才修葺一新,重塑神像,总算"物归原主"了。庙前有一通石碑,有"天锡善人来作庙祝"字样,系修神像的功德碑,落款为乾隆四十三年(1778)。

据《济南通史》(明清卷)显示,康熙三次(康熙二十三年、康熙二十八年、康熙四十二年)、乾隆一次(乾隆十三年)南巡到济南,或往或返,虽然都要走北边的吴家堡左右的东西官道,但向南也必经开山这一御道枢纽。算起来康熙皇帝一生共六次南巡,乾隆皇帝共八至灵岩、十一次去泰山,这里大都是他们的必经之路。因该庙是两位皇帝南巡(东巡)的第一道山门,因而来到此处都必须进庙祭拜,以图一路平安,文化符号相当丰富。我们应该进一步加强对长清百里御道的研究和探讨,将这一不可多得的宝贵财富深挖细研,为长清丰盈璀璨的文化再加上浓浓的一笔。

缺水得名炒米店

据《长清县志》记载，"此地土薄石深，向无井泉"，因无水煮米而得名"炒米店"。过往行人、车马至此歇息，饮水十分困难。康熙三十一年(1692)秋，山东巡抚佛伦去曲阜视察，返回济南路经此地时，问及当地疾苦，灵岩寺下院僧人永泰即以无水告之。问及地名，告曰"炒米店"。又问为何称"炒米店"，告之乃因无水。佛伦听罢对永泰说：我为你凿井找到泉水，可改"炒米店"之名矣！遂命令长清知县巴柱朝负责办理此事。由济南府同知升任济东泰武临道道员的戴圣聪精于堪舆之学，他观察此处地形后手指一地说："在此处挖六丈多深，可挖到泉水。"于是，知县巴柱朝召集工匠凿石挖泉。兴工不久，佛伦升任川陕总督，继任山东巡抚桑格继续过问凿井之事，省司、济南府官员亦亲临工程现场视察。井凿至十二丈深时，仍不见泉水，戴圣聪缒绳下井探视。下到一半深时，听见石内有水声，便用笔在其处作出标记，命工匠旁凿一孔。随之，一股清泉汩汩涌出，在井内蓄积深达五六丈，旱涝不变。为感念佛伦，人们遂将此井泉命名为"佛公井"，将"炒米店"改称"佛公店"。当地百姓又俗称井泉为"仙井"，并在井旁立有泉名石碑，上署"佛大老爷创始，桑大老爷告成"，中刻"仙井"两个大字。多年后石碑被人推倒。人们只好把石碑移至"南大庙"院内。现石碑身首异处，井旁只剩下碑帽和碑座。

图 3—4　炒米店村景

炒米店村中有一座石桥名"广惠桥"，建于明成化十一年(1475)。这座桥是进入百里御道长清段后的第一座桥，桥长 8 米，宽 2.5 米，高 3 米。桥体还算完整，至今仍在使用，只是 104 国道通车后，这里被冷落了，没有了车水马龙的景象。

在广惠桥东边竖有一块硕大石碑，碑额为"新建广惠桥记"，字迹有点模糊，但依稀还能辨认出核心内容。碑文详细记载了该桥的建立时间、经过和规模。尤其是"明成化十一年"字样清晰可辨。由此看来，这是一座矗立了 549 年的古桥了。

广惠桥系全石结构发碹而成，单孔，桥身虽有少许裂纹，下面很大一部分已被淤泥掩埋，只露半孔，但还算不上危桥。上水口刻有"龙头"(避水兽)图案，雕刻细腻。据村民讲，桥上原来还有石栏杆，上面有朝天犼(石狮子)，在特殊年代被砸没了头，后来干脆拆掉了。令人有点费解的是，石碑上有"天仙玉女碧霞"字样。这是怎么回事呢？原来就在桥北边不远处的路东，有一座"泰山行宫"，它们相互之间应该有联系。

"泰山行宫"，被当地人称为"南大庙"。根据现存的碑刻和建筑结构，文物专家初步判断,这座行宫应是金元时期建造的,可谓弥足珍贵。整个遗址南北长约 150 米,东西宽约 50 米,只在中间还遗留着一座青砖结构的大殿,南北两侧的古建筑已经不复存在。现存的大殿面阔五间,进深三间,莲花座柱础,外面为石柱,里面粗大的木头柱子尚全。庙内墙上还残存着壁画,东梁上有"日出扶桑",西梁上有"日落昆仑"字样。目前大殿已是岌岌可危了。

图 3—5　岌岌可危的南大庙

从"泰山行宫"前地上散落的清康熙十三年(1674)的"地以庙传"和民国二十八年(1939)的"重修泰山行宫吕祖祠碑记"两块石碑的内容来分析,泰山行宫的创建时期肯定远早于明代万历年间。

据村民介绍,这个大殿正门上,原来还有一块匾额,上面写着"泰山行宫"四个大字,现在匾额早已不知去向。泰山行宫供奉的是"碧霞元君",又叫"泰山玉女",从此不难看出,下边的广惠桥碑刻所提到的"天仙玉女碧霞"与行宫的关系。

此处不见范庄村

　　古御道从潘村经开山、炒米店村即到范庄。范庄位于今崮云湖街道办事处驻地东北 1 公里处的东、西都是大山的狭谷中,现有 430 余户,1900 余人,属于较大的村庄,主要有范、苑、杨、史、朱、王等二十几个姓。104 国道、京福高速公路和津浦铁路在村西经过。据传,该村前名茶棚,《范氏家谱》载:"明洪武四年〔1371〕范氏祖海野自苏州阊门大街迁居该村,更名范家庄。"清道光版《长清县志·地舆志》载有东仓崮保范家庄之名,今名范庄。

图 3-6　范庄村景

范庄所在的位置正是九省御道长清段百里齐川的最紧要处,离东、西大山只有二三百米的距离,东为唐王寨,西为双龙山,两山夹峙,陡坡险绝,具有很重要的战略地位。古御道从村中纵贯南北,村中的主要街道还是沿用古御道,四通八达的小巷全部用青石板铺就,很有山村特色。房屋建筑多为全石结构,极少土坯砖头,经久耐用,古朴典雅。

据村民介绍,村里曾经出过几个大官和名人,现在还有在世的。御道边还有过"上马石"等,都在上世纪被当作"四旧"拆除了。

现在村中的古遗迹已不多见,在古御道旁还有老庙一座,村人称为"南庙"。小庙总建筑面积约 20 平方米,旁有两棵古柏对峙,树龄看上去应在 300 年以上。村中老者言,此为"七圣堂",正面祀泰山老母、眼光娘娘、送子观音,旁祀山神、土地、降福(福星)、了福(灾星)共七位神仙,遗憾的是现在小庙毁坏严重,已空无一"仙"。

小庙的两个柱础虽然很一般,表面已被磨得光滑发亮,但它们依然伫立在原位,力挺着已开始腐烂的木质柱子。庙前的两棵柏树长势旺盛,笔直挺拔,像哼哈二将守护着残庙。此庙处在路的中间,其前、右前、后、左、右都各有一条路,御道相对稍宽一些,通向东南方向。这是一条典型的"五股道"(有五条路通向不同方向)。旧时民间认为"五股道"很"凶",经常有妖魔鬼怪出没,一般人来到这里都有一种风声鹤唳、毛骨悚然的感觉,尤其是晚上是不敢单人打此经过的。

原来庙后面御道上有一个突兀的陡坡,车辆来到都要费好大的劲儿才能爬上去,这更使得"五股道"增加了一些"魔力"。后来修水泥路时低处垫高了很多,坡度减少了许多。

庙前倒卧着一块石碑,已残,碑座闲置在原位。残碑高 1.5 米,宽 0.80米,厚 0.25 米。由于正面朝下,碑文内容不得而知。有好事者在上面刻上了棋盘,供闲时消遣。

本以为此庙的记载是一个缺失,但笔者在村委却发现了另一通石碑。乍一看,是介绍古井的,再仔细识读,碑文竟分两个内容。大意是:原来村南有一口甘井,建在小崮山村的地里,后范家庄村置换了土地云云;而下半部分却提到了"七圣堂",并有庙前杨树二株、槐树一株……不许毁坏枝叶等记载。时间是乾隆四十五年(1780)。由此可知,此庙最早建于乾隆年间,算来至少也有200多年了。当然,杨树和槐树早已"寿终正寝"了。

无独有偶,村南还有一块明嘉靖二十六年(1547)"诰命夫人碑"一通,龟趺龙首,通高3.70米,碑身宽0.88米,厚0.30米,座首雕刻精美,碑文保存完整,具有较高的史料价值。

据村民讲,现在的村委是在原来佛爷殿的地基上建的,新中国成立后曾用大殿当过学校,上世纪90年代才扒掉盖了村委。原来墙外还有石钟亭,四根石柱、起脊石顶,相当威风。旁边还有好几块石碑,现在都没了踪影。

图3-7 范庄七圣堂

其实,范庄村最古老的建筑还属村东的唐代李世民所筑的山寨——唐王寨。唐王寨所在的山原来叫做"宝泉山",海拔360米,山势四面环削,十分险要。传唐王李世民遇兵围追,即登山筑寨避敌,故名。还有一说是唐高宗与武则天东封泰山,此为必经之地,两旁曾驻兵戍卫,所以有了这个寨名。山寨南北长 300 米左右,宽 80 米左右,面积约 2.4 万平方米。寨内共有石屋 112 间,还有寨墙、寨门、蓄水池等残迹。

地质时期的遗存在范庄也有发现,比如村西方向约 500 米处有一条山沟,叫"蛟死峪",传说远古时一条蛟龙死在这里而得名,在新中国成立初有人曾在这里刨出来一个石锚,土里也经常发现蚌壳,说明在远古时期这里的确是一片汪洋。

如今,整个范庄村按统一规划已集体搬迁到崮云湖街道第三期安置房,成了范庄居民委员会,旧村址被征用,改造为民宿村,另取名为"范家庄公社"。但这已经不是真正意义上的范庄村了。

枕山臂河大崮山

　　大崮山村位于长清主城区东南 11 公里处，据传，该村前名"白马店"，又名"白皮关"，古有唐王李世民令秦琼夜探白皮关的传说。北宋初年以村北崮山(今玉皇山)更名崮山庄。明崇祯年间(1628—1644)，村内设驿站后，更名崮山街。清道光版《长清县志·地舆志》载东仓崮保崮山街之名。清中叶为区别村西小崮山，始名大崮山。民国版《长清县志·地舆志》载山茌区崮保里大崮山之名。

图 3—8　大崮山村远眺

　　大崮山村历史悠久,交通便利,是历史上皇帝封禅泰山和南巡的必经之路,村中至今还留存着不少历史建筑。这些建筑许多始建于唐代,后经宋、元、明、清历代维修扩建,逐渐形成规模。较早的文物古迹起源于唐王寨。相传唐朝初期,李世民被敌军围困在大崮山村东北(范庄东)不远处的宝泉山上。为御敌,在山上修建山寨,并得到当地百姓的大力援助。后来李世民做了皇帝,为了感恩,他颁旨在大崮山村修建了青云观、光明寺,还修了官道和官井,并在大崮山上敕建了玉皇庙。大崮山古来即为联系南北的交通要地,康熙初年设有驿站,道光《长清县志》载:"崮山兼管长城驿,在县东南三十里,驿丞管理原分二驿,今并为一。"

　　现在大崮山村中的古御道就是唐代的官道演变而来,经范庄由北向南,进入大崮山后变为东南走向。拐弯不远处,首先看到的即是"官井"。前些年村民重新为它建了一座亭子,沿用原来的四根石柱,庄重大气。虽然铁皮搭顶有点不协调,但还是有"古"的味道。为防止尘土树叶落入,井口被盖上了一块石板。据说官井是唐朝李世民下旨所凿。现井旁确有一座卧倒的龙头碑,可惜此碑不知何时被人从中间竖着"一分为二",另一半不见了踪影。卧碑字迹已完全模糊,一个字也看不清了,只有边上的花纹还依稀可辨。

　　位于官井东北侧的老供销社,是拆了青云观山门后而建的。在老供销社的后院里,青云观的大殿(东廊坊庙)还留存着。这里曾供奉着阎罗王。据村民讲,原来西边对着还有"西廊坊庙",现早已不见踪迹。现在"东廊坊庙"的大殿后墙也已塌了一大片,失去了整个西北角,已是岌岌可危了。

　　供销社门前十余米处原有一座无影桥,被村民们称为"走桥不见桥",因桥是架在壕沟上的,桥洞是拱形的,而桥面则是平的,和路面连成一体。民国版《长清县志》载:无影桥"在崮山高等小学校前,有三角形石桥一孔,唐尉迟恭监修。有残碑卧土内,字莫能辨。"

　　据大崮山村村民司庆元介绍,无影桥附近的十字路口,原有一座坐南朝北的观音庙,与北面150米左右的真武庙斜对,庙附近曾竖着8块高大石碑。现在观音庙已踪迹全无,石碑也在十年动乱时被人砸毁后拉回家去做了地基、门台或墙石,实在令人惋惜。

北面的真武庙被拆除后划给了农户。在旧址前,只剩下了原来庙门的台阶和两米左右的石板路。"庙"里仅有一棵直径一米多、大约一千多年的柏树还在见证着这座遗址的沧桑岁月。

古树在大崮山很多,一户农家的院墙上就长着一棵看上去二三百年的古槐。大树从大门里长出来,直径有一米多,已被林业部门登记存档。山上山下的古柏成片,好多树龄已上千年了,有的古树还在悬崖上冒出,成了千年"崖柏"。

沿古御道向东南数十米,原有一座关帝庙,面积不大,后也改成了民房。据民国版《长清县志》记载:"大崮山为旧《志》所载之崮山,山前所有行宫地基,民国四年,奉官谕变价,驿站于民国元年裁撤,其地改为山茌区高等小学校,邮政分局添设于此"。看来,历史上的大崮山村"崮山行宫"规模很大,民国初被改成了学校。

村民介绍,仅存的大殿曾为乾隆行宫的一部分,可能是被用作随从住所;大殿南侧墙体是解放初期垒砌起来的,曾被当作学校教室,不少上了年纪的村民都曾在这读过书。行宫旁另有光明寺,"光明寺原来有三座大殿,其中两座于上世纪中叶被拆掉了,殿内的佛像和壁画都遭到了破坏,殿外原有的两棵直径近两米的古柏树也被砍伐了。"现在光明寺仅剩下一座三间砖石结构的大殿,前脸被粉刷成白色,后墙已塌了一部分。大殿垂脊的神兽已全没有了。只有两边的墀头还完整,上面有精美砖雕。房檐的瓦当缺失了一些,椽木已开始腐烂。屋内房梁尚全,不过也腐蚀得厉害,上面的彩绘依稀可辨。

光明寺建在高台上,原来的石头台阶被水泥全部覆盖。台阶旁的皂角树看上去也有年头了,在默默地守护着这座古建筑。

光明寺东墙外的一片空地原来有一座戏台,与高高在上的玉皇庙遥相对望。旧时每逢重大节日唱大戏或玩龙灯,村民们坐在山坡上就能观看演出。如今戏台也已荡然无存。

据相关史料记载,康熙初年这里就设了驿站,乾隆皇帝每次去灵岩寺、泰山和南巡都要从此路过,有时还驻跸这里。查道光版《长清县志》,果有记载:崮山"行宫共房屋十九间,周围垣墙一百一十六丈四尺,乾隆三十年建立,三十六年重修一次,四十年重修一次,四十五年重修一次,五十五年重修一次。"由此看来,当时的行宫规模是非常大的。

在戏台东面树林中一户农舍后面,有一处方形石堆,地上有被凿开的痕迹,露出的几块条石与之前所见的光明寺大殿的基石极为相似。"这堆石头有些年头了,具体用途不太清楚,从未挪过地方,很有可能与光明寺是一个整体,都是崮山行宫遗址。"村民如是说。

再仔细观察周围,不难找到散落或半掩埋的砖头瓦块,一看便知是老建筑上的物件。在乾隆行宫的北边有一片高地,叫"和尚林",即埋葬和尚的地方,原有墓碑数块,后被移走,下落不明。

从光明寺大殿北侧拾级而上便是玉皇庙。这座庙是县级文物保护单位。相传,当初这里有座始建于唐代的殿宇,后经宋、元、明、清历代重修、扩建,形成一定规模。原先的那座大殿,因战乱已全部毁坏,仅存部分文物古迹(主要是石碑和不可移动的石刻等)。院内有正殿和东西厢房,都是近年重建的。重修的大殿沿用原来的两根石雕盘龙柱、水边柱础。当初采用圆雕工艺,精雕细刻。两石柱各雕一条盘龙,活灵活现,形象逼真。柱高近两米,柱础有"正

图3—9 玉皇庙盘龙柱

德七年建"字样。在长清其他庙宇没有发现类似石柱。

庙内共有 9 块古石碑、1 块新石碑,除了年代久远实在分辨不清时间的 4 块以外,能识读的有明成化年间的 1 块、明正德年间的 1 块、清康熙年间的 2 块、清嘉庆年间的 1 块。这里面既有龟趺碑,也有龙首碑,足见其规格之高。从碑文中得知,原来崮山还有"故山"一说。

玉皇庙正中供奉着玉皇大帝,随从论资排辈地列在两边。大殿左右两侧,各保存着一座全部用石板砌垒的殿宇,房顶亦用青石板雕刻瓦垄、滴水。刻工还算精细。玉皇庙还有后院,左右各有全石建筑的小庙,里面的塑像是哪路神仙,还待进一步考证。

大崮山村原是崮山镇驻地,津浦铁路和古御道并行了一段后又向东南穿村而过,上世纪初在东边建了崮山火车站,这是津浦铁路上的一座小站。那时,附近的旅客北去济南、天津、北京,南到泰安、南京、上海都可以从这里上车,因此崮山站担负过近百年的客运任务。上世纪末,随着 104 国道的通车和高速公路的建成,崮山站逐步停止了客运职能。但至今仍为货运中转小站。

据当地村民讲述,该村留存至今的文物建筑除了李世民和乾隆两个时期的,还有始建于唐代甚至更早的,其体量之大、遗存之多,实属罕见,具有很高的历史价值。因此,处在古御道上的大崮山的古文化,极有开发潜质。

千年古镇张山下

　　今张夏街道张夏村地处长清区驻地东南 19 公里，南临泰安 23 公里，北距省会城市济南 25 公里，原名张下，因在张山（汉留侯张良在此隐居，故名）之下而得名。104 国道、京沪铁路、京沪高铁、京福高速公路穿境而过。张夏历史悠久，古迹众多，是一座有着近 2000 年文字记载历史的古镇。据民国版《长清县志·人物志》载，汉留侯张良字子房，曾隐居村东山中，山遂名张山。村在张山之下故名张下。今书为张夏者应是"下"字之误。《续山东考古录》载："汉武帝后元二年（公元前 87 年），……又茌县……，故城在东南三十里，今张夏镇……"据上述文字，该村最晚建于西汉初年。曾名张夏镇、张夏街、张夏店，清道光版《长清县志·地舆志》载东仓青保张夏街之名，民国间复名张夏。

图 3—10　张夏村街景

　　道光版《长清县志》在"通明山"条下注云："张山在县东南五十里张夏之东,山顶峭壁有孔通东西,亦名通明山,旧志分为二,实一山也,山半有双泉寺名双泉庵"。双泉庵位于通明山腰,原是四禅寺的下院,正殿前并列双泉成两方池,故名双泉庵。该庵自西向东有门楼、正殿、南配殿。正殿面阔 3 间,进深 1 间,硬山顶,前出厦。南配殿结构与正殿相同,院内有龙首碑、龟跌碑及明至民国的碑碣共 9 通。该庵创建年代不详,据碑载历史较早,明中叶为极盛期,明末遭兵燹,庵堂荒废,清、民国时又曾两次复兴。据传说,唐代贞观年间药王孙思邈游历至此,就地采集药物写成《千金方》第三卷,他曾在此著书长达 11 年之久,所以当地村民在此修建了药王庙。明朝时,这里还建起了玉皇殿、供奉着刘关张的忠义殿等。明代起,庵前建有戏台,每逢二月十五有庙会。双泉庵于上世纪中叶被破坏,几近倾圮。2007 年 9 月,释印法师来此,发心修复千年古刹。2009 年开始在原址基础上开始重建,2011 年竣工。为了纪念义净法师,当地人将双泉庵更名为义净寺。

　　百里御道从金庄村进入张夏穿村而过,此段道路自春秋以来就是南北通衢的要道,历经数千年沧桑,遗留众多古建筑、古遗址。据村民讲:御道从张夏村北的一座石桥(村民习惯上称"张夏北桥")进张夏街。该桥架设在分别从东面王家泉和周家庵两个源头流下来的一条河上,为三孔全石结构,是在古桥的旧址重修的。此桥长 8 米,宽 6 米,高度 1.6 米。御道过桥后进入张夏街。张夏街是一条古街,千百年来变化不大,过桥后迎面曾有一座阁子,为全石结构,高大排场。向南不远,御道开始拐向东南方向。原来街两边店铺林立,还有几个大户门前有大石狮子,很威风。现在老建筑多已不存,只有几间带长廊的房屋还透着几分古味:此为两户六大间门脸房,西户原来木头柱子的柱础早已腐烂,下半截换成了水泥墩。旧时的青瓦也几乎全换成了红色新瓦,只剩下硬山垂脊上少得可怜的小碎瓦。门铺的门板和上方的装饰板尚全,透着古色古香。据房主人介绍,别看靠街面的房屋不多,但院子很深,里面长达 78 米。早先这里是开邮铺的,解放后划归张夏供销社做了门市部。继续向东,偶尔还能看到百年以上的老房屋。村中御道北边原有一座真武庙,庙基高大,前有 13 级台阶,过去村中儿童曾在两边护梯石上坐"滑梯"戏耍。进真武庙,原来有东、西有钟楼、鼓楼,大院南北长 100 多米,大殿为 5 间,雕梁画栋,内塑有真武大帝及随侍神像,还有东、西厢房。现东厢房被改为供销社门市部,西厢房不存。据资料记载:隋代襄年人(今江苏境内)李密来张夏营造宫殿,就在原真武庙里自立为王,招兵买马,并屯兵四十万于柳埠神通寺。当时他南控泰安,北攻历城(即济南),靠的就是这处南北通衢、齐川通鲁的战略要地。据说庙前曾有一大溜石碑,后来都被砸毁了。现在整体被改造成了供销社仓库,旧庙完全不见了踪影。

图 3—11 真武庙原址

临出张夏村,御道又呈南北向,原来这里还有第二座阁子——玄帝阁,这是村中最典型的古建筑。

玄帝阁是为供奉真武大帝所建。真武大帝又称玄天上帝、玄武大帝,是中国神话传说中的北方之神,为道教神仙中赫赫有名的"玉京尊神"。因而在我国北方,一般在交通要道或重要关口等都要建一座玄帝阁,以镇压一切不祥之邪。

据原住在阁南面不远处的年逾八旬的张夏供销社退休职工黄宝贵介绍:玄帝阁原为二层,下面是通道,有一个南北方向的石拱券门,全石结构;上层是敞开式阁楼,硬山顶、单檐,面阔 3 间,进深两间,为青砖结构。阁楼屋脊上有二龙戏珠浮雕,正中间雕有一尊小狮子,两头有鸱吻;两侧垂脊上神兽排列整齐,透着威严。阁楼雕梁画栋,四周有精美壁画。内祀玄帝,旁祀周公、桃花女以及风师雨伯等。这也反映了民众祈求风调雨顺、四季平安的愿望。

据介绍,这座玄帝阁的东边还有一个很大院落,留有一个敞开式大门,一溜 5 大间北屋,东西配房各 3 间。如果登阁的话,必须从院中石台阶攀登。院内西南角还有一口老井,长年不竭,可供全村人吃水。

　　遗憾的是,这座在长清御道上最大的玄帝阁在上世纪中叶被无情地拆毁,现在全无踪迹了。黄宝贵老人还介绍,玄帝阁南偏西的地方,原有一棵几百年的大槐树,三个人都搂不过来,也因拓宽街道被伐掉了。

　　张夏村内原来还有几座老庙,都在上世纪初分给了保障供给的供销社当作仓库及门市部,后因改建房屋逐渐地消失了。另外,村南还曾有一座廊坊庙,就在中川河边上,当时南来北往的行人都要在此烧香磕头。

　　张夏村既作过县治,后来又一直是镇的驻地,历经 2000 多年,其文化内涵非常丰富,但也是目前古文化符号消失最多的村子,不得不说这是件让人非常痛心的事。如果想了解它的过去,只能从志书等资料上查找了。

康熙赐名青杨树

　　青杨树本是一种树木的名称,用来做村名还不多见。民国版《长清县志》载:据传,青杨村前名南梅花庄、北梅花庄。明洪武间(1368—1398)两村连为一体,名梅花庄。后来有皇帝南巡路经此地,在村头大杨树下停轿纳凉时遗一物,差人觅得后报曰:"物在青杨树下。"帝以物未失,赐村名青杨树。清道光版《长清县志·地舆志》载有东仓石保青杨树之名。1958年始名青杨村。

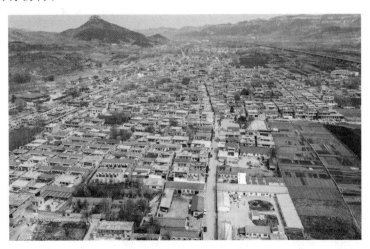

图 3—12　青杨村景

青杨村位于今张夏街道驻地偏东南 7.5 公里处,北距石店、南距土门各 1 公里,中川河和 104 国道在村西、京沪高铁和津浦铁路在村东经过。津浦铁路曾设青杨火车站。原来以供销社青杨门市部为界,分青南、青北大队。1984 年改为青杨南、青杨北两个村民委员会。青北主要有王、周、马、杨、米、赵等姓;青南主要有岳、潘、李、郭等姓。

村中南北向主街道就是古御道,纵贯整个村庄。原来的中川河是沿古御道走的,后来因故将河道改到村西,至今存留部分还做村中的排水沟,一直延续到北面的石店村。

青杨村是九省御道长清段上较为重要的一个村落,在清朝初期是皇帝南巡时一个重要的休息点。乾隆帝南巡时每隔二三十里要设一座尖营,休息打尖,青杨村就名列其中。至今该村还流传有康熙帝改“梅花庄”为“青杨树”的故事:传说康熙帝第一次南巡时,一路观村赏景,访察民情,不觉间来到梅花庄,他坐在村头休息,拿出心爱的玉如意把玩。当他到了灵岩寺住下时,却发现玉如意不见了,于是立刻差人去寻。宦官一路寻来,当来到梅花庄的时候,看见玉如意端端正正地放在康熙歇息时坐过的石墩之上,即将此事禀报康熙说“此物复得在青杨树下。”康熙一听十分高兴,感于此地民风淳朴,立刻降旨免除长清二年赋税,并赐庄名“青杨树”。

据村民米殿法等老人介绍,当年康熙皇帝休息时失而复得玉如意的地方,民国时期还有那棵毛白杨,同时村里另外还有好几棵,都非常粗大。后来大树都“寿终正寝”枯死了,再也找不到当年的痕迹了。

青北和青南村原来界限分明,现在已没有明显的分界线了,只有当地村民还能分辨得出。青北村民全为回族,村中有清真寺一座,始建年代无史料记载,据现存清同治九年(1870)重修寺碑考,此寺最晚建于明代。现在该寺占地约 6700 平方米,建筑面积 328 平方米,为四合院落,大门面东,门上方挂有民国二十一年(1932)的“清真古教”匾额,门前有四只雕刻精细的石狮。主殿面阔三楹,进深二间,为卷棚式,上施小瓦,置吻兽。中殿和后殿硬山顶,有正脊,中置脊刹,两侧安鸱吻,梁椽绘精美花纹,大殿门上悬清光绪元年(1875)的匾额"明德为本"。附属建筑有望月楼、议事堂、南北讲堂、接待室、水屋等16间。寺中有两通石碑,内容都是重修清真寺序,分别立于清道光二十四年(1844)和清同治九年(1870),碑阴刻有施善者的名字。寺内藏有康熙五十六年(1717)四月十六日手抄《古兰经》60本。据说村民曾珍藏过一部袖珍版《古兰经》,重44克,长2.7厘米,宽1.9厘米,厚1厘米,大小相当于一枚军棋子。这部《古兰经》装在一只带有阿拉伯式花纹的铁盒里,铁盒正面镶有一个直径为1.5厘米的圆形放大镜,供阅读时使用。全书共810页,约30余万字,此经书相当珍贵,于1982年10月由山东省博物馆收藏。

图3-13　清真寺

　　青南村现存古庙一座,当地人称"琉璃庙",现只存三开间的大殿,其余部分已改成青南村委会。民国版《长清县志》载:琉璃庙"在石保青杨树庄中间,实即泰山行宫。因其庙砖瓦皆用琉璃修成,故名。其两山所用之砖,皆烧就山水人物,玲珑可观。有大明嘉靖、万历年间重修碑记。"琉璃庙外山墙上还有精美琉璃雕塑,村民们称之为"西游记""东游记"故事。琉璃庙为北去济南、南下泰安的中点,距两地各九十里,百姓称之为"济南到泰安,琉璃庙在中间"。现在的琉璃庙经过多年的侵蚀和屡次的重修,琉璃瓦更换成了青砖灰瓦,看来以后不能再叫琉璃庙了。门口一侧墙壁上嵌有"泰山圣母行宫"的石碑,但没有具体时间。

现庙内已找不到明朝石碑,大殿内只有清乾隆二十九年(1764)立的"重修碧霞元君庙记"碑一通。据村民讲,原来琉璃庙整庙都用琉璃砖、琉璃瓦修成,看上去华贵大气。现在,东面垂脊上的瓦当全部换成了新的,不过还留有几块彩色滴水、庙内还存着一块"替"下来的残缺神兽。看得出来,的确都是琉璃的,且质感和色彩均属上乘。

庙内两面山墙上的山水人物画,乍一看像是画上去的,其实都是烧制的琉璃作品,层次感非常好。这在长清境内其他庙内是绝无仅有的。此庙虽经多次维修,但除了琉璃瓦基本不存和西面轻微受损外,雕梁画栋、墀头砖雕、鸱吻、博风板等基本保持原样,且做工精美,非常完整。

据村民介绍,原来在青南和青北结合部,路东一面墙曾有琉璃烧成的《四游图》,长达近10米,宽3米多,详细介绍了青杨村向东、南、西、北游玩的山水风光及路线,非常壮观。现在原址上盖了新房屋。

青杨村还曾有关帝庙一座,其来源颇有传奇色彩。说是咸丰年间,青杨树村郭某出行,至普济桥头小憩,发现沙中有一物如人首形,掘视之,乃一木像,负之归。村人细视之,知为关帝神像,于是集资修庙,将神像重新上彩,供奉庙中。据说庙里还有万历皇帝母亲李太后的乌金塑像,后来被人当废铁卖到万德采购站,又转卖到泰安,再后来就不知下落了。

如今,古御道早已失去了往日的风采,成了村中的集市。青杨村所处的位置在张夏和万德之间,与两地距离基本相等,因此,津浦铁路在修建之初就在此设了火车站,至上世纪末已逐渐停止了运营。

青杨村是古御道上富有传奇色彩的组成部分,作为长清御道沿途唯一的回民村,也是民族团结的缩影,值得人们去传颂、去继承、去弘扬。

齐川通鲁过靳庄

在长清百余里的古御道上，原来有四座以上的过街阁：如张夏街道张夏村玄帝阁和靳庄村真武阁、万德街道长城铺玉皇阁、店台铺真武阁等，而由于种种原因，完整保存下来的只有靳庄这一座了。据记载，靳庄真武阁始建于明代正德年间，明、清皇帝南巡或到泰山祭祀游览基本都要经过此地。特别是清朝的康熙帝和乾隆帝数次南巡去泰山、灵岩，几乎每次都要打此阁下经过。

靳庄真武阁始建于明代，为阁楼式通道，分两层：下层高约 5 米、长约 12 米、宽约 8 米，中间有一个南北方向的石拱券门，为全石结构；上层是敞开式阁楼，面积比一层略小，硬山顶、单檐，面阔 3 间，进深两间，为青砖结构。阁楼屋脊上有二龙戏珠浮雕，正中间雕有一尊小狮子，两头有鸱吻；两侧垂脊上神兽排列整齐，透着威严。

二层南北均留有观景台，东侧有阶梯可攀。旧时站在这里，能看到御道上南来北往的过客。

图 3—14 靳庄真武阁

　　在阁楼阳面有一道屏风,遮挡住了里面的神像。屏风的正下方也就是石砌券门的正上方位置,刻着"真武阁"三个大字。在石砌券门阴面的北侧门上方,也镶嵌着一块石匾额,上面刻着"齐川通鲁"四个字。字体苍劲有力。"真武阁"和"齐川通鲁"两匾均在券门之上的同一位置,南北相对。

　　其实,这里的"齐川通鲁"是齐国从这里通往鲁国之意,并不是说过了这里就是鲁国境地了。而离此还有好几十里地的界首铺,才是真正意义上的齐鲁分界处。

　　真武阁正面是敞开式三间大厅,东西山墙上依稀还能看到一些残缺不全的彩色壁画,每面墙壁上各用黑线分为15格,每格中一幅,多为真武大帝的神话故事,较清楚的有《草亭咏赋》《美人观棋》《猫蝶富贵》《双燕迎春》《鱼跃海天》等,梁架的彩画尚清艳亮丽。仔细查看,真武阁内部为木质结构,四根木柱子支撑着两架木制大梁,梁上雕着彩色图案,图案内容尚依稀可辨。

　　真武阁北墙上还有一个后门。据当地村民介绍,原先在后门两侧有台阶,可以直通到下面的路上,阁前东西两侧也有台阶通到下面石砌券门的两侧。后来两边的台阶都拆除了,后门也被封死。如果登阁楼必须从邻居家房顶上跳跃过去。也许,正是因为没了台阶,真武阁才得以完整保存下来。

图3—15　齐川通鲁石匾

门洞内两侧的石壁上,镶嵌着七块长方形石碑,应该是砌墙时直接垒上去的。石碑上的内容是后来刻上去的,但由于时间久远风化严重,加上经常有超宽车辆的刮擦,石碑表面磨损得厉害,好多字已无法辨认。从残留的"正德十年"可以证明,此阁始建应在此前,算来距今已有 500 多年了。

在真武阁南门外的路东,还竖着一块高大石碑,碑额上用篆体题有"重修真武阁记",碑立于明嘉靖五年(1526),因年代久远,碑文无法认全,能阅读的部分写有:"嘉靖间,居民吴宗汉氏好古崇礼,念其先兄宗朝遗志未就,乃笃意修,即旧址……上建杰阁,中肖神像,环以列帅,积栋飞甍(薨),狰狞震怖,俨然一方瞻依皈礼之地也,……丙戌九月之吉告成……"

据村民介绍,在 1966 年之前,真武阁上曾有一尊神像,这尊神像就是真武大帝,真武大帝的两侧分列两排神像,神态各异,遗憾的是神像现已没了踪迹。

阁下的御道上铺着一块块青石板,已磨得特别光滑,车辙处都碾压出了深深的凹槽,可以清晰地看到 500 多年岁月在此留下的痕迹。

据史书记载,张夏最早是周代的一个小诸侯国——清国的都城。到了春秋时期,清国被齐国所灭,张夏随之成了齐国的一个重镇。三国时期属泰山郡山茌县,为山茌县治所。唐朝(618—907)属齐州山茌县,仍为山茌县治所。宋朝以后属济南府长清县。而靳庄在清朝时期曾设过邮铺,康熙版《长清县志》有"靳庄铺"之记载,曾是比较繁华的。

因此,靳庄村历史悠久,文化底蕴也很厚重。村中有一处道教文化遗址——迟贤亭。亭内有许多学士、大夫题咏刻石,这些题咏刻字"铁钩银画,敲金击玉,骚人翰墨林立一时。"明代成化丙申年(1476),邑侯朱义将两阶所列刻石移嵌于迟贤亭壁间。后屡经兵燹,这些文物基本被毁坏殆尽,仅存迟贤亭东阁内的十个字石碑。清代康熙乙亥年(1695)有个叫张敏的当权者,游览泰山名胜时,途经靳庄八公故里,他看到迟贤亭遗址"污泥苔藓,碑仆石断,蝌文蝌蚪之章无以寓目",不胜感慨,即命长清邑侯巴公鸠工竖石,恢复旧制。巴公"承命趋事,砖嵌石砌,坚筑而更新之",不但在迟贤亭旁建起数间香火院,还把失传的石刻从史料中查出来重新刻立,使得迟贤亭遗址得以恢复。此后,凡游泰山、灵岩、五峰山的达官贵人、游客,都要顺路到迟贤亭一观。此亭现不存,只在靳庄小学保存下了那块刻着十个字的石碑。这十个字被当地村民称为"十字天书",传为吕洞宾所写。据道光版《长清县志》记载:"宋时靳八公与妻同升去,吕纯阳遗有仙笔,其字画若龙骞凤舞,土人以其结构非凡,遂刊诸石。"为解开这一千古之谜,靳庄人曾悬赏 10 万元征集解读。

图 3—16　十字天书

靳庄小学内还有三块残碑,分别是"靳庄道中""右吕公仙碑"和"军机处存"。其中"靳庄道中"为明万历末巡按御史毕懋康所书,那时即认为"靳庄深处有仙家"。(详见本书"金石遗文"篇)

如今,站在"齐川通鲁"石砌券门之下,看着地面上光滑的青石板路,仿佛看到一队队车马从模糊的历史深处走来。可以想象,当年站在高高的真武阁上,南北御道尽收眼底,看到那皇家车队在阁下经过,浩浩荡荡,场面应是十分浩大……

古代隘口阴灵关

　　阴灵关是万德街道最北边的一个村子,现已更名义灵关,因古代这里是一重要关口而得名。据《山东省长清县地名志》记载:元至正年间(1341—1368)此地有座阴灵后庙,又是石都寨辖区南去的关卡。明万历年间(1573—1620)建村时,以庙和关卡命名阴灵关。1947年有一军官居此,因"阴灵"不祥,遂更名义灵关至今。

图 3—17　义灵关村

　　义灵关自古繁华热闹，来往行人众多。村北有一座阴灵关桥，修建在由灵岩寺上游下来的一条河流上。从河道两边冲刷的痕迹看，雨季水势非常凶猛。该桥为单孔石拱桥，长30米，孔高9米，跨度4.5米。桥体敦实，整体完好。大桥北距张夏街道靳庄村1500米左右，南距义灵关村200米左右，原是长清百里御道的必经之路。民间有传说，辛弃疾当年就是在此处斩杀了叛贼义端。御道从这里开始进入今万德街道15公里的地段，沿途也留下了一些遗迹。在村中古御道旁，有一棵千年古柏和一棵看上去有几百年树龄的古槐。古槐树在一口古井旁，直径约1米，树心已经空了，但仍枝叶繁茂，生机盎然。据村民讲，树龄至少有300多年了。

　　在御道东边一口老井的北墙上有一幅乾隆南巡图，最早由宫廷画师徐扬绘制。乾隆皇帝仿效圣祖康熙皇帝的南巡旧例，从北京出发，经德州、过运河、渡济水，途经古御道，留下了深深的文化符号。现在的《乾隆南巡图》是山东艺术学院的学生根据历史资料绘制的。据《乾隆南巡图》题记介绍，当年乾隆皇帝南巡时，曾在此纳凉休息，与村民攀谈。据说他还喝过眼前这口古井里的水。古井深十余丈，水质清澈甘甜，供历代村民饮用，从未干枯。井口是一块花岗岩石，井圈井台用青石板铺就，旁边设有凉亭和石桌凳。村民讲，西边不远原来还有一座龙王庙，用九块黄石垒成，正门、窗户和屋脊盘踞的二龙都是工匠精雕细作而成，堪称一绝。可惜早已倾圮不在了。

　　在古井东面数十米处有碧霞元君行宫一座，面阔3间，起脊琉璃瓦，里面供奉着泰山奶奶、眼光奶奶和送子娘娘神像。行宫前有明代石碑两通，坐北朝南，均是《重修碧霞元君行宫记》，分别立于明正德十一年（1516）和嘉靖三十八年（1559）。碑刻虽经500年的侵蚀略有裂纹，但碑文内容还依稀可辨。

图 3—18　传说中当年乾隆纳凉处

　　庙前还有一通石碑是《重修泰山行宫关帝观世音庙碑记》,立于清光绪二十二年(1896)。此碑多年前被推倒过,有好事者在上面刻了棋盘。碑文受损严重。后来村民从关帝观世音庙移过来重新竖在这里。

　　阴灵关不仅扼守着南北通道,还是通往全国四大古刹之首灵岩寺的咽喉,自此东去十数里即是大灵岩寺。该寺佛教底蕴丰厚,自唐代起就与浙江国清寺、南京栖霞寺、湖北玉泉寺并称"海内四大名刹",并名列其首。

　　说起这个"大"字可有来头:我国叫灵岩寺的寺庙多达近十处,但无论建寺时间,还是规模都不及济南长清的灵岩寺。它始建于东晋,距今已有1600多年的历史。为了区分于其它灵岩寺,元朝奉直大夫、山东东西道肃政廉访副使文书讷和山东东路都转运盐使僧家奴,于至正四年(1344)四月十九日撰文立碑"大灵岩寺"。因此,国内诸多灵岩寺只有长清的配得上一个"大"字。

　　乾隆皇帝曾八次到灵岩寺,都要打此路过。从阴灵关到灵岩寺 5.9

公里,"灵岩胜境"坊就设在距灵岩寺院 4 公里处,建于乾隆二十六年(1761),其造型浑厚雄伟,是昔日进入灵岩寺的通道和标记。该坊全为石筑,阔三门,由立柱和横额构成。四根主体立柱嵌入抱鼓石,最上端各雕相间的朝天犼。立柱与横额由云状形雀替撑托。中门横额上镌刻有乾隆亲书的"灵岩胜境"四个大字。

在灵岩寺内甘露泉不远处,于乾隆二十一年(1756)为乾隆帝次年巡幸灵岩还建了"乾隆行宫"。乾隆帝八次幸灵岩,皆驻跸于此。行宫系砖结构,规模宏大,但现已倾圮,仅存残垣,已完全看不出当初的辉煌。外面崖壁上有一处崖刻,风化严重,内容已无可考究了。乾隆帝曾在此作诗曰:

　　　　萦青缭白相氤氲,无色声天大块文。

　　　　著个横楼真恰当,四时佳气与平分。

由于阴灵关所处的位置独特,村东曾建过"齐鲁战国影视城",塑有姜子牙等人的雕像,还拍摄过几部影视剧。

烽火台下万德街

　　万德村曾名湾底村，史上曾是县一级的规模，现为万德街道办事处驻地。万德自古也是东峪与西峪的交口，达官贵人穿梭，行商坐贾云集。据《山东省长清县地名志》记载："据传，该村建于唐代（618—907），名安阜店。元朝中叶，村西南大湾被山洪淤平。村人以其地临南北交通要道，聚集其上建房经商，逐渐形成较大村镇，人称湾底街，演为村名。后来讹传为剜底街，湾德街。清中叶始名万德街。"清道光版《长清县志·地舆志》载：'东仓·安保万德街'。民国初年称万德镇。后来为区别村西北小万德，名大万德，今名万德。"万德街是九省御道长清段上的一处中转站，即帝王们出灵岩后南行的第一站。因此历史遗迹很多：如万南遗址、天齐庙、泰山行宫（娘娘庙）、古戏楼等。

　　古戏楼在万南村中心，戏台高 1.5 米左右，戏楼建于台基上，坐东朝西，下为台，上为楼，占地 42 平方米。戏楼高 10 米左右，起脊，前为演出戏台，后面为后台，两边有"出将""入相"台口。整体设计显得华美典雅，但又不失庄严大方。古戏楼于 19 世纪末曾显赫一时，上世纪中叶后破损比较严重。据查，现在济南地区留存的戏楼非常少，万南戏楼虽然体量不大，但处在长清古御道上，且建筑时间久远，因此具有较高的文物价值。

图 3—19　万德街御道

　　古戏楼具体建筑年代不详,然建于清代确定无疑。曾几次维修,破坏最严重时已大部坍塌,除了戏台基本完好外,只剩下南北山墙和"出将"口的石柱子及摇摇欲坠的楼顶了。据村民讲,原来还有做工精美的顶梁柱莲花石墩(柱础),现在也找不到了。戏楼南墙垂脊也所剩无几,气窗内部完全脱落,只剩下边上的砖雕图案还能让人看出其原来的精细做工。

图 3—20　万德街古戏楼

虽然没有找到有关戏楼修建时间的记载,但在附近的墙体上发现清嘉庆十六年(1811)的《重修戏楼记》和光绪十四年(1888)的《重修戏楼建立围墙记》石碑各一通,由于两块碑大半部被埋入土中,内容只能一知半解。因都是"重修",也说明了古戏楼在清代嘉庆年间之前就已经建成了。这200多年的戏楼,在长清境内已是唯一幸存的最早的戏楼了。正因如此,该戏楼于2012年6月被文物部门定为县级文保单位,有关部门又于2019年筹资进行了重修。新戏楼是在原基础上重修的,地基没变、风格没变,基本按照原样重新搭建:砖、石、木搭配合理,前后台布局分明,彩绘装饰鲜艳,这让村中上了年纪的老人又找回了当年的感觉。

戏楼所处的位置正在古御道东面,南边紧挨着是一条东西大街,戏台坐落在十字路口的东北角。前有5米左右的空场,加上御道和东西大街,面积大了许多,容纳三百观众绰绰有余。旧时赶上唱大戏,南来北往的商客和行人必定会驻足观看,热闹场面可想而知。

也许是古人有意而为之,御道在这里不是笔直地一直走下去,而是从戏楼南边向东拐出了一个同御道差不多宽的距离,紧接着又向南延伸下去。原来,古人讲究藏风,在街巷有意设置一些弯曲道路。这样一来,戏楼正冲着南边的御道,也能让由南向北的行人很远就能看到热闹的景象。

古御道现还是村中的主要街道,最宽处达30多米。原来御道上的青石板全部由混凝土取代。现在还能在路两边看到替换下来的青石板,或作为护路石或作为台阶,从石头表面的光滑度便可知其年代久远。有两户人家门口还留有老柱础,足见原来的家境富足和旧时街道的繁华程度。

在戏楼北边的一处房屋的墙壁上有四块石碑,除了《重修戏楼记》和《重修戏楼建立围墙记》外,另有两块残碑,分别是清咸丰七年(1857)、八年所立的《万德街修道碑记》,从中可以推断出古御道当时的盛况。

从戏楼向南150米左右的路旁,有一棵古槐,看样子也有300年以上的树龄了。古槐树干直径1.2米左右,已干枯,树洞足有1米多高、半米多宽,难得的是树还活着。其守在御道边,见证了古御道及两旁民居几百年的沧桑巨变。继续往南 200 米左右，原来有一座很大的"泰山行宫"，当地人称"娘娘庙"，上世纪中下叶被拆。现在村民们在原址上竖了一块花岗岩石碑。

村中还有特别值得一提的一座古建筑——天齐庙，很有特色。天齐庙处在戏楼北边偏东处，为硬山顶，砖石结构，前出厦；面阔 3 间，进深两间，前出厦已坍塌了四分之三，四根石柱还在苦苦地支撑着残局。天齐庙建筑时间无考，从青砖的大小和格局分析，明末清初的可能性较大。山墙的气窗和垂脊砖雕相当精致，尤其是屋脊上的龙形砖雕，刻工细腻，栩栩如生，难得的是依然完整。这在长清区境内是罕见的。其内部的檩梁和顶部还算健全，雕梁画栋依稀可见。据村民介绍，这里曾经做过万德公社的办公室。隔断和梁上的电线也证明了这一点。

图 3-21　万德天齐庙

天齐庙规模虽不算庞大，但建筑风格独特，工艺精湛。如果加以修缮，应该还可以开发利用。在天齐庙的南屋后墙上，垒砌着两个莲花柱础和两块残碑，柱础半米见方，雕工细腻，应该就是村民找不到的戏台上台柱子的柱础；残碑内容不全，也没有具体时间。从东边偌大的院落和前面提到的《重修戏楼记》石碑的有关内容分析，这里一定还有过一座关帝庙，只是没有找到其遗迹。

古御道两边的老房子还偶有所见,古物件也随处可寻,从中不难找到古御道的影子。万德街是九省御道长清段上的一处中转站,也是帝王们出灵岩后南行的第一站,同时也是自泰山方向来游灵岩寺的必经之路,《泰山道里记》写道:"自泰山后,鸟道碌碌难行。登泰山继游灵岩者,由泰安府城西北绕山西麓而八九十里,经长清境之湾德村。东北迳鸡鸣山下,有台有洞,夜半尝闻鸡鸣。山西岩曰麻衣洞,元李坚栖隐处。东北过大溪,抵双槐树,为入灵岩者各路之会。"万德村东即为鸡鸣山,海拔418米。此山山崮凸起,形如一只报晓的公鸡,山西岩有麻衣洞,洞前原架有"红门"。因麻衣先生李坚在此修行而得名。洞中有石刻(详见本书"金石遗文"篇,在此不再赘述)。鸡鸣山酷似一只昂首啼鸣的雄鸡,据说很有灵性,元代延祐年间,石都寨(今石都庄)附近有一伙强盗常到这座山下集结,然后抢劫偷盗作案。一天晚上,这伙强盗刚来到这座山下,就听到鸡叫声,以为天快亮了,来不及作案即逃回家去。可到家一看,满天星斗,还未过半夜,于是又返回山下,然而又听到鸡叫声此起彼伏,只得二次逃回。此时发现刚过夜半,又三次返回山下准备作案。但此时真的到了鸡啼四起的破晓时分。强盗们认为这是青山显灵,警告他们不要做坏事。于是便回心转意,改邪归正。此后石都寨周围百里出现了夜无犬吠的安宁局面,人们就把这座山叫做鸡鸣山了。

在万德村西南现有一条长约3米、宽0.8米的人工沟。文物部门定名为万德西南遗址。从土沟剖面看,最底层的文化遗存较丰富,以夹砂陶为多,与月庄遗址的陶片具有一致性,属后李文化遗存。在后李文化的文化层上面,有一生土层,厚约25厘米,这个层面没有任何人类遗迹,属于自然堆积层,该土层上面为遗存丰富的东周时期层面。

在万德村南,还有一处著名的古迹——万南遗址。万南遗址也称"烽火台遗址",位于万南村南104国道东侧。1992年版《长清县志》记载:烽火台遗址位于万德镇万南村南、104国道(京福公路)东侧,齐长城北1.5公里处。高20米,长31米,宽16米,燃火点基高4米、长11米、宽8米,周围有散存地面的灰陶黑陶碎片,属春秋战国时遗物,为长清县境内仅有的1座土筑烽火台。此烽火台主体属春秋战国时遗存,清代或为长清12座墩台之一的湾底铺墩台。烽火台古称"烽燧",早在商周时期即已有之。《史记·周本纪》:"幽王为烽燧大鼓,有寇至则举烽火。"据唐人李贤《后汉书·光武帝纪下》注云:"前书音义曰:边方备警急,作高土台,台上作桔皋,桔皋头有兜零,以薪草置其中,常低之,有寇即燃火举之,以相告,曰烽。又多积薪,寇至即燔之,望其烟,曰燧。昼则燔燧,夜乃举烽。"由此可知,烽用于夜间放火报警,燧用于白昼施烟报警。由于烽燧一般均设在用土筑成的高台之上,故又称烽火台。

图3—22 万南烽火台

据有关专家考察,齐长城上共发现烽火台遗址13处,多数建在长城所在的山顶和高岗上,还有的筑在长城外侧500米左右丘阜上,也有设在长城内侧的。其作用是,如有敌情,白天燃烟,夜晚放火,是古代传递军事信息最快最有效的方法。

烽火台与古戏台看起来没有任何关系,但相距很近,因此也是研究长清古御道不可绕过的一处古迹。一个是战争必备设施,一个是还原战争历史的舞台,也许,它们之间还真有一些鲜为人知的故事……

两河汇流合一河

金山铺村位于万德南 2.5 公里处，长方聚落，南北向街道 1 条，是个不足 500 口人的小村子。村东有京沪高铁、津浦铁路经过；村西有京福高速公路、国道 104 线经过。该村地理位置非常独特，不仅公路铁路相夹，而且两条大河在村南相汇：南面是从泰山下来的中川河主流、东面是以武庄水库为主要源头的中川河支流，因此该村原来还有一个很形象的名字——"合一河"，时间久了，村民多叫成了"各一河"。据道光版《长清县志·地舆志》载有东仓·安保合一河之名。清朝末年，村人在村旁开店营生。以村东金子山，命名金山铺，演为村名。民国版《长清县志·地舆志》载有中川区·安保里金山铺之名。

虽然金山铺处于九省御道沿途，但因河床不稳，加上离国道 104 太近，现在很难找到御道的痕迹。不过值得一提的是，村东的四座铁路桥，弥补了御道缺失的遗憾。四座桥中两座是津浦铁路桥，一座是战备铁路桥，一座是京沪高速铁路桥。它们跨过一条宽阔的大河，各行其道，均架设在距河床十几米的高处，看上去非常壮观。

图3—23　合一河

　　尤其是中间的一座津浦铁路桥,为德国人在上世纪初建造,现在依然还保留着原样。这座已经运营了100多年的铁路桥,可以称得上是座"古桥"了。

　　当来到中间的铁路桥下,桥的结构让人惊叹不已:原来这是两座一模一样的老桥,均为跨度非常大的石拱桥。桥体不仅结实厚重,造型也很精美,像古老的艺术品。据村民讲,第一座铁路桥是1911年左右由德国人建造的,当年建成时并不是双桥造型,只有东侧那一座桥体。后来由于运输任务日益繁忙,一座桥不够用,加上找到了德国人留下来的图纸,工人们按原设计图纸又建了一座完全一样的铁路桥。两座全石结构的铁路桥并驾齐驱,形成一道独特景观。目前两座桥仍然承担着繁重的运输任务。

　　金山铺原来的村名曾叫过"合一河",那为何改成"金山铺"了呢?村中有一个村民耳熟能详的传说,解答了这个疑问(详见本书"逸闻趣事"篇之《贪财成名金山铺》)。

城关道卡长城铺

在长清古御道上，长城铺是最典型也是最繁华的一段。长城村位于今万德街道驻地南 5 公里处。据《山东省长清县地名志》记载：据村内崇寿寺大殿房梁上雕"晋咸宁丁酉年（公元 277 年）重修"文字考，该村建于三国前后。明洪武三年（1370）村民自山西洪洞县迁居该村，以村临近齐长城关隘，命名长城堡。明中叶村中设驿站后，名长城铺。清道光版《长清县志·地舆志》载有"东仓安保长城铺"之名，1949 年始名长城村。但至今，不仅本村，就是邻村上了年纪的老人还习惯称其"长城铺"。

图 3—24 长城村村景

长城村位于济南和泰山之间,村中南北大街在古代是沟通华北与江淮的重要官道,加上齐长城穿村而过,是春秋时期齐鲁两国的"界关",因此这里不仅是一个村子,还是千百年来齐川通鲁的重要关口,有着相当重要的战略位置。据村中老人回忆,原来古御道在村北五里多地就开始爬坡,要连续过五道坝,村子就在最后一道坝的最高处,因此还把长城铺叫过"长城岭"。因老御道在中川河边,道边旧时芦苇一丈多高,又赶上坡陡路长,村民都叫作"鬼沟崖子",意思是晚上这里有"鬼集"。由于去泰山行人来到这里已是车困马乏,就是几匹马拉的大车到这里都爬不上坡去。村里有胆子大的壮劳力就每天专门在坡下备下绳子等候,帮忙拉车挑担挣几个辛苦钱。

　　村中心有一座长城阁(玉皇阁),俗称"阁子"。此建筑共 3 层,高十几米,高大雄伟,很有气势:下层为过街拱门,中间一层两边连接东西方向的齐长城,第三层祭祀着玉皇大帝。这座玉皇阁是长清百里御道上最壮观的一座。北从玉皇阁进村后,御道两边东面有观音堂,西面有崇寿寺,然后南从义合门出村,延绵三里地,故村名还曾称过"三里庄"。南北进口、出口路两边都有上(下)马石。御道两边自北向南东边依次还有黄姑院、姜女庙、土地庙、儒学堂、东行宫、官井、戏台等;西边依次还有福临寺、西马场、敕建护国普济庵、关帝庙、南大寺、河神庙等。两边还有香火铺、邮铺、盐号、驿站、饭馆、茶庄、裁缝铺、酒馆、粮店、香油坊、皮货铺、糕点铺等。阁北西侧原有一块界碑,上书"东进东海,西通邯郸"。据说当年从北京到南京的御道上,这里楼阁最大,神最全,文武百官至此都要下马下轿以示敬仰。同时,清康熙皇帝在这里设有驿站、邮铺、尖营等,加上其他店铺林立,曾经非常繁华。可惜这些建筑在上世纪 60 年代被毁殆尽。

　　在御道西边崇寿寺原址的墙上,村里绘制了原来的崇寿寺鸟瞰图。此图是根据原貌画的,先是山门 3 间,内塑哼哈二将;进门为 5 间的天王殿,共两层;最后面 7 间三层建筑的是大雄宝殿,据说殿中有几千斤重的大铜佛,莲花宝座有两人多高。寺里还有数间东西厢房。该寺规模宏大,格式完整,占地面积三十亩左右。遗憾的是,现在的崇寿寺遗址已被学校所替代。从学校的校舍面积和散落的构件、石碑等即能看出当时的规模。

图3—25　崇寿寺鸟瞰图

玉皇阁原址有一块石碑,系乾隆四十四年(1779)所立,内容是重修玉皇阁碑记,虽然破坏严重,但大致内容仍能辨清:"清亭迤南千里许□安保有村曰长城铺,盖南北通衢也。河水旋绕,群山屏立……有玉皇阁一座,创建未知何时,重修具载。迩年来风雨损坏……"后面字迹逐渐模糊,不过仍能断断续续认出是募资重修事项及功德名单。

据说当时崇寿寺大殿内墙壁上还有孟姜女故事的壁画,庙里有10多通高大石碑。后来的一场运动将这一切"牛鬼蛇神"扫荡一空。只剩下一些分散在农户家中的部分构件和残碑。村民王德贵家收集了很多的"古件"。他收藏的古残碑上刻有"长城店姜女庙""姜女庙""玄帝阁""皇姑院"和"故庙藐旷世之久""垣墉历代之远"……的字样。落款时间最早的为"明万历元年"。据王德贵介绍,长城村原本建有17座庙宇,但是现在一座都没有保存下来,这不能不说是一大憾事。

在村民曹文水的院落里,一块刻有"敕建护国普济庵"的残碑非常精细和别致,它是御道西面原来的普济庵原址上遗留下的。据曹文水讲,明万历年间,皇上为其母亲建了一座庵,规模相当大:前有午朝门,后边有戏台,庵里还有碑林。殿内用合金铜塑了很大一尊神像。传说万历皇帝母亲李太后去泰山进香,走到长城铺,马车突然走不动了,查看了好久,也没找到故障,于是又换了马匹和马车想继续赶路,结果车还是拉不动。崇寿寺的方丈来查看了一番,又打量一下老人家,一看她气度不凡,即双手合十道:"看来施主与本地有缘,何不在此多住几日?"结果李太后就住了下来。她看这里山清水秀,离泰山又近,还有齐长城经过,于是留恋上了这里。果然,休息几日后,车马再也没出状况,李太后一行人一路顺风,完成了泰山之行。她回到京城将此事告诉了皇上。因为李皇后一生信佛,皇上理解母亲之意,随即在崇寿寺南300米处划出三顷一十八亩地建造了一处宫殿,取名"护国普济庵"。"敕建"——就是皇上下令修建的意思。足见其规格是非常高的。

图3-26　敕建护国普济庵石匾

　　村里还有一块明万历年间的碑刻,其中提到的"黄姑院",旧址就在玄帝阁东边。传说,明代万历皇帝的妹妹去泰山朝拜,在经过长城铺玄帝阁时不小心从轿上掉了下来,因受惊吓病倒在村中。她以为是"天意",就发愿在此出家为尼。于是万历皇帝就为妹妹修了这座"皇姑院"。

　　由于长城村处在两山之间相对低洼的平缓地带,因此长城也多是夯土而筑。现在村西、村东的齐长城遗址大多是这种形式。一直延续到东边毗邻的曹庄村。村中还能找到部分石垒的齐长城遗址,但大都被当做地基或墙体。

在长城村东有一条河叫红石江,传说是当年孟姜女哭倒长城后投江自尽的地方,也是提到长城铺必须涉及的话题。关于"孟姜女哭长城"的故事在此不再赘述,但红石江的来历还是许多人所不知道的。红石江(原名叫北大沙河、中川水),在大禹治水时叫乌龙江,孟姜女哭倒长城,回来后就投江殉情了。接着江水变红,将江两岸岩石染红,故改名为红石江,沿用至今。

近年村民们按照孟姜女传说故事,复原了当年的"孟府"和"姜宅"。并在"孟府"成立了"长城村孟姜女古文化协会",专门研究、挖掘、抢救齐长城及古御道的有关遗迹。

图 3—27 长城村孟姜女古文化协会

长城村是个富有传奇故事的古村,是长清区境内唯一一个古御道和齐长城交会的地方,玉皇阁既是古御道通道,又是齐长城关口,其战略意义可想而知。因此,有关它的历史遗迹还有很多。在村里行走,不经意间就能看到石碑或古物件,令人称羡。这些散落的古物,每一个(块)都能讲出一段或是几段故事。

商铺林立数垫台

据《山东省长清县地名志》载：据传，垫台村址是春秋时期烽火台遗址，建村后名垫台。明嘉靖二十八年(1549)村中设驿站后名垫台铺。清中叶复名垫台。清道光版《长清县志·地舆志》载有"东仓·安保垫台"之名。民国时期名垫台庄。1949 年写作店台。

图 3—28　店台村牌坊

在清代以前,古道在垫台铺由北向南穿村而过,是辽、金、元、明、清五朝由京城北京去泰山祭奠和江南云游的必经之路,也是长清东部百姓出入齐鲁两国的唯一通关大道。来往客商及去泰山祭拜的人等在此食宿休息,车马补充草料再继续赶路。这就给村民带来了商机,于是村民开设了驿站和马车店等商铺。

刘鹗的《老残游记》续集第一回就写道:"话说老残在齐河县店中,遇着德慧生携眷回扬州去,他便雇了长车,结伴一同起身。当日清早,过了黄河,眷口用小轿搭过去,车马经从冰上扯过去。过了河不向东南往济南府那条路走,一直向正南奔垫台而行。到了午牌时分,已到垫台。打过了尖,晚间遂到泰安府南门外下了店……"

后来,大概是因为"垫"字不如"店"字好写,或是不如"店"字雅观,抑或是本来在御道上开店的多而将村名改成"店"? 说法莫衷一是。直到今日,村中上了年纪的老人对"垫"字还情有独钟,念念不忘,甚至对改名还有些不以为然。

自小在垫台村老家长大的长清区人大常委会原副主任李良盛老先生,凭记忆绘制了旧时垫台村的全景图,依图示,旧时北方去泰山进香或做生意赶路的行人,北进真武阁,踏着大块石板路沿九省御道前行,先路过几家驿站,左边不远处是土地庙;然后过石桥,石桥右边的参天古槐遮天蔽日;咫尺远就是关帝庙,和关帝庙比邻的即是规模庞大的泰山行宫,庇护着百姓风调雨顺;继续南行又是几家驿站。整条御道紧凑和谐,更有小河潺潺流过,真是山水缠绕,御道居中,古桥观景,庙坊呼应啊!

图3－29　李良盛绘店台真武阁

　　再说街道两旁的店铺,鼎盛期达到过十八家之多,耳熟能详的有赵家店、万顺店、姚家店、潘家店、刘家店、李家店等,分布在古桥的南北、御道两旁。

　　如此看来,村子后来改名"店台"也就顺理成章了。

　　那时候,真武阁是店台的北大门,与张夏靳庄的真武阁规模不相上下:下面是发碹通道,道宽高各4米,两边阁体各3米;上面阁楼宽6米、高5米,起脊,雕梁画栋,阁内墙壁上有彩色壁画。此阁很有讲究:一条小河先由村南向西、而后汇集村东的小溪从西面继续向北绕村经过;可能是当初沿袭"肥水不流外人田"的观念吧,人们将水引入真武阁东面的大蓄水池,然后从阁的外东墙修了一个涵洞,水满后从涵洞向西回流到主河道。这样既美观,又合旧时风水观念,同时还能存住一池清水以备在旱时灌溉庄稼。

　　遗憾的是,上世纪中叶古建筑被毁坏殆尽,这般景致只能停留在李良盛老先生的笔下和村里老人的记忆里。

现在的街道下面就是古御道原址,可惜不好找到原来的痕迹了。剩下的沿路弯曲的小河也被水泥栏杆遮挡住,虽然很协调,也很美观,但全然没有了人们想象中的古御道的景象。幸运的是,村中仅留下的一座石桥和老树还能让人产生一些回味和联想。

御道上的古石桥是村里唯一能让人联想起往事的物件:其为三孔石拱桥,桥面15米长,近4米宽,石拱3米高,桥面全部由大块青石板铺就。最长的青石板近3米。据桥边石碑记载:"广生桥,明朝年间,朱棣亲自指挥,开通南京到燕京的九省通衢,因河受阻,建此三孔石桥。"桥下每个孔入水口都雕刻着一个避水兽——这是古桥的共同特点。老桥虽经数百年的历史沧桑,桥面磨损严重,但没有一块石板破裂,依然稳如磐石。为防止儿童坠落,后来在桥上加上了护栏,虽然有点不协调,但也不失一种办法。

在此桥南临的泰山行宫旧址上幸存的两块石碑上,有两个不同的桥名:一块是明崇祯时期的"重修碑",名"碧圣宫桥";一块是清代末期(碑文标有时间的面朝下,只能靠石碑的风化程度分析得出结论)的"重修广生桥碑",名"广生桥"。

桥头的老槐树相伴古桥有年头了。据1992年版《长清县志》记载,此树树龄已达500余年,高度为10米,胸径1.3米。现古槐树干已干枯,有一个能钻进小孩的大洞。为了防止干枯的树干继续分裂,人们给它打上了"锔子"。伸向一旁的硕大粗枝也开始空心,只好用铁管把它支撑来。

南边离老槐树不远即是店台小学,是在破旧立新的年代在原来泰山行宫的旧址上盖起来的。现在连庙宇的地基都看不到了,今日的茁壮替代了昔日的辉煌。

图 3—30　李良盛绘店台村貌图

　　据村里老人回忆,大寨山南面曾有王乐庵、养马场、流放集中营等,但由于年代久远,已经很难找到踪迹了。现在的古御道重新铺上了青石板,虽然不算"修旧如旧",但比前些年的水泥路面有怀旧感。

　　如今的店台村,津浦铁路和京沪高铁经村东、104 国道和京福高速经村西、古"九省御道"从村中心贯穿南北,还有中川河在村西傍国道向北而行。沿 104 国道边建起了一座座现代建筑,人们将商业店铺转移到了那里。但由于地理位置的限制,御道仍然不偏僻:依山傍水、古桥居中、树荫成行,还是那么和谐、温馨。为此,李良盛先生又作画一幅——《店台新貌》,以表达自己对家乡的眷恋之情……

接壤三州界首村

　　界首村处于九省御道长清段的最南端,百里齐川至此豁然开朗,形成东西山岭相距十多华里的、宽阔的界首高地,成为泰山西部的一处重要分水岭。

　　界首村现有 960 余户,3400 余人,30 多个姓氏,属于典型的特大村。人口如此之多,为何只是一个村呢?原来,界首的确有过镇的历史。《山东省长清县地名志》记载:"该村建置年代无考。《中国历史地图集·北宋·京东东路、京东西路》页载,界首镇属京东西路平阴县。据传,此地古为齐州、郓州、兖州交界处。北宋时因村处交通要道,商业繁荣,名界首镇。后称界首。清道光版《长清县志·地舆志》载:'东仓·安保界首。'清代村中设驿站后,名界首铺。民国初年复名界首。"

图 3—31　界首村古御道

　　界首村也是九省御道贯穿南北,房屋的建筑风格与其他村子相比没有多大变化。只是为了车辆不受颠簸,在原来有青石板的路面上铺上了一层厚厚的混凝土,几乎将石条板全部覆盖,很难找到原来御道的影子了。村中还有一些百年以上的老屋。这些建筑不同于长清其他山区的是,用的石料不很讲究,石板、石块和圆石都有,这也从一个侧面反映石匠的技艺相当精湛。

　　前面说过,长清区境内的中川河(古称"中川水")纵贯南北,与古御道相向而行,时而交汇,时而分开,加上数条小溪参与其中,故在百余里的古御道上建有十几座桥。架设在中川河源头部分的圣济桥,是御道在长清境内最后一座(自南向北第一座)大石桥,无论从规模,还是从形式上都是首屈一指的。道光版《长清县志》有"圣济桥,在界首"之记载。建桥时间无考。据史书记载,康熙皇帝于康熙二十三年(1684)、康熙四十二年(1703)两次去泰山,都从这座桥上走过。其中第二次南巡还在界首铺下榻过。据说,康熙四十二年正月十六日,康熙帝第四次南巡从京师启程。十七日,过涿州。二十四日至济南府。二十五日驻跸长清界首镇。夜里大风,南村失火,康熙帝命大臣侍卫等前往扑灭。次日,凡该村受火房,一间给银三两。后来的乾隆皇帝去泰山的次数就更多了,并且基本上每次都要打此经过。

图3—32　界首村中老房子

清代著名散文家姚鼐的《登泰山记》曾这样写道："泰山之阳，汶水西流；其阴，济水东流。阳谷皆入汶，阴谷皆入济。当其南北分者，古长城（齐长城）也。最高日观峰，在长城南十五里。余以乾隆三十九年十二月，自京师乘风雪，历齐河、长清，穿泰山西北谷，越长城之限，至于泰安。"也就是说，当年乾隆皇帝游泰山也是从长清古御道上的这座古桥上经过的。

圣济桥为全石拱形结构，单孔，长15.6米，宽7米，拱高3.7米，是长清古御道上体量较大的一座石拱桥，在明清时期的交通中发挥了重要作用。桥上的石板全部由当地的花岗石铺就，厚重、敦实，虽经几百年的碾压，磨损了不少，但没有一块断裂，实属罕见。

随着岁月流逝和车辆的增多，青石板桥已不适应现代发展的需求，为了永久保留住这座桥，当地政府在维护加固的同时，又为其附上栏杆和台阶，把它打造成步行桥、观光桥，并在一旁新建了一座石桥。新桥、古桥相得益彰。圣济桥建桥时间没有找到相关史料，只有清道光丁亥年（1827）三月长清知县舒化民撰《重修圣济桥碑记》一通。此碑云："长清东南乡之界首有圣济桥，距城百二十里，系南北往来通衢也。乾隆三十三年被水冲塌，邑令李公捐资倡修，有碑记具载始末。迄今五十余载，渐为溪涨冲啮，南岸雁翅枧空及北墩底石，强半倾卸，车马行旅过其上者恒惴惴焉……"于是又捐资重修，形成了现在的规模。

界首处于中川河上游沿岸，大量的河水从泰山后经这里自东向西流过，然后蜿蜒北上，形成一道风景。近年来，在新农村建设中，村里对河道进行了清理，同时也绿化、美化了岸边的环境。

圣济桥南头有一棵古槐树，主干部分已经脱皮，虬枝也开始干枯。据新版《长清区志》载，此树高9米，树干胸径77厘米，冠幅12.5米，树龄已1200岁了，属国家一级保护名木。这为老桥更增加了几分"古"味。为防止树干继续分离，百姓们用铁管和铁皮予以保护，虬枝也用铁管架了起来。

界首处于泰山脚下，不仅风景秀丽，而且地理位置相当重要。京沪高铁、津浦铁路、京福高速和国道 104 线到这里变得紧凑起来。津浦铁路在村南曾设有界首火车站,是 1911 年津浦路长清段始设的五个车站最南端的一个。此站在抗战时期还发生过震惊齐鲁大地的一次战斗:1938 年 1 月 28 日午夜,山东西区人民抗敌自卫团三个小队在张华北率领下夜袭了界首站,上演了一出真实版的"大刀向鬼子们的头上砍去",打死打伤日军二十余人,缴获枪支弹药一批,并中断日军铁路运输一个星期。至今在界首站墙壁上还留有当年的弹孔。

　　历史上界首村地跨三界,自北魏至宋一直处于三个州级区划的分界地,春秋时期有"一腚蹲三国"之说。因此,其历史悠久,地理位置险要,堪称长清乃至济南的南大门。

划归槐荫三个村

　　九省御道从长清西北的大清桥进入济南后,经今槐荫区的申家庄、由里庄、大李庄、石头庄和今市中区的杜家庙、双庙屯等村至长清潘村,基本沿玉符河西岸呈西北——东南走向。在此之所以提及以上两个区的沿线村庄,是因为史上很长一段时间,尤其是开通九省御道前后它们都在长清县辖区内。据康熙版、道光版和民国版《长清县志》的《四境图》和详细记录来看,旧时的玉符河大部都在长清境内,自然,这段御道也归当时的长清县管辖。因此,回忆发生在清代旧事,还应该按照当时的地域范围来进行,方能理性地、完整地记述,以便让人们更多地、更全面地了解当时的状况。

申家庄

　　申家庄坐落在今槐荫区吴家堡街道办事处的西部,西邻席家庄,东与明里村接壤,南边紧邻今长清区平安街道的四里村和玉树村(隔玉符河),北面是席家庄及七里堡村。据村中清朝光绪年间重修真武庙碑记载,因村里石姓人家居多,故早期称"石家庄"。在以后的岁月中,情况不断变化,赵、申两姓在经济上、人口数量上发展比较快,逐步成了村里的大户。有一年,申姓人家摊上了官司,家人被官府抓了起来。在申家走投无路的情况下,赵家伸出了援手,令在衙门里当师爷的家人来帮助申家打官司。结果,申家把官司打赢了。申家人觉得赵家帮他们在村里争回了面子,十分感谢赵家。此后,两家建立了深厚的情谊。又一年,申家因故要从村上搬到别的地方去居住,为了感谢赵家,申家把自己的田地、家产等赠送给了赵家。申家一走,村里只剩下赵家一家大户,赵乡绅也就变成了赵员外。为了报答申家的赠田产之恩,赵员外主持仪式将"石家庄"改为"申家庄"。因此,申家庄的村名一直沿用至今。

申家庄紧靠黄河,对于村子的历史沿革,有很多种传说,大家比较认同的是"驿站说"。据说,古时从北京到济南的通衢大道经过这里,并在北岗子这个地方开设驿站。其实这种说法并非空穴来风,《山东省历史地图集》中记载道:乾隆皇帝于乾隆十六年(1751)"正月十三日启程,二十日进入山东境,驻德州小店。途经济南府长清县吴家庄、石家庄及公家庄大营。抵泰安府驻东大营,遣员祭泰山,去曲阜祭拜周公、孔子"。作为御道边的村庄开设各种店铺及驿站,是再正常不过的了。由于这条九省御道格外繁华,过往的官家、商贩等很多,于是引得周边村庄的人们纷纷搬来北岗子居住。就这样,人越聚越多,便形成了村庄。然而北岗子地方太狭窄,不能满足人们的居住需要,村民们便渐渐搬离北岗子,迁徙到现在的位置。

申家庄村中有一座真武庙,据传始建于唐朝,早些时候,坐落在申家庄的正中位置,村民的院落分散在其周围。后来,随着社会的发展,人们的观念产生了变化,新盖的住房离庙宇越来越远,整个村庄从西向东迁移,申家庄整体自西向东平移了许多,真武庙的位置则由村中央变成了村西边。真武庙是一个比居民居住的院落大一些的院子,寺庙山门朝南,门前有石马、石羊、石人,还有石牌坊高高地矗立在门前,好不威风。进得山门,左右两边分别建有钟鼓楼,往里走则是真武大殿:大殿是3间庙宇式建筑,殿内除真武大帝神像外,两边站立的还有龟蛇神像、金童玉女塑像。所有塑像都是鎏金的,室内墙上也都有壁画,壁画内容大多是神话故事。

这个庙宇虽然没有其他大型寺院那么气派和雄伟，但它的一草一木，每座建筑、每笔彩绘都极有法度。站在该庙宇的中轴线上向四周观望，仿佛会听到一曲气韵生动、前后呼应的乐章。殿落与亭廊之间遥相呼应，展示出一种组合变换的，和谐、宁静的韵味。只可惜，真武大帝庙在后来遭到了破坏，一座硕大的庙宇，最后就只剩下了一座钟楼，而大钟也在1958年被大家炼了钢铁。钟楼为石质建筑，四柱歇山顶亭形，保护较好。其平面为正方形，基址被埋于地下。台基上立有四根立柱，柱均高1.8米，宽0.33米。四柱顶部有石制横枋，南向额枋上刻有"声大远闻"四字，同面的两柱刻有楹联，其联曰："音传精舍，唤醒梦迷人；响镇梵宫，惊醒名利客。"钟楼顶以若干块青石垒砌而成，单檐歇山顶，正脊两端各置一龙吻，四面屋檐刻有瓦垄，檐口刻有瓦当、滴水。如今真武殿周边建起了"稻香花海"基地，钟楼被围在低洼处，下半部分已被淤埋，只剩下2米多的高度了。

图3—33　申家庄真武庙旧址

图 3—34　真武庙石钟亭

村中还曾有一个乾隆南巡选妃子的传说,详见本书"逸闻趣事"篇。

大李庄

大李庄村是一个由多个姓氏组成的村庄,现有李、张、赵、封、刘、王、吴、付、徐、杨、宋、裴等十二个姓氏。其中李姓家族最大、人数最多,占大李庄村总人口的 40％左右。据大李庄的碑志和族谱记载,明洪武年间,李氏祖先兄弟二人,率领家人由青州平度迁到当时长清县东北 10 公里处,并在此落地生根。他们建立村庄,盖房筑路,开垦荒地,繁衍后代。后来兄弟两人自立门户,哥哥居住的村子取名"大李庄",弟弟居住的村子取名"小李庄"。从此,李氏家族人丁兴旺、人口迅速发展,家族不断扩大。

到了明末崇祯十七年(1644),张姓从历城县七里堡迁居大李庄村,逐渐形成了独具大李庄村特色的宗教信仰格局,村民合力在村中先后修建了三座庙宇,分别供奉张仙爷、关羽和吕洞宾。

大李庄村东的张仙爷庙,因其地处村东,也称"东庙"。张仙爷是道教主管送子护子的神仙。在中国民间,主管送子的一般都是女性,常常被称为"送子娘娘",只有张仙是个例外,是一位男神。他的形象一般是拈弓搭箭,指向天狗,保护幼儿不被天狗吃掉。张仙爷的庙宇坐北朝南,木质的红漆大门,院墙全部用青砖砌成,共有正殿3间。殿内泥塑的张仙爷端坐中央,诸位神灵分列两边。上世纪中叶已将张仙爷庙和神像拆除,现仅存民国十二年(1933)立的石碑一块。庙门外栽植的一棵大杨树,虽然历经世事沧桑和风雨洗礼,树干的中间已空,却依然是枝繁叶茂。树干周长足有3米,树高达20米以上,树冠伸展四周达30米左右,树头上有鸟儿筑巢栖息。

大李庄村西还有两座庙——关爷庙和吕祖庙。因两庙建在村西,故俗称"西庙"。关爷庙供奉的是三国名将关羽。关爷庙用青砖、青瓦所建,规模不大。庙宇东西长约9米,南北长约4米,前有2米的出厦,前厦筑有四根画有金龙盘绕的石柱,非常壮观。大殿内供奉着关羽端坐的神像:他一手扶膝,一手捋髯。关平身佩宝剑,双手托印立于关羽上首;周仓握青龙偃月刀伫立其右。左右两面墙壁上则彩绘着"桃园三结义""三顾茅庐""过五关斩六将""华容道""千里走单骑"等传奇故事画像。

距离关爷庙不远处便是吕祖庙。吕祖庙是一座独立的院落,院内栽有四棵松树,并有一座钟楼,悬挂一口大钟。正殿3间,前厦立有四根雕龙石柱,气宇轩昂的吕祖爷端坐中央,诸位神仙分列两旁。

村中主要街道是御道老道,据说,当年乾隆皇帝下江南,路过大李庄村时口渴难耐,随从便到路边人家讨来清水,结果乾隆喝到嘴里感觉又苦又涩,随即口谕当地官员,定要给大李庄村的村民打一口甜水井。很快在村东打出了一眼水质清洌甘甜的深井,村民给它取了一个好听的名字"芳园井"。

今天,这条充满传奇色彩的皇家大道在大李庄村还有遗留的两段:一段从大李庄村到小李庄村,一段是从大李庄村到南水北调河边。如今漫步在已经长满树木的御道上,依然可以想象当年皇帝下江南时,那浩浩荡荡、前呼后拥、戒备森严的情景,也仿佛看到了那商贾云集、南来北往、车水马龙的繁华景象。

石头庄

据史料记载:清顺治年间,史姓村民由山西洪洞县迁移至此定居,故村庄以姓氏取名"史庄"。当时全村村民生活都比较贫穷,多以给外村地主扛活、做长工、打短工为生。村里的长辈认为贫穷的原因与北面的朱庄村有关,因朱和猪同音,朱(猪)吃史(屎),村名不祥,遂改村名为"康庄"。之后,村民依然贫穷,他们又认为是由朱(猪)吃康(糠)所致。清嘉庆年间,改村名"石头庄",意思是:朱(猪)啃不动石头。此后村名沿用至今。清道光版《长清县志》就有"石头村"的记载。石头庄村今位于玉清湖办事处西南部,东与朱庄村为邻,西与新庞村为邻,南靠经十西路,北与朱庄村耕地为邻。

随着历史的变迁、人口的流动,石头庄村基本上没有史姓村民了,现在主要姓氏有曹(曺)、孙、任、徐等八个姓氏。特别是曹(曺)姓村民占了全村人口的半数以上。居住在石头庄的曹姓分为两支:曹和曺。其中曹姓一支是由长清归德迁来的,是东阿王曹植的后代;另一支曺姓是从聊城高唐迁居过来的,据考证应该是聊城王(乐陵王)曹茂的后代。他们都是魏武帝曹操的后代。

早年间,石头庄有一座东岳庙,相传始建于明

图3—35 东岳庙碑记

代,盛于清代,是一座有几百年历史的道教古庙。庙宇有殿堂十几间,供奉神态各异、栩栩如生、如真人大小的神仙塑像百余尊。现在大庙早已不存,原址上只留下一块卧碑。该碑完整,碑题为"东岳庙碑记",立碑时间是宣统三年(1911)。其高1.5米,宽0.6米,厚0.20米,遗憾的是碑文部分因村人曾在上面和水泥,完后没有及时清理,被盖住了。

第四篇

金石遗文 甲辰秋 培震

　　"岁月失语,惟石能言"。宋代《金石录》作者赵明诚说:"盖史牒出于后人之手,不能无失;而刻词当时所立,可信不疑。"足见碑刻在历史上的作用之大。

　　在长清百里御道沿线,原有许多庙宇、桥梁、楼阁等建筑,并竖立着或多或少的石碑,详细记载了当时的社会背景及施工情况,为后人留下了珍贵历史资料。而随着时间的推移,如今建筑和碑刻数量锐减。笔者近年沿御道进行详细排查探访时发现,仍然还有百余块碑石立在原处(个别有转移),它们有的残缺不全,有的勉强能识,但无一不为研究御道文化提供依据。

东潘重修观音堂

　　东潘村是长清百里御道上的一个重要村落，原来设有乾隆行宫，文化底蕴非常深厚。御道旁曾建有观音堂，堂内有三景：八棱碑、月牙桥（又名砂石桥）和探海石。八棱碑应是庙宇上的经幢，上面的字迹已漫漶不清，但依稀能辨出"天宝年间"字样；月牙桥是一块全石打造的小桥，单孔，有石栏杆，原置于庙前泮池之上；探海石系一块高大太湖石，立于庙门前，壮观气派。目前三景尽失，只留在了 70 岁以上老人的脑海里。现仅存两块《重修观音堂碑记》石碑，前些年被移到村委会对面的原御道旁边。两碑一块是明正德十二年（1517）立、一块是清光绪五年（1879）立。其中明碑已断裂，被重新黏合，因风化严重，碑文识读起来很困难，但碑的上半部分有龙凤和人物图案，刻工细腻，尤显珍贵。

　　清光绪五年碑刻因年代不太久远，风化不很严重，具体内容尚能识读。除下边嵌入碑座被水泥覆盖的个别字外，碑文基本完整。

图 4-1　重修观音堂碑

碑文详解：

观音堂庙，此庄旧有之一望也，地基蕞尔，气象巍然。一修于宋世，再修于明代，自国（朝）……并未倾圮，渐亦摧残。于是庄中公议，将庙地三亩，三槐堂王所施义地亩半，一并……（以）状旧观。无何，庄中继有围子费及三万余，绵功仍有虑垂成，议将庙地点当。……添补围中，而庙功几寝矣。幸首事念克有终，同心协力，集腋成裘，不一年将……积有余，□于立石，年前鸠工选材，因旧增新，三月而工告竣。虽由人为，莫非……自知谫陋，但举事之颠末，约略言之，以冀后之介在此者，仰庙貌，庇神庥，道……于神圣之功德法力，则非余识所能窥，不敢赞一词尔。光绪五年孟冬上旬吉旦。

此碑记载了观音堂始建于宋代、明代规模逐步扩大，清末又进行了第三次重修等事宜。如今观音堂早已被无情的历史长河湮没，几无踪迹。试想一下，如果没有幸存两块碑刻的话，后人也许永远无从知晓村中曾有过如此重要建筑，甚至连御道也可能被误以为原本就是村中普通街道，更谈不上追踪康乾皇帝来过东潘村的历史事件了。

开山存碑剩无几

开山村正处在长清百里御道和通往济南的官道交叉口,形成一个交通中枢。九省御道从京城一路走来皆为平原,开山是途中所经第一座大山,也是人们去泰山进香经过的第一个山口,在此燃起第一炷香以保佑一路平安,是当时一种普遍现象。故村中原建有玉皇庙、南海观音堂和关帝庙等,富丽堂皇,香火很旺。如今村中尚存两座庙宇:一座在两条路的相交处北面,一座在南面 100 米左右路东。北边的庙叫"南海观音堂",院落很大,现只有一座大殿,面阔 3 间,进深两间,硬山式,脊背有宝刹,两头有鸱吻,垂脊有神兽。出厦内有精美的砖雕和壁画。堂前共有碑刻五通,其中有两通老碑,可内容均与该庙无关。近年新立三通碑石,其中一块云:此庙初建于明洪武间,因年久岁长屡次修缮。

两通古碑多年前在观音堂前倒伏着,2023 年才重立于堂前。一通碑额为"重修庙碑",高 1.8 米,宽 0.75 米,厚 0.30 米,落款时间为光绪十三年(1887),其他字迹多无法识读,但"关帝庙"三个字仍能辨出,应该是原来立在南面的关帝庙内,不知何故"跑到"此处。另一通是修井的功德碑,高 1.65 米,宽 0.65 米,厚 0.25 米,时间为雍正三年(1725),上书"古井段公讳汝梅字萃枝"字样,据说碑文中所提这口井原在村中,后修铁路时被掩于路基之下。道光版《长清县志》载"开山井"条云:"开山旧苦无水,雍正年间戴保段家庄段萃枝捐资创修,至今人咸感之,立有碑记。"据载,段萃枝乐善好施,除凿井外还助修了玉皇庙、关帝庙等,其家教也很好,儿子是武举,官扬州卫守备,孙子任浙江长兴县知县。朝廷曾赠段老先生"葛邑侯",赐"善有余庆"匾。

图 4－2　重修庙碑

关帝庙在岔路口南边 50 米左右的路东,体量相比观音堂稍小一些,也是面阔 3 间,进深 2 间,里面塑有关公像。据说此庙也是命运多舛:先后被当过学校教室、水泥厂食堂,还做过宿舍、仓库等。

庙前台阶下有一通石碑,体量不大,高 1.05 米,宽 0.55 米,厚 0.12 米。碑名为"天锡善人来作庙祝",系修神像的功德碑,落款为乾隆四十三年(1778)。细辨,字迹尚能识出,有"刘公光献籍江宁府捐银重塑"字样,其中"神像新楚,东西腾耀,前后飞舞,远观庄严,近瞻威武。大哉"一句,把当时新塑神像描绘得栩栩如生。

图4—3 关帝庙前"天锡善人来作庙祝"碑

村民陈洪山介绍：关帝庙前原有好几块石碑，其中一座方碑，系修关帝庙碑，高2.8米，宽0.85米，非常厚实；另外还有光绪三十四年(1908)碑，上有龙头、下有龟趺，高大壮观。遗憾的是几块碑都于上世纪五六十年代被砸毁或垒民房用了。

据《济南通史》(明清卷)记载：康熙三次、乾隆两次南巡到济南，或往或返，虽然偶尔走北边吴家堡附近的东西御道，但向南必经开山这一御道枢纽。而此庙里的几通碑刻(原来还要多)，肯定会让两位皇帝很感兴趣，说不定当年乾隆爷途经此地，还曾伫立在那通雍正三年的修井碑前，为乡绅的义举赞叹不已呢！

广惠桥头留碑记

　　长清区东部的中川河（古称"中川水"）与长清古御道并驾齐驱,蜿蜒而行。按照当时修御道要"逢山开路,遇水架桥"的原则,在沿途建了十几座桥梁,从炒米店向南依次有:广惠桥、广福桥、北普济桥、南普济桥、张夏北桥、永济桥、广济桥、广生桥、圣济桥等,因河道宽窄不同,每座桥梁规模也不尽相同,但无一不是建于明清时期的古桥,从而形成了百里御道上的绝佳看点。

图 4—4　广惠桥头留碑记

广惠桥是一座大型石桥,位于今崮云湖街道炒米店村中,建于明成化十一年(1475)。道光版《长清县志》载:"广惠桥 县东南二十五里炒米店南(旧志)"。该桥长 8 米,宽 2.5 米,高 3 米。目前桥体还算完整,仍在继续使用。上世纪下叶 104 国道建成通车后,交通重点西移,这里没有了车水马龙的景象,它成为村中一条主要街道上的桥梁。

广惠桥系全石结构,拱形,单孔,虽有少许裂纹,下面很大一部分被淤土所埋,但依然坚固。上水口刻有避水兽图案,雕刻细腻。

在广惠桥东边竖有一块硕大石碑,碑额为"新建广惠桥记",字迹有点模糊,然依稀还能辨认出核心内容。此碑高 2.25 米,宽 0.94 米,厚 0.40 米。碑首有祥云图案,刻工细腻。碑文详细记载了该桥的建设时间、经过和规模。尤其是"明成化十一年"字样清晰可辨。碑阴为建桥时施善者名单。由此算来,这是一座矗立了近 550 年的古桥了。

再细查看,碑文中出现了"天仙玉女碧霞"字样,这是怎么回事呢?由于年久岁长,风化严重,其他碑文实在无法目测识读。这不能不说是件憾事。像这样一座高大、厚重的明朝碑刻,在长清并不多见,其又处在御道古桥边,其文物价值非同寻常。我们相信,如果用拓片、扫描等现代手段加以释读,定能拨云见日,揭开其神秘面纱。

行宫重修吕祖祠

　　前文提到，炒米店村南《新建广惠桥记》中有"天仙玉女碧霞"字样，因风化严重无法识读出其他内容。那么修桥碑记怎么又提到"天仙玉女碧霞"呢？原来，长清一带民间俗称碧霞元君为"泰山奶奶"，道经称"天仙玉女碧霞护世弘济真人"。旧时北方人去泰山进香，都要从御道通行，故在沿途修建了许多座泰山行宫，供路人和当地百姓进香供奉，以尽虔诚之心。看到广惠桥边的"天仙玉女碧霞"，不由让人联想到北边不远处的泰山行宫。泰山行宫自然也叫"碧霞行宫"，因建在炒米店村南，故当地人习惯上称为"南大庙""泰山奶奶庙"。行宫是否同广惠桥同时所建，或是同一批施工者呢？它们近在咫尺，又都处在御道旁边，把两者当作一个工程来完成，也不是没有可能。

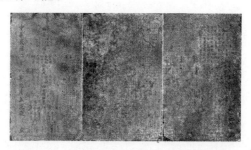

图4—5　泰山行宫中重修吕祖祠碑

炒米店泰山行宫原南北长约 150 米，东西宽约 50 米，规模非常大。遗憾的是现只剩下中间一座青砖结构的大殿，南北两侧的古建筑已经不复存在。现存的大殿面阔 5 间、进深 3 间，莲花座柱础，外面为石柱，里面木头柱子尚全。殿内墙上还残存着壁画，东梁上有"日出扶桑"、西梁上有"日落昆仑"字样。目前大殿也已岌岌可危了。

从院落地上散落的清康熙三十二年(1693)的"地以庙传"和民国二十八年(1939)的"重修泰山行宫吕祖祠碑记"两块石碑的内容来分析，泰山行宫的创建时期应该远早于明代万历年间。其中"重修泰山行宫吕祖祠碑记"为三块碑拼接而成，总高 1.12 米，宽 2.07 米，厚 0.23 米，体量很大。

吕祖祠碑基本完整，碑文清晰可读：

重修泰山行宫吕祖祠碑记

夫善举者多，惟彰名圣德、兴工修像大焉。神灵者，惟天仙圣德无疆，只于求子、逢旱祈雨、刀兵劫数，非圣母拯救，可称灵圣第一爱民。此庄行宫，延年日久，殿阁神像，光□不明。有善士皈一徒郭、井、王三姓同心，不忍坐视袖手，发愿重修行宫，与母增光。神设教，望四方，将颓风化成美俗，互乡变为仁里，皆学神佛圣德之心，感天挽回劫运。众善士别无望想，怎乃工程浩大，勺水难成沧海，乩训易作木铎，劝人向善，捐资成工。感两县善士，愿探囊捐助。工将成，忽然中日交锋，损坏殿阁。劫聊缓，仍然整理神像祠堂，虽未高耸华美，亦可处处见新而矣。

(后面是乡长、闾长、发起人、四方领袖及施善者姓名和捐款数目，凡数百人。〈略〉)

中华民国二十八年桃月上浣敬立

吕祖祠原本是供奉吕祖，即吕洞宾的场所，从碑文不难看出，泰山行宫除了现存的大殿外，还有吕祖祠等其他建筑，民国时期重修过，只是不知道什么时候倾圮殆尽。至今院内还散落着许多石碑和建筑构件，足以佐证泰山行宫昔日的辉煌。

据村民介绍,这座大殿正门上,原来还有一块匾额,上面写着"泰山行宫"四个大字。上世纪中叶还曾做过学校教室,后因建了新校舍而将这里废弃。御道边的这座建筑,处在高高的台子之上,其影响力非同凡响,应该在逝去的岁月里还藏有不少陈年往事,被深深地埋在沧海桑田之中。

摩崖嵓川醉仙神

　　今崮云湖街道办事处陆家庄东的山坳处,有一幅具有明确纪年的北宋摩崖石刻画像,画像中有两人皆身穿道服,脚踏祥云:前者头戴束发冠,左手虚捧道须,右手虚拈朝前,似主人;后者头戴幅巾,作拱手状,毕恭毕敬,似随从。石刻画像高 2.75 米,宽 2.35 米,两头像之间刻有"嵓川醉仙神"字样。前面画像石刻头部右边刻有"大宋元祐二年十月初三日齐州章丘县记居民刘洞玄",可知该画像与"嵓川醉仙神"有关,且刻于宋元祐二年(1087)。最南侧下方刻有"立东鲁三唐山茗记"字样。据推测,附近的山原来应该叫"三唐山"。关于三唐山嵓川醉仙神画像中的两个人物,民国版《长清县志》卷一《地舆志·山》有记载,但把三唐山写为"三台山":"三台山　山茌区陆家庄东山。相传,有二仙人,当宋元祐二年饮酒,物化于此,至今遗迹犹存。"山茌县即今张夏街道驻地一带,三国魏景初年改茌县为山茌县,属齐州;"物化"为去世之委婉语。

图 4－6　嵓川醉仙神岩画

　　"嵓川醉仙神"的"嵓",即繁体字"巖",其异体字还有喦、巕、礘、岩等,现代汉字简化,仅保留了"岩"而废弃了其他写法。"嵓川",即岩川,估计是"岩居川观"的简略说法,指隐居山中、闲观河流。"醉仙神",当是道教所推崇的纵酒不羁的神仙。佛家禁酒,道家则崇酒,道士癫狂多醉仙。醉,既是道教避世远祸、全身保命的招数,也是飞升成仙信仰的形象化表现。比如在万德街道拔山村就有"八仙石",传说他们个个善饮,以至于喝醉了差点误了王母娘娘的蟠桃会。

　　因此,"嵓川醉仙神"应该是指隐居山川、饮酒修仙的道士,带有十足的道教色彩。或许受泰山强大道教气场的辐射影响,长清境内的五峰山、莲台山、大崮山、大峰山一带自古就流行道教,"嵓川醉仙神"的石刻画像出现在这里,是很正常的。

　　那么,在长清地界上,怎么刻有"章丘县记居民",刘洞玄又是何许人也?原来,齐州即济南,北宋时辖5县:历城、禹城、章丘、长清、临邑,类似于现在济南市的长清区和章丘市。章丘离这里仅百里之遥,又同属于一个州,道人本来就好云游,相互走访交流也在情理之中。据有关专家分析,刘洞玄应该就是刘姓道士,"洞玄"似是道号。道教经典分洞真、洞玄、洞神三部,洞的意思就是通,即通透、通玄达妙的意思。与之契合的是,在石刻画像的左边,有一个高2米左右,宽1.5米左右,进深3米左右的山洞,至于与画像中人物有何关系还不好断定,但这里僻静,远离凡尘,在里面修行甚至生活还是很适宜的。

在刘洞玄题记的南侧下方,还有三行竖排小字。最下方一行是"杜志宫命工刻"。中间一行难读,似是人名。上方一行也漫漶难以识读,但搞清一个可以读出姓名的关键人物"王岩叟"后,即可全文通读,应该是"承议郎直集贤院权知齐州军州事王岩叟"。王岩叟为当朝三元榜首、监察御史,元祐二年(1087),其党争改起居舍人之职,其坚乞外补,以直集贤院外放知齐州。

那身穿道袍两人又是谁?"岩川醉仙神"何指?为何在元祐二年十月三日立二人画像呢?综合现有信息分析,有以下三种可能:一是如果像民国版《长清县志》中所记,事情也许是非常简单的,就是传说这里有两个人饮酒成仙,故作像崖上,以示纪念。这两个人,按照旁边题记所示,北边的一个叫嵩川醉仙神,南边的一个叫刘洞玄。二是三茅真君中的茅固、茅衷像。元祐二年,由刘洞玄等人资助,禀告齐州知州王岩叟得到支持后,派杜志宫负责此事,在这里雕刻了画像,模拟重现了一个三茅真君得道升仙的场境。三是有专家根据画像及题字分析,认为是宋神宗赵顼,配享丞相富弼。果真那样的话,意义就非同凡响了。

不管怎么说,目前有明确纪年的北宋石刻人物画像非常罕见,面积如此大且保存这么完整的更是稀有。此画像应该是为目前传世孤本,对研究宋代文化有非常重要的美术史价值。

红石岭上有崖刻

　　红石岭是今张夏街道的一个村子,因依红石山得名。泰山行宫傍山而建,左为山崖,右为御道,视野开阔。行宫外前左侧有一口老井,深约十数米,清澈见底,长年不竭。此井被村民视为"仙井""神井",并有石碑为证,故而使得行宫香火尤旺。

　　拾级而上,院内便是泰山行宫主体。其面阔 3 间,进深 2 间,红墙黛瓦,古色古香。大殿虽不豪华,但不失威严。里面泰山奶奶正襟危坐,侍从左右伺候。

　　紧邻大殿东边有一大间穹顶石屋,上有宝刹。石屋前又接出一个水泥结构的厦子,格调显得有点不协调。与之相对的南墙内嵌有一块石碑,顿把行宫又推前到了 19 世纪。

　　此碑高 1.72 米,宽 0.74 米,厚 0.15 米。因有断裂,重修黏合,致缺失几字,但对所记事宜影响不大。碑文内容是:

　　盖闻山不在高,有仙则名;水不在深,有龙则灵。山名"三唐",大抵创自唐也。西与青崖崮对峙,望之蔚然。其山虽小,而其名□著,岂非以神之灵欤!此山旧有泰山行宫及水母神像,惜日久年远,庙宇倾圮。今有孙延贵者,为其祖病许愿修庙,不日病愈。遂即将庙修讫。庙下有泉,泉下有池,染病者取水作茶,饮而即愈。祝祷者时刻不断,灵验更倍于昔矣。

但苦无房舍,进香者倘逢阴雨,何处存身?附近庄村不忍坐视,竭力捐资,并赖四方亲友捐助。因此,影壁、火池、盘路、钟楼、房舍五间,指日告竣。功成,问序于余。欲赞则惧衮,欲□则恐赘。或曰:鬼神杳冥,其不眷恋于荒山明矣?余曰:不然!神之在天下,如水之□□中,无所往而不在也。信之深者思之至,焄蒿凄怆,若或见之。譬如凿井得泉,而曰水专在,是岂理也哉?不揣固陋,聊序以记事云。

邑庠生王澜撰文王九我书丹

大清同治四年岁次乙丑季冬上浣谷旦立

本来一块普通石碑没什么特殊的地方,但再仔细看碑阴可就令人咋舌了:

碑阴上有大崮山、小崮山、坡庄、范家庄、黄姑井、前后大彦等周围 60 余个村庄及个人捐款的名单及数额。这么多的村庄、这么多的村民为之捐款,这在方圆几十里可是十分少见的。

如果说红石岭泰山行宫修建时间看不出久远的话,那么大殿后不远的东面山崖上的一尊水母石刻雕像,使得沧桑感就大为加重了。雕像处在平地以上近 4 米处的崖壁上,人物五官已被损坏,但从衣着上看,雕工很细腻。旁边原来还有题刻,可惜风化严重已无法辨认字迹了。从雕刻风格上分析,不排除产于唐宋,最迟也应在元代。

图 4—7 行宫前碑刻

据《山东省长清县地名志》记载:"据传,元延祐间(1314—1320),刘氏建村。以村坐落在红石山下,命名红石岭。"以此推断,摩崖石刻为元代产物可能性较大。

前有碑刻,后有崖刻,虽然时代不同,但都与水有关,如果把碑文的内容与水母雕像联系起来看,也许就能解读出其中奥秘。这不禁让人联想起一段关于水母娘娘的传说:

相传很久以前,此地老百姓吃水非常困难,要到几里外的后山沟去挑水吃,家里有壮劳力的还好说,没有的那可就惨了。村里有一个名叫柳春英的贤惠媳妇,不仅人长得俊秀,心肠也特别善良,而且又勤快。只可惜嫁到这家

图4-8　行宫后摩崖石刻

来不到两年丈夫就染病死了。那时候时兴竖"贞洁碑",听说邻村就有一个守寡的媳妇,照顾公婆多年,死后在坟前竖了一块碑,碑上刻着"冰清玉洁"四个大字,全族人脸上都有光。可这柳春英就没这么幸运了,她偏偏遇上了个又凶又狠的婆婆。媳妇整天忙里忙外,还要忍受恶婆婆的刁难打骂。婆婆总是这不满意,那不称心,稍微不顺心,张口就骂,举手就打。最气人的是,媳妇千辛万苦地从山沟里挑回一担水,她只用前边这桶,后边那桶水就倒了,说是女人身后的水不干净。她为防止媳妇偷懒,特意让木匠做下一副尖底水桶,这样媳妇路上就不能歇着了。一般人家一天一两担水就够了,可春英挑四五担也不行,只苦得这媳妇每天流汗又流泪,

就这么一天天苦熬着……

　　尽管这样，春英还是忍气吞声，终日操劳，不论寒冬酷暑，不管刮风下雨，总是天不亮就起床挑水。一天早晨，春英挑水回来走到半路，碰见一位牵着马的白发老人。老人施礼道："这位媳妇，行行好吧，我和马都快渴死了，让我们用点水吧。"春英站住脚步，抬头看看老人，只见他风尘满面、唇焦口燥，那马也直往水桶跟前凑，看样子真是渴坏了。春英本是心善之人，不觉动了恻隐之心，爽快地说："老大爷，请喝吧！"白发老人急忙弯腰就着桶沿，咕嘟咕嘟，一口气喝下了半桶，剩下的都饮了马。老人见马喝完水，道了声"多谢"，转身拉马上路。春英低头挑着空桶，又去后山重新挑水。这天挑水回来晚了，误了婆婆的早饭，她被狠狠地毒打了一顿。

　　第二天早晨，柳春英起了个大早去挑水，回来走到半路，又遇到昨天那位牵马的白发老人。看着他们焦渴的样子，春英早把昨天挨打的事忘了，又让老人和马喝水。老人又是弯下腰一气喝了半桶，剩下的又都饮了马。春英急忙挑起水桶一路小跑二次上山挑水。可担回水还是误了婆婆的早饭，又让婆婆狠狠地打了一顿。她默默地挨着打，心想："就是再挨打受气，也不能见死不救，明日再起早一些就是了。"

　　第三天早晨，春英起得更早，挑回水站在原地方等候老人。过了一会儿，老人牵着马又来了，春英不等老人开口，就走上前去说："老人家，快喝水吧！"老人也二话不说，低头喝水、饮马，眨眼间一担水又全喝光了。春英急忙转身又要去挑水，老人拉住扁担说："好心的女子，我是天上的白衣大仙，久闻你贤惠善良，特来相试，果然名不虚传。今赠你一条马鞭，回家放进缸里，用水时只需提鞭水缸即满，但千万不能把鞭子提出缸外。切记！切记！"春英接过鞭子刚要道谢，老人和马却飘然不知去向。

　　春英回家，婆婆还没有起床。她放下水担，照老人所嘱一试，果然清水满满一缸。她高兴地挨门挨户告诉村里的乡亲，让他们到自己家担水。从此村里的人再也不用起早摸黑到后山挑水了。但恶婆婆却大为不满，一怪春英多事，讨厌人们每天从她家挑水；二怪水缸里的水永不枯竭，使得媳妇不再似以前辛苦。可当着众人的面,她也只好把气先咽下。恶婆婆左思右想心生一计。假意好心让春英回娘家探亲。春英想:嫁到这里几年了,没回娘家几次,现在不用给婆婆打水了,也该回去看看了。临走时她再三叮嘱婆婆,千万不能将神鞭抽出水缸,才放心地回娘家了。谁知媳妇走后的第二天,恶婆婆就将神鞭抽出藏匿起来,不让乡亲们来打水了。可哪承想,她刚抽出鞭子,一股瓮口粗的巨流从水缸里涌出,眨眼工夫就把坏心眼儿的婆婆给淹死了。

大水溢出春英家的院墙,流向大街小巷,眼看村庄变成了一片汪洋。此时春英正坐在娘家草垫子上梳头,一听婆家村里发了大水,就知道是婆婆把马鞭子拉出来了,连忙夹起草垫,披散着头发向村里跑去。春英跑回家里,只见缸里的大水不住地往外喷涌,她慌忙把草垫往缸上一扣,自己奋然一跃,向缸上坐去。说也奇怪,春英坐到缸上后,水势顿时变缓。大水退后,人们想起春英,纷纷赶到她家。只见春英仍然坐在水缸上,一手持梳,一手挽发,正在安详地梳头。不管人们怎么叫,她也不应声。上前一看,原来春英早已坐化成仙了。只有那股清泉,从她坐的缸底汩汩流出,变成了潺潺不息的泉水。

春英用自己的生命换来长流不息的泉水,灌溉着千万亩良田。人们为了纪念春英,尊她为水母娘娘,并在山上盖了庙,塑上神像,每年的农历六月十五,附近的老百姓都要到此摆供唱戏,祭祀水母娘娘……

红石岭泰山行宫虽然规模不是很大,但一口老井、一块石碑、一处摩崖石刻、一段传说,却使得它与众不同。尤其是那尊石像,既与殿前碑刻内容呼应,又证明了其经历年代之久远,这是其他泰山行宫所没有的。因此为长清百里御道又丰富了一些文化内涵。

古碑散落四禅寺

　　四禅寺位于今张夏街道驻地东北 2.5 公里处，是唐代高僧义净出家之地。其建自唐代，已有 1400 年左右的历史。四禅寺原名"土窟寺"，位于张夏土屋村，据分析，最初该寺应是依土崖而建；后逐步扩大规模，改为"永庆寺"，继而又改为"四禅寺"。虽几经更名，然香火一直很旺，尤其培养出了唐代高僧义净法师，使之名震四方。义净从这里出家，功成后从海路赴印度取回经书 400 余部，为佛教文化传播做出了巨大贡献，被唐授予佛教界最高荣誉"三藏法师"，与玄奘法师齐名。

图 4-9　四禅寺原址经幢和钟楼

　　然而，由于近代战乱和人为破坏，现在寺院已是满目疮痍、几无痕迹，让人心痛。现在遗址外的钟楼和经幢还能让人看出其曾经的辉煌。经幡高 4.8 米、直径 0.60 米，刻有"大宋熙宁己酉年"(1069)字样。

　　现遗址内荒草遍地，凌乱不堪，只剩下横七竖八躺在地上的十几块石碑和两个柱础。还能隐约识读的碑刻有《创建戏楼碑记》《新建墓志碑记》《重修四禅寺山门记》等明、清两代碑刻。它们默默地守护着偌大的空院，看着让人语塞。其中还有一块元末延祐元年(1314)九月十五日立的《敕授长清县都纲因公圆正大师塔名》碑刻。

图 4-10　四禅寺内散落残碑

　　在四禅寺北约 300 米的山腰处，有一座证明功德龛，即证盟塔，颇为壮观。证盟塔方形单层，南面开半圆形拱门，塔身上用石板叠涩挑出三层塔檐，塔顶部用十九层石板向上收叠，形成锥形穹顶；顶部置石制仰莲塔刹。该塔依山而建，只有西、南两面墙，另两面凭借山体作为墙壁。外观与历城区的四门塔相似。其东西、南北都为 5 米，为正方形，高 8 米左右，塔刹高 1 米有余，敦壮厚实。

　　塔的门楣和门簪为一大块青石垒砌，且有非常精细的雕刻图案；中间刻有"证盟功德释迦牟尼佛　山东省济南府长清县四禅永庆寺"字样,其间还有"悉恒、多般、恒罗"字样,遗憾的是,没有注明具体年代。

证盟塔内中间有雕像,呈禅定状,利用山体雕凿而成,后人涂上金色。大佛高4米余,为释迦牟尼佛;左右分别还有浮雕一佛二菩萨,均沿山体而刻,应为建塔时所雕刻,高半米左右。在释迦牟尼佛的左侧墙壁上,刻有一块碑记,高0.70米,宽0.50米,时间为"治平丙午年(1066)"。内容是:前并幕齐康民公济博陵崔易伯道陇西李篆敦古,治平丙午岁仲秋十九日同寺主顺师登证盟之堂,周览久之,弈饮而还。赵郡李定国庆叔题。

由此看来,此塔也应建于唐朝。

图4—11　证盟塔

塔北山坡上有至正元年(1341)石像题记一块,字迹基本无法辨认。证盟塔具体创建年代不详,从现存宋碑看,到北宋已初具规模。

"证盟"在佛教中是传道的意思。别看此塔规模不大,只有一层,但墙体和周围还有五块石碑,足见其在人们心目中的地位。塔阳面嵌有一块"证盟塔舍财之记"石碑,明嘉靖九年(1530)八月十五日立,碑刻长1.05

米,高 0.50 米,只是字已漫漶不清。与之相对的西半部也镶嵌着尺寸完全一样的石碑,字迹都已模糊,无法识读(应是重修证盟塔的过程及舍财者名单)。

证盟塔前有一块清道光三年(1823)的《重修塔记》,由于年代不很久远,内容基本能辨,然石质不好,也有一定程度的风化,缺字不少。碑刻长 0.90 米,高 0.76 米,厚 0.15 米。上覆碑帽,碑文楷书 9 行,满行 21 字。

在东面的半截墙内,还嵌有两块民国八年(1919)的《公德佛庙前重修堰及影壁文稿》碑,尺寸一致。碑刻各长 0.65 米,高 0.49 米,厚 0.13 米。二碑为同一事情记事碑,左碑为记事碑文,右碑为题名。

义净法师是长清人的骄傲,四禅寺是古山茌县的荣耀,证盟塔是土屋村的自豪,但愿有关部门能将这些标志性的古建筑重新归整复原保护起来,让这些历史的印记重新回到人们的视线中,丰富一下长清古文化的内容,发挥其应有的作用。

普济桥碑今何在

今张夏街道金庄村南夹河上有座南普济桥,在崮云湖街道王庄南的衔草寺中的一块清代道光年间的《建修佛殿碑记》石碑记载说:清代嘉庆年间,泰山谷普照寺和尚莲光禅师发誓修建"南普济桥",用了接近三年时间方建成。桥建好后,张夏、崮山一带的百姓非常感念莲光禅师的善举,于嘉庆二十二年(1807),纷纷推荐并报请县令让他到衔草寺做了住持。并在衔草寺中刻文记述了他修殿建桥的事迹。

关于南普济桥的修建工程,不仅衔草寺有碑记载,道光版《长清县志》也有存录:"南普济桥 北桥南三里许,南距张夏五里许。嘉庆十四年,衔草寺僧先悟,即旧址募修,至十六年告竣。"

其实,为了感念莲光师傅的功德,众人在桥头还专门竖了石碑予以永志。碑文如下:

图4—12 衔草寺建修佛殿碑

重修张夏普济桥碑记

赐进士出身、内阁中书、文渊阁校理、方略馆纂修晋陵李锦撰。

自古舆梁之成，原以利涉，而工程浩衍，计费必艰且巨，非有大力者任以经营，则其事必不能济；且即济一人，而不能合千万人共享其利，则泽未普而难以垂诸久。及观先悟法师修桥之功，水不辍而无害，石不献而梁成，始知其愿力之宏也。法师姓刘，名岚，字岚晖，历城人，系泰山普照寺瑞庵和尚弟子。初为藩司吏，师事天长杨公晓谷，学性命主旨。既而专心涅槃之蕴，登岱谒师，领不生不灭心灯。因过张夏沙河，见桥梁倾圮，往来病涉，默以重修发愿。然而计其数，非万金不可，心难之，因告其师杨公。公喜曰："尔有是志，吾助尔。"遂倾囊予之，得数百金。先悟以桥工甚巨，计费不支，留其金以待。未几，杨公卒，先悟葬之。遂欲披忍辱衣，去烦恼发，为托钵计，而又念继母在堂，乃暂辍。迨窀穸事毕，即弃妻子，入头陀，修募化簿。是时瑞庵和尚已圆寂，同戒先僧命弟子明璿，助恩首事人，拥锡行檀，不成不休。时嘉庆十四年也。桥梁旧址本三十七架，又增修一半，为五十三。费万金，未三年而竣。所谓有志竟成者，非耶？夫一介之士，存心利物，于世必有所济。况兹桥介于张夏大河之间，行旅往来，士女云集。每当风雨晦冥，冰雪寒泓，其为患于涉川者无算。而先悟法师以世外之身，居清净之地，独能具此宏愿，心精力果，卒成其先师杨公之志，虹梁修亘，利此坦途，俾人人共享济川之惠。此又非一介之利物所可同年而语矣。桥成，因以其略寄予，遂不辞而为之记。

南普济桥建成后，新的难题又来了：中川河蜿蜒北上，由金庄村南东流，在村东向北围着村子转了一个大弯后，继而在村北又转向西流，因此这段河流被称为"夹河"。南边有了桥，而村北道路依然被河水阻断。莲光师傅虽想再继续筹资建修北普济桥，其精神可嘉，但实在是工程浩大，再也筹不到足够的钱来修桥了。

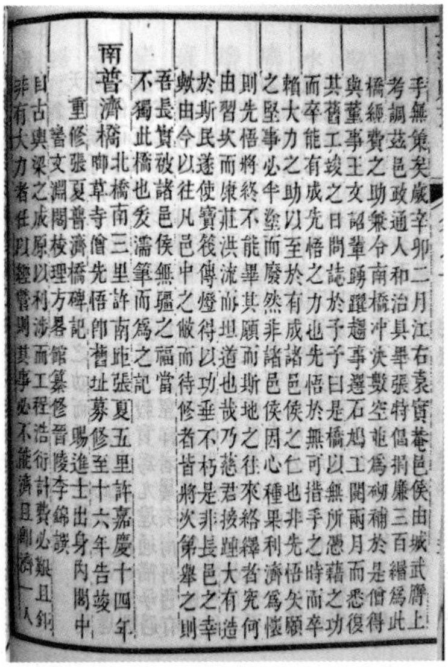
手無策矣歲辛卯二月江右袁賓菴邑侯由城武膺上考調茲邑政通人和治具畢張特倡捐廉三百緡爲橋經費之助兼令南橋沖決數空並爲砌補於是僧得與董事王文韶輩踴躍趨事選石鳩工閱兩月而悉復其舊工竣之日韶問誌於予予曰是橋以無所憑藉之功而卒能有成先悟之力也先悟於無可措手之時而卒賴大力之助以至於有成諸邑侯之仁也非先悟矢願之堅事必半途而廢然非邑侯因心種果利濟爲懷則先悟將終不能畢其願而斯地之往來絡繹者究何由習坎而康莊洪流而坦道也哉乃慈君援難大有造於斯民遂使寶筏傳燈得以功垂不朽是非長邑之幸歟由今以往凡邑中之敝而待修者皆將次第舉之則吾長實被諸邑侯無疆之福當不獨此橋也爰濡筆而爲之記

南普濟橋 北橋南三里許南距張夏五里許嘉慶十四年邮草寺僧先悟即舊址募修至十六年告竣

重修張夏普濟橋碑記 賜進士出身內閣中書文淵閣校理方略館纂修晉陵李綿謨

自古輿梁之成原以利涉而工程浩衍計費必艱且鉅非有大力者任以總管則其事必不能濟且創濟一人

图 4—13　道光县志载《重修张夏普济桥碑记》

道光版《长清县志》另载:“(北普济桥)县治东南四十余里,南距张夏八里许。嘉庆十九年创修,道光十二年告竣。”

也就是说,北普济桥在南普济桥建好 3 年后,众人捐资继续修建,相隔了 18 年才告建成,足见其修桥难度之大。桥建好后,也在桥头树碑立传。创修北普济桥记碑文如下:

创修北普济桥记

邑举人任跻莘

天下事莫奇于无所凭藉之功而为之,卒获有成;尤莫奇于无可措手之时,而忽得大力之助。此虽人事遭逢之偶,而亦人心感应之常也。邑东南有沙河两道,距张夏一五六里、一七八里,奔蹄走毂,实为九达通衢。每遇春霖秋潦,河水暴涨,来往征人望洋者屡矣。南河旧有今威勇公长相国开府山左时所修石桥,蜿蜒十余丈,岁久倾圮。至嘉庆十四年,有沙门僧先悟者,出资丐施,协力重修,并增五十余空,较前更加袤延,不两载而工竣,盖有所凭藉也。及十九年,先悟复募创修北桥,地不加广,桥不加长,越十有五载而工未及半，而先悟之力已竭，而先悟之志几隳。江右靖安舒公自庵尹是邑，嘉先悟以七旬方外人，不忘济人利物，恐其未得竟功也，遂捐俸六百缗助之，因广为推许。而历下金文波观察即闻风助八百缗，又接任甘肃张邑侯捐助三百缗，先后交资，俾得始终从事，不可谓非善缘之辐辏矣。乃积岁累月，工甫告竣，而两码头复圮于水，过客停车，行人立马，临河隔岸，仍患济盈。盖事败于垂成，而先悟殆束手无策矣。岁辛卯二月，江右袁实庵邑侯由城武膺上考调兹邑，政通人和，治具毕张，特倡捐廉三百缗，为此桥经费之助，兼令南桥冲决数空，并为砌补。于是僧得与董事王文诏辈踊跃趋事，选石鸠工，阅两月而悉复其旧。工竣之日，问志于予，予曰："是桥以无所凭藉之功而卒能有成，先悟之力也。先悟于无可措手之时，而卒赖大力之助，以至于有成，诸邑侯之仁也。非先悟矢愿之坚，事必半途而废；然非诸邑侯因心种果，利济为怀，则先悟将终不能毕其愿，而斯地之往来络绎者究何由习坎而康庄、洪流而坦道也哉？乃慈君接踵，大有造于斯民，遂使宝筏传灯，得以功垂不朽，是非长邑之幸欤！由今以往，凡邑中之敝而待修者，皆将次第举之，则吾长实被诸邑侯无疆之福，当不独此桥也。"爰濡笔而为之记。

　　从碑文中我们得知：莲光和尚在修好南普济桥后，还在为修北普济桥操劳奔波，但因资金不够，断断续续修了15年才将桥建到一半。在外地做官的长清籍官员，感叹一位年过七旬的出家人都能为长清修桥尽心出力，作为家乡人更是义不容辞，遂纷纷捐款，同当地各界同心协力，终将这座浩大工程完成。

　　两通石碑详细记录了两座石桥的遭遇及募捐建设过程，观后令人肃然起敬。然而不知道什么原因，二碑现已无从查找，只在道光县志上查到了碑文内容。笔者几经现场搜寻无果。那么它们如今在哪里呢？也许在某个角落里静静等候，也许被埋没在屋堰坝下不见天日，也许早已在现代工程建设中玉碎了。我们期待着它们重见天日的那一天。

双泉庵里明碑多

今坐落在通明山下的义净寺老寺，是在双泉庵基础上重建的。道光《长清县志》载："双泉庵　青保张夏镇张山之麓。康熙四年，历城庠生王泰来有重修碑，在吕祖阁前。嘉庆初年，又修。肥城尹秋岩读书于此，为作碑记。"双泉庵原是四禅寺的下院，院内有龙首碑、龟趺碑及明至民国的碑碣共9通。其中一块明万历二十六年（1598）的《念豆佛圆满功德碑记》为龙首龟趺座，格外高大：高3.0米，宽0.59米，厚0.32米。此碑原来可能遗失，后于清嘉庆十年（1705）重新雕刻并立在原处。

图4—14　双泉庵碑刻

碑文如下：

念豆佛圆满功德碑记

万历壬辰，余归自□山，时驻骖张夏堡，居人金君、王君、高君款余于兹庵，□见林木蓊郁，泉水清泠，寂无人然。叩其所以，三君曰：禅僧深禄卓锡处也，半属他人。余闻之怅然，逐商三君，捐金以□，令僧深总住持焉。禄曰："幸□不事夫昔弃而今得之也。弟子有□愿，愿对大人前与三居士发焉。"余曰："何由？"禄曰："弟子尝阅《大弥陀经》，须念一百二十八石豆佛化度群生。"余曰："善哉！□□夫十方三世□弥陀为最，弃大□王往作沙门，号法藏比丘，于世道在生佛前发四十八愿，后果成佛。今汝发一百二十八愿，是真菩提众生也。夫众生流浪爱河而不能念佛，沉沦迷途而不能入于念佛。汝计其蹈于兴趣，而弥陀以免含灵之苦。或有于三垚者，俾其出苦海而登觉岸。无央数界诸天人，多坠于三业罪，悉忏悔之。即峭飞蠕动之类，咸度脱之。一切来生者，如佛之金色身也，呜呼！自乙未迄戊戌，三年之中，无一息怠懈，而一百二十八石豆佛，粒粒念之。以彼其心，明三乘，精王教，得大鉴不传之真印。是轶法藏，等自在采。莲池海会，瑞应优钵。上以祝圣寿，而万国保于金欧；下以护生民，而四时调于玉烛矣。大哉！念佛之卓哉！觉幻之盛心奇哉！净土之境象也。"余不佞，故呜是记，以勒其功德之无涯云。

钦差总督南京粮储、南京户部右侍郎、前奉敕督理粮储、提督军务兼巡抚应天等府地方、都察院副都御史志斋周继撰。

库生清人杜芝书额。

痒生清人面照书丹。

大明万历二十六年岁次戊戌仲夏立。

大清嘉庆拾年岁次乙丑新五下浣重立。

双泉庵创建时间早于明万历年间，历史悠久，内涵丰富，还有 4 块明朝碑刻，在后面再作粗略介绍。

重修黄巢寺碑记

　　张夏街道黄家峪纸坊村西原有一座黄巢寺,南北长 40 余米、东西宽 18 米,始建年代应在唐朝末年。民国版《长清县志》载:"黄巢寺　在县东南黄家峪纸房庄。明弘治四年改为崇兴寺,清光绪十年改为隆兴寺,皆有碑记。"然而经过长清碑刻勘察组 2019 年查找未能找到遗址碑刻。村民大多把黄巢寺叫成"荒场寺",应该就是黄巢寺的谐音。据说原来寺里有三四块石碑,高大威严,有说被移到岱庙,有说被移到长清大殿(大成殿)。查遍康熙和道光版《长清县志》均无记载,只在民国县志上有《重修黄巢寺碑记》,碑文如下:

重修黄巢寺碑记

邑举人任跻莘撰

　　夫佛本夷狄之法,自后汉时流入中国,而天下之慕其教而窃其名者,上自王侯,下及士庶,莫不神明钦之、寺庙奉之矣。为祈福之说者,则供佛饭僧,持斋禁杀,且或祭祀不用牲牢,身命亦可施舍;为养性之说者,则幽居静坐,耽空守寂,且谓可以穷神知化,不难探深极微。二者虽浅深不同,要皆仿佛其形似,而未尝显背其训诲也。如黄巢者,唐末一乱贼耳。考诸书,巢,冤句人,属济阴郡,今曹州府。善骑射,喜任侠,麁涉书传。屡举进士不第,遂与濮州人王仙芝共贩私盐。后仙芝作乱,巢举众应之,攻掠州县，众至数万，时唐僖宗之乾符二年也，不数年而灭。不言其为僧，亦不载其奉佛。且夫佛法之与乱贼，不可同年而语也明矣。佛以清静慈悲为教，虽不能为君为师，济人以生养，而可以除生养之害；虽不能为商为贾，通入以有无，而可以除有无之争；不必为医药，而使人少夭死；不必为葬埋祭祀，而使人相恩爱；不必为礼，而先后不乱；不必为乐，而湮郁不存；不必为政刑，而怠倦以率，强梗以锄。而为寇盗、乱王章者，虏人妻子，掠人财物，甚至争城以战，杀人盈城；争地以战，杀人盈野，真所谓"率土地而食人肉，罪不容于死"者也。清邑东南黄家峪纸房庄西旧有佛寺，额名黄巢，岂为其奉佛于此而名欤？抑为其为贼于此而名欤？呜呼！其亦不经甚矣。居人因寺久残缺，而更新之，求记于余。余辞不获已，欲更其名而不能，但使人闻名知戒，去恶向善，存佛心，遵佛法，禁嗜欲，绝忿争，将见以之为己则顺而祥，以之为人则爱而公，以之为事则和而平，以之为天下国家无所处而不当。黄巢之贼，寺名之诞，固可以不论也夫。是为记。

嘉庆十七年

碑文详细说明了黄巢寺重修起因和过程，但令人不解的是，县志记载"明弘治四年改为崇兴寺"，而到了清嘉庆十七年（1812）重修时又沿用黄巢寺之名，直到"清光绪十年改为隆兴寺"。加之黄巢当年在南边20里地开外今万德街道石胡同村南的黄巢寨驻扎过，兵败后逃往泰山后历城柳埠一带被杀（一说自杀），应该走的是万德武庄向东路线，而绕很大一段弯路舍近求远从此村东逃，要远一倍的路程，因此可能性似乎不大。

关于黄巢下落之谜，还有一个说法流传颇广：黄巢兵败后，隐姓埋名出家当了和尚。《河南邵氏闻见录》记载，黄巢并没有死，唐僖宗得到的黄巢首级是假冒的。黄巢兵败泰山后狼虎谷后，"自髡为僧，得脱，往投河南尹张全义"，此后又隐居南禅寺内。至于这个南禅寺是山西南禅寺还是无锡南禅寺，则未明说。据传黄巢一直活到五代十国时期才死去。但即使这样，在张夏纸坊村为其建寺，也让人匪夷所思。也许这也是后来屡改寺名的原因吧？

王母行宫有刻石

今张夏街道石店村中，至今还完好保存着一处王母行宫，就建在村中御道西边路旁。据悉，在长清百里御道沿线，有好几处泰山行宫，而王母行宫却只此一处，为研究御道文化留下了珍贵资料。

图 4—15 王母行宫外门

在行宫钟亭北面立着两通石碑,一通是同治十三年(1874)《添修庙基碑记》、一通是 2006 年新立的《重修王母庙碑记》。其中《添修庙基碑记》高 1.52 米,宽 0.62 米,厚 0.18 米。从碑记内容得知,该行宫建于明万历年间(1572－1620),原名"王母殿",经明、清和民国数次修缮,现基本完整。碑文如下:

添修庙基碑记

且事物之显胜者,莫不有英明之士草创以为之前,即莫不有英明之士修饰以为之后。本庄王母殿,其始创于万历年间,迄今已多次修饰矣。庙宇焕然,犹有可观。不意道光年间,庙顶宝瓶被风吹落,大殿配房亦多残破。首事刘廷生等,不忍坐视,于咸丰元年,同齐醮社醮祀之后,即以余资生息,买东沟地基半亩,又买庙后宅基半亩,以备群墙之用。去年,命匠添置瓶稳,而灵官殿与山门配房、群墙焕然皆新。今之视昔,不更有改观乎!工竣之后,共计费钱二百余。今春又设坛醮祀,事毕,陈新共剩钱二百余千,以备后日修补之用。首事嘱余笔而记之,以叙其端委云。生员王九列书丹。

(下列有首事等项人名若干,略)大清同治十三年岁次甲戌季春上浣谷旦

行宫院内还有一块残碑,因风化严重,只能辨认出只言片语:碑名为"□像庙□碑记",其中还有"捐资"字样,后面是施善者姓名。残碑高 1.30米,宽 0.65 米,厚 0.20 米。落款只依稀辨出一个"戊"字,实在无法判断具体时间。看得出来,这也是一通功德碑,内容是修缮行宫内神像事宜,除王母娘娘外,还塑有八仙等神像。从外观上看,立碑时间肯定比《添修庙基碑记》要早得多。

广济永济桥之记

在长清百里古御道沿途，曾建有十几座桥梁，它们一般体量都较大，为御道平添了几分看点。在靳庄村北、土门村南现还保留着一座老桥。广济桥为单孔石拱桥，总长 18 米，孔高 5 米，跨度长 8 米。然而寻遍桥的周边，始终没有发现碑刻一类证明始修年代的旁证。只在道光版《长清县志》中有相关记载：广济桥"在县治东南七十余里，南距靳庄五里许。乾隆四十二年，高邑侯重修，张夏任国正监工。"

道光县志还记载了该桥头曾有一块碑，具体碑文如下：

重修广济桥碑记

廪生李其楹撰

桥名广济，诚以所济广也。经营创建，由来旧矣。与靳庄小桥倚为唇齿，若长楫短棹然，相成于共济也亦明矣。故小桥"永济"之名，亦自此始。西北距县邑七十里，东南距泰安郡七十里，近接方山十余里。其间商贾辐辏，驿传星驰，行旅往来，胥由是焉。时值夏雨滂沱，秋潦瀑注，山谷响应，水势澎湃，奔集桥下，汇流沙河而北。故兹桥易于倾圮，而必图其巩固。我邑侯高公莅治以来，乡无胥役之扰，路无咤叱之声，时和岁稔，环堵乐业，诵德者几遍闾阎矣。丁酉春，上奉宪令，下轸民艰，睹道路而思萧除，望川泽而占利涉，锐意重修，捐俸以为之倡。又广延绅士巨商，量力输财，成兹义举。更虑工巨费繁，非材力兼优、勇于赴义者，弗克胜此任。谋久之，仍于盐商当商中择人以董其事，商亦义不容辞。畴〈口十著〉嗫喋，事无遗策，凡三月余而工告竣。此固监修者之不惮劳，亦我公之委得其人也。自兹以往，铿铿而砰砰者，百千万亿之屦响耶；札札而轧轧者，三十六辐之辙迹耶；金铁铮鏦如斗戈戟者，羽檄飞驰之铃声耶。熙熙而来，攘攘而往，渡清流而如趋平陆者，咸叹我公之功德大矣。然公德政善教，更仆难数，岂以修桥增重哉？兹特其绪余耳。公名怡，由贡生出仕奉天，世家也。

乾隆丁酉十月

　　"乾隆丁酉"按天干地支换算为乾隆四十二年，也就是公历 1777 年。算来该桥已有近 250 年的历史了。

图 4—16　道光县志载《重修广济桥碑记》

　　碑刻撰文者为廪生李其楹。廪生指的是明、清两代由公家给以膳食的生员。也就是说，这位李其楹当时虽然还没有考取功名，但也是由县里按时发给银子和粮食补助的"知识分子",怪不得寥寥数语就把修桥前后的路况和歌颂高邑侯功德写得如此酣畅淋漓呢！以至于其中一个字(嗜)找遍了几版字典和《说文解字》都没有查到怎么读、是什么含义。

广济桥桥南紧挨着的是东通井子村、西往104国道的东西大道,古御道在这里向西平移了5米左右后,又向南继续延伸。顺着土路不远,即能到达南面靳庄村的真武阁。

另据道光版《长清县志》"永济桥"条记载:"永济桥 县治东南六十余里,南距靳庄二里许。乾隆四十二年,高邑侯重修。"这就让人匪夷所思了。因为从广济桥到靳庄距离来看,也就二华里,似乎就是记载中"永济桥"的位置。再仔细研读碑文方恍然大悟,原来两座桥"倚为唇齿,若长楫短棹然,相成于共济也亦明矣。"也就是说它们是近在咫尺的两座桥,一大一小,相互依托。但从字面上看,问题又来了:道光县志记载的"广济桥在县治东南七十余里",而"南距靳庄五里许",怎么反而比"在县治东南六十余里"的永济桥离靳庄更远了呢？再说靳庄与土门两村之间最多三里地,土门村也自古有之,如果"南距靳庄五里许"的话,都到了土门村北了。

二者必有一误。

真武阁上嵌明碑

　　在长清百余里的古御道旁，原来散布着数十座庙宇，留下了许多文化符号，而建在御道中央的过街阁（真武阁、玄帝阁、玉皇阁、长城阁等）更显官道的威严和文化底蕴的厚重。据记载，由长清到泰山的御道上原有四座以上过街阁：如张夏街道的张夏村和靳庄村、万德街道的长城铺和店台铺的过街阁。皆高大耸立，威武壮观。靳庄真武阁始建于明代，明、清皇帝南巡或是去泰山祭祀，基本都要经过此地。其为阁楼式通道，分两层：下层高约 5 米，长约 12 米，宽约 8

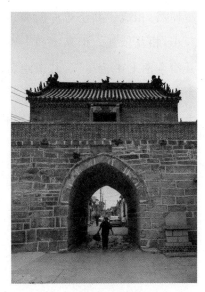

图 4—17　修复后的真武阁

米，中间有一个南北方向的石拱券门，为全石结构；上层是敞开式阁楼，面积比一层略小，硬山顶、单檐，面阔 3 间，进深两间，为青砖结构。阁楼屋脊上有二龙戏珠浮雕，正中间雕有一尊小狮子，两头有鸱吻；两侧垂脊上神兽排列整齐，透着威严。

二层南北均留有"观景台"，东侧有阶梯可攀。旧时站在这里，能看到御道上南来北往的过客。

南面石砌券门的正上方位置，嵌有一块石匾额，刻着"真武阁"三个字。同样，北面石券门正上方，也嵌着一块石匾额，刻有"齐川通鲁"四个字。"真武阁"和"齐川通鲁"匾额均在同一位置，分别面向南北。其右首均刻有"山东省布政使司右参议济南府通判张××"，落款为"长清县……大明……"字样，字迹模糊，实在无法识读。不过从字形上看很像"嘉靖"二字，分析两者应为同一时期产物。但不同的是，它们的雕刻风格完全不同："真武阁"为双钩线刻、"齐川通鲁"为阴线刻。不知有什么讲究。

阁内东西山墙上依稀还能看到一些残缺不全的彩色壁画。内部为木质结构，四根木柱子支撑着两架大梁，梁上雕有彩色图案，图案内容依稀可辨。

图4—18　门洞内两侧石壁上镶嵌着七块石碑

一层门洞内两侧的石壁上，镶嵌着七块长方形石碑，不经意很难发现。石碑东侧三块、西侧四块,嵌在距地面一米左右的墙壁上,上面的字应该是将墙石打磨后补刻上去的。由于时间久远风化严重,加上经常有超宽车或运庄稼秸秆的地排车刮擦,石碑表面磨损得厉害,好多字已无法辨认。其中三块已完全无法识读了。其余四块的内容分别是"新建玄帝阁记""创建玄帝阁舍财题名记""创修玄帝阁施财志""创修玄帝阁舍财记"等,时间分别为"大明正德九年岁次甲戌孟秋""正德十年""正德□□岁次□□吉旦"等。依此可以证明,此阁始建时间早于明正德九年(1514),算来距今至少已有500多年了。

　　另外在真武阁南门外的路东,还竖立一通高大石碑,碑额上用篆体题有"重修真武阁记"字样。碑高2.65米,宽0.97米,厚0.30米。落款为明嘉靖五年(1526)。因年代久远,碑文无法连贯识读,能阅读的部分写有:"……兹靳庄实泰山之北麓,而海内第二洞天之支派也。山川盘郁,风气攸萃。旧迟贤亭石创所靳□□□□刻倦书拾饮字,盘屈纠结,神彩飞越,古今不可考识。信非凡笔,俗传为吕纯阳度靳之地,字盖吕制而亦未有考也。……嘉靖间,居民吴宗汉氏好古崇礼,重念其先兄宗朝遗志未就,乃笃意修,即旧址……建杰阁,中肖神像,环以列帅,积栋飞甍(薨),狰狞震怖,俨然一方瞻依皈礼之地也,谨涓丙戌九月之吉日告成……"

　　从断断续续的碑文中,我们得到两条信息:一是靳庄多年未解的"十字天书"传为吕洞宾所写;二是吴氏兄弟为阁中塑神像事宜。据村民介绍,在1966年以前,真武阁内

图4—19　阁前明碑《长清县靳庄村重修真武阁记》

曾塑有神像,中间是真武大帝,两侧分列数尊小神像,神态各异。遗憾的是这些神像早已没了踪迹,只剩下空荡荡的敞房和残存的壁画。

阁下的御道路面上铺着一块块形状大小不一的青石板,已被车辆行人磨得特别光滑,车辙处被碾压出了深深的凹槽,留下了500多年沧桑岁月的痕迹。

靳庄真武阁于2013年12月20日被定为第四批市级文物保护单位。一直以来,村民对这座阁楼进行过多次维修,才完好地保存下来。据史书记载,今张夏街道最早是周代的一个小诸侯国——清国的都城。到了春秋时期,清国被齐国所灭,张夏随之成了齐国的一个重镇。三国时期(220—265)属泰山郡山茌县,张夏(原名张下)为山茌县治所。唐朝(618—907)属齐州山茌县,仍沿为县治所。宋朝以后属济南府长清县。靳庄在清朝时期还曾设过邮铺,康熙版《长清县志》有"靳庄铺"之记载,说明这里曾相当于现在"镇"一级规模,一直很繁华。关于靳庄和真武阁的故事还有很多,将在其他篇章一一介绍。

铭石碧霞元君殿

义灵关是万德最北边的一个村子，因古代这里是一个重要关口而得名。据《长清区志》记载："元至正间（1341—1368）此地有座阴灵后庙，又是石都寨辖区南去的关卡。明万历间（1573—1620），建村时以庙和关卡命名阴灵关。1947年，有一军官居此，因'阴灵'不祥，更名义灵关至今。"御道从这里开始穿过万德街道15公里的地段，沿途也留下了许多遗迹。

图4—20　义灵关碧霞元君行宫

在御道东面数十米处,就有碧霞元君行宫一座,面阔 3 间,起脊琉璃瓦,庄严肃穆。从外面的两通石碑就能看出是座老庙。

石碑坐北朝南,均是《重修碧霞元君行宫记》:一通立于明正德十一年(1516),高 1.65 米,宽 0.83 米,厚 0.34 米;一通立于明嘉靖三十八年(1559),高 1.55 米,宽 0.74 米,厚 0.21 米。碑刻虽经 500 多年的风雨侵蚀,略有裂纹,但正德十一年碑内容尚可识读。碑文如下:

重修碧霞元君行宫记

泰山之巅有神,号曰"碧霞元君"者,固已庙貌于上矣。然而灵应非常,威名显赫,且默祐国祚,赞育群动而善□之应,皆其所握也。是以天下之人畏敬奉承。望泰岳而尊礼者,有异地而无异心,迄今如是也。以故岱之西北七十里地曰"石都寨"者,名山大川,四面旋绕,亦胜境也。隅之东南,则有碧霞行宫之制,庙貌与□之一一也,特规模差小耳。意者,当时以为神无地而不在,□当无地而不营其宇,以憩乎神也。前人之作,夫岂无为也哉。慨夫历年久远,苦于风雨□□之余,于是廉隅毁颓,栋楹挠折,赤白漫患,将为草莽之墟,神无以妥其灵矣。时则善人赵鉴,居而与是宫相邻,□来顾叹。心实不忍其比然者,欲出私帑以葺之。又恐议者以为有骄渎之情,□以事谋诸□政官杨宗显之辈,俱可之。始捐己之资,以倡其义,次募人之财,以继其需,度材鸠工,卜日占期,以范旺□其工,郝天锡集其料,居民协力□□□事。肇其事于乙亥三月之下旬,毕其事于丙子五月之上旬,金饰其像,彩绚其宇,俾轩楹、梁栋、门廊、户牖焕然一新也。无忝前人,无废后观。工既讫功,鉴以众饮落成,嫌无纪事者,特丐余言以记之。余以不有所为,虽美弗彰,若鉴之修坠举废,直轻财重神之一事耳。他如赋役尽忠,承顺尽孝,睦乡里信朋友喜施设,非仁无为,非礼无行,诚有德士也。是宜家道荣昌子孙贤盛,而声光过人远矣。故并记之,以垂励后人云。时:

大明正德十一年岁次丙子季夏吉日

重修领袖善人赵鉴、室人郝氏,□男赵荣、孙氏,赵华、张氏,赵迁、穆

氏。（以下列有德府内臣、协力善人等人名若干，略）

由碑文得知，此行宫至少建在明正德年间，甚至更早。应该是石料的原因，晚了40多年的嘉靖三十八年石碑反而风化得识读不全了。

庙前数步还有一通石碑，上书"重修泰山行宫关帝观世音庙碑记"，于行宫东侧，立于清光绪二十二年（1896），高1.45米，宽0.64米，厚0.18米。多年前被推倒过，有好事者在上面刻了棋盘。碑文受损严重，且断裂，除立碑时间外，其他文字已识读不出来了。前些年村民从关帝观世音庙移过来重新树在这里。令人疑惑的是：观世音菩萨大慈大悲是救苦救难的，而关公忠勇仁义是祛邪镇灾的，不知道为何合在一个庙里供奉？也许碑刻能有合理解释。

图4—21　《重修碧霞元君行宫记》碑

义灵关自古繁华热闹，来往行人众多。在古御道旁，今还有一棵千年古柏和看上去有几百年树龄的古槐。古柏直径约一米，树心已经空了，但仍枝叶繁茂，生机盎然。

古御道现在仍为义灵关村中主要街道，只是原来的石板路完全被水泥路覆盖在了下面。如今站在街道上，眺望远处，还能想象得出，当年康乾皇帝前呼后拥，浩浩荡荡出行的场面。

重修圣济桥碑记

　　坐落在今万德街道界首村的圣济桥,是长清古御道上体量较大的也是最南端的一座石拱桥。其为全石拱形结构,单孔,长 15.6 米,宽 7 米,拱高 3.7 米。道光版《长清县志》有"圣济桥,在界首"之记载。建桥时间无考。桥上的石板全部由当地的特产花岗石铺就,厚重、敦实,虽经多年碾压,磨损严重,但没有一块断裂,实属罕见。

　　关于此桥,道光版《济南府志》记载道:"圣济桥在城东南一百二十里。南北往来通衢,乾隆三十三年被水冲塌,邑令李公捐资倡修,有碑记;道光丁亥,邑人宋福昌等倡修,有碑记。"如此说来,圣济桥始建年代至少要推到乾隆年间以前,并有两次大修记录。到目前为止,乾隆三十三年修桥碑记没有找到,只查到了道光丁亥碑记。碑文如下:

重修圣济桥碑记

知县舒化民撰

　　长清东南乡之界首有圣济桥,距城百二十里,系南北往来通衢也。乾隆三十三年被水冲塌,邑令李公捐资倡修,有碑记具载始末。迄今五十余载,渐为溪涨冲啮,南岸雁翅视空及北墩底石强半倾卸,车马行旅过其上者恒惴惴焉。丙戌夏,予量移来兹,甫入境,见斯桥之将圮也,即与乡之人议修,捐廉倡首;而乡之人亦咸知斯事之不容缓也,敛费鸠工,刻日集事,计费京钱仅五百三十千有奇。阅时未及两月,而桥已完固如初。首事人等请为记。予惟天下事无成而不毁之理,所贵防于未然,于将毁之时而及早图之,则事半而功倍;至于败坏决裂,往往经年累月,劳民糜费而不可收拾。兹桥也,向使稍为因循,恃其未至于毁而姑听之,或幸其不遽至于毁而慢图之,一经大雨时行,山水涨发,则桥基之冲刷必致荡然无存。迨既毁而筹修,其需费之繁,用民之力,岂止数倍哉!《诗》曰:"彻彼桑土,绸缪牖户。"言未雨也。然则邑中之事,其当及早图维者,独斯桥也乎哉!是举也,倡首者庄民宋福昌,督率成功者监生王锡耿,庄民刘自修、李士宣、张栋、韩永魁、宋灿诸人,俱与有力,例得备书,并将捐资姓名、用数悉勒诸石。

道光丁亥三月

图4—22 《重修圣济桥碑记》碑躺在村委会院内

道光丁亥年即公元 1827 年,也就是说此桥最后一次重修距今已近 200 年了。这通《重修圣济桥碑记》也曾一度消失,直到 1998 年村里整修道路清理河淤时才从桥下发现,得以重见天日。该碑高 2.23 米,宽 1 米,厚 0.25 米,高大厚重。遗憾的是在移动时不小心断为两截,现保存在村委会的仓库里。

灵岩寺里碑如林

　　灵岩寺自然环境优美,人文景观丰富,历代文人雅士、重臣名宦接踵而至,为灵岩寺留下了众多的华章名作和大量碑刻。这些诗文、碑记,文辞优美,书法高雅,记事翔实,忠实地记载了灵岩寺的兴衰。清康熙年间《灵岩志》和其他史籍,收录了有关掌故和大量文献,但仍有部分未及者。尤其是后来乾隆的近百块诗词碑刻均未入册。长清区政协文史委对寺内所有碑刻进行了进一步摸底,并实地考察、拍摄照片,共登录 677 块碑刻(含牌匾、墓塔、经幢、摩崖石刻等),并将其全部收录《长清碑刻》中。

图 4—23　灵岩寺般舟殿碑林

　　位于灵岩寺山门前广场东面的悬崖上,镶嵌着乾隆皇帝撰书的 8 块御碑,俗称"御碑崖"。八块石碑主要记载了乾隆皇帝八次来灵岩寺留下的部分诗篇,诗文赞美了灵岩寺的自然山水和人文景观。字体遒劲有力,龙飞凤舞,给人以未见其景,先闻其声的感觉。除了御碑崖,山上的乾隆诗词石刻还有白云洞石壁上 8 块、卓锡泉崖壁上 5 块和袈裟泉崖壁上 1 块等,并且都盖有乾隆玺,可说是在灵岩寺出够了风头。作为一代帝王,乾隆皇帝在位 60 年,与康熙皇帝共同开创了"康乾盛世"。同时,他一生喜欢游山玩水、作诗写赋,从乾隆二十二年(1757)至乾隆五十五年(1790),他八次来灵岩,每次都要留下几首诗,尤其对灵岩八景情有独钟。为此,他下旨在灵岩寺内甘露泉西建造了一座"爱山楼",俗称"乾隆行宫",在甘露泉旁建造了"驻跸亭",每次来灵岩都要在此下榻数日。现灵岩寺有记载的乾隆诗作共 120 余首,可以说,这位乾隆爷既是一位超级"驴友",又是一名"多产诗人"。

图 4-24　灵岩寺御碑崖

在灵岩寺众多碑刻中,名碑不少,而最著名的当数唐太宗亲笔书写的"御书阁"了。

御书阁位于千佛殿的东北侧,唐贞观三年(629)为供奉唐太宗手敕创建,后于金贞祐二年(1214)遭战火,御书尽毁。明万历年间(1573—1620),寺僧塑大悲菩萨像于内。据《灵岩志》载:"唐贞观三年,唐玄奘译经于此,太宗赐以手敕,因建此阁。至宋太宗、真宗、仁宗、徽宗,皆赐有御书,奉于阁上,金贞祐中,寺造兵燹,御书尽毁,惟空阁存也。"

"御书阁"题刻碑在御书阁前南侧,重立于明万历十六年,主首。碑阳题"御书阁"三字,字径50厘米,篆书。两旁小字为:

大唐太宗文皇帝笔

大观三年乙丑岁前净照大师仁钦立

大明万历戊子秋九月德府协理承奉司事典宝正李举副陈奉门正孙礼内官张凤翔重立

"御书阁"三个篆字气势磅礴、布局合理,彰显了一代帝王的气派,是难得的珍品。

在灵岩寺大雄宝殿西侧有一隋代建筑——鲁班洞,为早期由山下进入寺院的石砌拱券式门洞。该洞南端西侧镶嵌唐代书法家李邕于天宝元年(742)撰书的《灵岩寺碑颂并序》残碑,残碑高2.25米,宽1.05米,因镶嵌在墙内,厚度无考。此碑碑目首见于赵明诚撰《金石录》卷七:"唐灵岩寺颂,李邕撰并行书,天宝元年。"康熙年编纂的《灵岩志》记载该碑:"在寺西北里许,神宝废寺右侧荆棘中,沙淤过半矣。乃北海太守李邕之文,但磨灭不能读耳"。乾隆末年阮元编撰《山左金石志》时,碑石已失,屡饬拓工访求未果,时见拓本只存上半,下截已佚。咸丰六年(1856),何绍基访得此碑,已断为两截,今下半截前九行文字已失。清陆增祥编《八琼室金石补正》也予收录。现该碑存放鲁班洞,应是后人移至此处的。如今这块命运多舛的石碑已被列入精品碑刻,被严密地保护了起来。

李邕能诗善文,工书法,尤擅长行楷书。当时的中朝衣冠以及很多寺观常以金银财帛作酬谢,请他撰文书写碑颂。李邕的《灵岩寺碑颂并序》碑虽然已断为两节,并缺失了一些文字,连贯性差,但仍不失为碑刻中的精品,书法艺术价值极高,十分珍贵。对研究书法艺术、碑刻艺术和历史文脉都有很大裨益,堪称"国宝"。

灵岩寺古往今来有多少文人雅士、帝王将相慕名而来在其灵山秀水间吟哦咏唱呢?唐天宝年间,潇洒飘逸的"诗仙"李白如一朵浮云般来到灵岩寺,写下了《题灵岩泉池二首》。一口气为灵岩写下两首诗,足以表明他对这儿的喜爱。其中一首诗曰:"客来花雨际,秋水落金池。片石含青锦,疏松挂绿丝。高僧拂玉柄,童子献双梨。惜去爱佳景,烟萝欲暝时。"除李白之外,唐朝诗人杜甫、刘长卿、钱起、戴叔伦、司空曙等都来过灵岩并留有诗篇。在唐宋散文八大家中,来过灵岩或和灵岩有直接交往的有 4 人:苏轼、苏辙、王安石、曾巩。好饮的苏东坡是喝高了以后来的,而且醉卧于寺外的黄茅岗上。《灵岩志》录了他的诗,名《元祐八年八月二十日余因奉

图 4-25 李邕
《灵岩寺碑颂并序》碑

命下齐州祀东岳至灵岩》,其中有"醉中走上黄茅岗,满岗乱石如群羊。冈头醉倒石作床,仰观白云天茫茫。歌声落谷秋风长,路人举首东南望,拍手大笑使君狂"的句子。后人虽对此诗的出处颇有争议,但如今在千佛殿西侧墙内,还是保留了这首诗的碑刻。其弟苏辙于熙宁六年(1073)任齐州掌书记,居官三年,遍游济南名胜,曾南下游四禅寺和灵岩寺。他于熙宁八年(1075)到过灵岩寺,并留下《过灵岩寺诗》,写道:"青山何重重,行尽土囊底。岩高日气薄,秀色如新洗。入门尘虑息,盥漱得清泚。升堂见真人,不觉首自稽。祖师古禅伯,荆棘昔亲启。人迹尚萧条,豺狼夜相抵。

白鹤导清泉,甘芳胜醇醴。声鸣青龙口,光照白石陛。尚可满畦塍,岂惟濯蔬米?居僧三百人,饮食安四体。一念但清凉,四方尽兄弟。何言庇华屋,食苦当如荠"的名篇。

现在寺内有五大碑林:天王殿东、大成殿外东墙壁、千佛殿前及西墙壁、般舟殿前两边、墓塔林等,其中墓塔林现有北魏、唐、宋、金、元、明历代石质墓塔共 167 座墓塔、81 通墓志铭碑。墓塔造型各异,结构细腻,布局合理;雕刻内容丰富,技法多样,精美绝伦,无一不显现出古代劳动人民的聪明才智和高超的雕刻技艺。

图 4—26 大成殿东碑林

在灵岩寺建寺的 1600 多年中,留下了很多名人诗篇及碑刻,其数量之多、年代之广、内容之丰实属罕见,为研究佛教文化和灵岩寺提供了非常珍贵的历史资料。

百里藏碑知多少

　　长清百里御道上除了以上介绍的稍微完整或是有代表性的石刻外，还散落着许多碑刻。许多古碑，由于风化严重，或残缺，或伏卧，大都已无法识读内容。下面大体介绍一下沿途部分碑刻的资料，供文史爱好者参考。

炒米店

　　康熙三十一年(1692)秋，时任山东巡抚佛伦去曲阜视察路过炒米店，问及当地疾苦，灵岩寺下院僧人永泰即以无水告之。问及地名，告曰"炒米店"；又问为何称"炒米店"？告之乃因缺水和面，只好炒米充饥。佛伦听罢对永泰说，我为你们凿井找到泉水，就可以把这个不雅村名改了！遂命长清知县巴柱朝负责办理打井事宜。可兴工不久，佛伦升任川陕总督，临赴任前，他叮嘱继任山东巡抚桑格大人不要半途而废，继续凿井。井打好了，为感念佛伦，村民将此井取名为"佛公井"。不知从什么时候起，当地百姓又把此井改成为"仙井"。时间不久，炒米店人又自发捐资在井旁立了一块高大龙头石碑，上书"佛大老爷创始，桑大老爷告成"，中下方刻"仙井"两个大字。此碑高大厚实，非常少见：其高 2.96 米，宽 1.18 米，厚 0.30 米。遗憾的是上世纪中叶石碑被人推倒，只因碑体高大厚实，用大锤也没破碎,只留下了少许裂纹,侥幸保存了下来,弃置在井旁地上。

图 4—27　"仙井"碑

前些年村里曾把石碑加上了三道铁箍,并在碑棱处刻字纪念,重新立在井边,但不知何故又被人强行推倒。村两委会只好把碑移至泰山行宫院内保护起来。

目前古碑现仍身首异处,井旁只剩下碑帽和碑座。

范庄

崮云湖街道范庄村委会原办公楼,是在佛爷殿的地基上建的,新中国建国后曾用大殿当过学校,上世纪 90 年代才逐步改建成现在的规模。原来墙外还有石钟亭:四根石柱,起脊石顶,相当威风。旁边还有一排石碑,现在都没了踪影。

院中就只剩下一通立碑。此碑碑额为"重修古井记",再仔细识读碑文,发现有两个内容:一是原来村南有一口甘井,建在小崮山村的地里,后范家庄村置换了土地云云；二是重修"七圣堂"事宜，并有庙前杨树二株、槐树一株……不许毁坏枝叶字样。落款时间是乾隆四十五年（1780）。由此可知，七圣堂最早建于乾隆年间，算来至少也有 200 多年了。

除了这一通清碑外，在村南的范家林还有一通立于明嘉靖二十六年（1547）的诰命夫人碑。其龟趺龙首，通高 3.70 米，身宽 0.88 米，厚 0.30 米。碑上面竟然刻有两道圣旨：一道是明嘉靖十五年（1536）的，以"奉天承运，皇帝敕曰"开篇；一道是明嘉靖二十六年以"奉天承运，皇帝制曰"开篇。通刻了两道圣旨的奉天诰命碑，确实大有来头，只是未查阅到相关记载。问村里人，详细情况也都不很清楚。这通近 500 年的石碑碑首雕刻精美，碑文较为完整，具有较高的史料价值。

图　4—28
诰命夫人碑

据说诰命碑是范家林中最大也是最有名的。原来范家林规模相当大，古树林立，坟茔众多，就处在古御道旁边。林里曾经有一棵千年柏树，相当粗，被人锯倒后，八个人用树墩当饭桌都绰绰有余。

大峃山

大峃山因山顶呈岱峃状得名，御道从其右方转向前方通过。山上的玉皇庙属隋唐产物，树木碑刻林立，透着威严。重修的大殿，沿用原来的两根石雕盘龙柱，当初采用圆雕工艺，精雕细刻。两石柱上各有一条盘龙，活灵活现，形象逼真，不由让人想起曲阜孔庙大成殿的龙柱。柱高两米有余，柱础有"正德七年建"字样。目前在长清其他庙宇还没有发现类似雕刻石柱。

玉皇庙内共有 9 块古石碑，由于风化严重，多数碑刻字迹已经漫漶，碑文无法识读。其中有：德府重修玉皇庙记、故山玉皇宫义社碑记、玉皇庙祈田记、捐修墙围碑、重建故山□□□、长清县故山重修玉皇庙并置（赡）田记、春祈归赋、创建崮山玉□□碑、新建玉□篆记（不详）等。除了年代久远实在分辨不清时间的 4 块以外，能识读的有明成化年间的 1 通、明正德年间的 1 通，清康熙年间的两通、嘉庆年间的 1 通。这里面既有龟趺碑，也有龙首碑，足见其规格之高。从中还得知，原来崮山还有"故山"一说。

图 4—29 大崮山玉皇庙碑

据大崮山村老党支部书记司庆元介绍，御道中无影桥附近的十字路口，原有一座坐南朝北的观音庙，与北面 150 米左右的真武庙斜向相对，庙附近曾竖着 8 块高大石碑。现在观音庙已踪迹全无，石碑也在动乱时被人砸毁后拉回家去做了地基、门台或墙石，实在令人惋惜。

红石岭村

红石岭村除三唐山泰山行宫碑刻及摩崖石刻外,村中另有两通民国时期碑刻:民国十七年(1928)"修井记"碑和民国十九年的"红石岭创修小学校碑记"。因距今时间不太久,碑文基本完整。

张夏村

张夏村内碑刻毁坏严重,只有东面通明山双泉庵还有保存完整的9块石碑。内容除前面介绍的"念豆佛圆满功德碑记"外,还有"重修双泉庵碑记(嘉庆七年)""重修准提菩萨碑记(清雍正十年)""双泉庵四至碑记(清康熙十七年)""双泉庵立会碑记(清嘉庆七年)""创建庆贺观音圣诞碑记(明万历四十二年)""建通明阁记(明万历六年)""重修四禅寺下院双泉记(明万历六年)""修建南配殿记(明万历九年)"等,这9块碑其中3块为龙首、两块龟趺,碑文内容大多可以直译。它们今已被立在改建后的义净寺内,但碑刻的内容还是双泉庵的,对研究双泉庵的历史渊源弥足珍贵。

图4—30 双泉庵群碑

青北村

青北村清真寺,始建年代无史料记载,据现存清同治九年(1870)重修寺碑载:"……青杨店古有清真寺,于大清咸丰辛酉岁有南贼经过被其烧焚……"考此寺最晚建于明代,现在该寺占地约 6700 平方米,建筑面积 328 平方米,为四合院落,大门面东,门上方挂有民国二十一年(1932)"清真古教"匾额,门前有四只雕刻精细的石狮。大殿门上方悬清光绪元年(1875)的匾额"明德为本"。

寺中还有两通石碑,内容均为"重修清真寺序",分别立于清道光二十四年(1844)和清同治九年(1870),碑阴刻有施善者的名字。

图 4—31 《重修清真寺序》碑

青南村

青南村现存有古庙一座,被当地人称"琉璃庙",现只存 3 开间的大殿,原其余部分已改成青南村委会。民国版《长清县志》载:琉璃庙"在石保青杨树庄中间,实即泰山行宫,因其庙砖瓦皆用琉璃修成,故名。其两山所用之砖,皆烧就山水人物,玲珑可观,有大明嘉靖、万历年间重修碑记。"现在的琉璃庙经过多年的风雨侵蚀和屡次的重修,琉璃瓦更换成了灰瓦。门口一侧墙壁上嵌有"泰山圣母行宫"的石碑,没有具体时间。

现庙内已找不到明朝石碑,大殿内只立有清乾隆二十九年(1764)立的《重修碧霞元君庙记》碑一通。

土门村

在土门村文化广场上的两棵柏树下边,对称倒伏着两块石碑,由于经常有人在上面玩耍或落坐,加上长年风化,碑面已被磨得光滑发亮。北边的那块已是一字不錾、南边的那块边上还隐约能看出有字迹,也已认不出是什么字了。也许,这座庙宇同这两块碑一道成了千古之谜。

土门村中心偏南的位置还有一座关帝庙,处在御道西侧,虽然规模不大,但布局紧凑,大方典雅。殿前有一通石碑,碑额上的"大清"二字十分显眼。石碑高1.8米,宽0.75米,厚0.25米,已从中间断裂。石碑系乾隆二十八年(1763)所立,碑额书"重修关帝庙记并引",是一座记载村民集资修建关帝庙的功德碑。由此得知,关帝庙建成至少已有300年了。

图 4—32 《重修关帝庙记并引》碑

靳庄村

在今张夏街道靳庄小学内保存着一通刻有十个字的石碑,由于自古就无人能识得一字,所以被当地村民称为"十字天书"。为解开这一千古之谜,靳庄人曾经悬赏10万元征集解读"十字天书"线索,至今未果。

据介绍,1965 年以前,刻有"十字天书"的石碑在靳庄碧霞元君行宫(当地人俗称"奶奶庙")里。为了防止日晒雨淋造成的侵蚀,兴建靳庄小学时,村委专门用一间房屋来安放"十字天书"的石碑,将这件文物镶嵌在墙内保护了起来。石碑长 2.60 米,高 1.16 米。碑的左边只留了"乙丑年"字样,因此并不能准确推算出是哪一年,所以无法考证碑刻的具体时间。

这"十字天书"在历史上一直就是本地的一大谜团。关于这十个字究竟是什么字,众说纷纭,莫衷一是。归纳起来大致有两种破解之说,一说为:"凝几意自动,散影物殊停。"一说为:"嚎啕归别处,结彩便飞云。"

为了驳斥第二种说法,清道光年间专门有人对"凝几意自动,散影物殊停。"做了详细的解释说明,并刻碑为证。然而,多少年过去了,越来越多的人认为这种解释太牵强,无法让人信服。

图 4—33 十字天书另解碑

另外,靳庄小学内还有 3 块残碑,分别是:"靳庄道中"、"右吕公仙碑"和"军机处存"等。其中"靳庄道中"为明万历末巡按御史毕懋康所书,那时即认为"靳庄深处有仙家"。至于其余两块碑文内容与靳庄有何关系,还有待于进一步研究论证。

万德街

今万德村的南北大街仍沿用着古御道，最宽处达 30 多米。原来御道上的青石板全部由混凝土取代。现在还能在街道两边看到替换下来的青石板，或作为护路石或作为台阶。从磨损的光滑度来看，一看便知其年代久远。

如今村中还保留着长清乃至济南地区唯一一座老戏楼。有关戏楼建修具体时间没有找到记载，只在附近的墙体上发现清嘉庆十六年（1811）的《重修戏楼记》、光绪十四年（1888）的《重修戏楼建立围墙记》、清咸丰七年（1857）和清咸丰八年的《万德街修道碑记》共 4 通石碑，从中可以推断出古御道当时的盛况。由于两块碑大半部被埋入土中，内容只能一知半解。几块碑都是"重修"，说明古戏楼是在清代嘉庆年间之前就已经建成了。

图 4—34　万德街修道碑记

在戏楼东面天齐庙的南屋后墙上，垒砌着两个莲花柱础和两块残碑，柱础半米见方，雕工细腻，应该是戏台残留之物；残碑内容不全，也没有找到具体时间。从东边偌大的院落和前面提到的《重修戏楼记》石碑的有关内容分析，这里一定还有过一座关帝庙，只是没有找到其遗迹。

鸡鸣山麻衣洞

在万德街道驻地东面的鸡鸣山麻衣洞门外崖壁上有题刻两方,一方为"长清县剜底店信官",一方因风化严重已辨不清碑文内容。

洞内南北石壁及西侧石壁上有石刻题记三方,内容均为明嘉靖、万历年间来往泰山进香的官宦路过此处游览后的题记。其中洞门内侧北壁上方的一则题记记载了此处的开山道人是一个名为李教材的道士。从题刻分析,此道士应为明嘉靖时期人。故初判此洞年代不晚于明代。

图4—35 麻衣洞门外石刻

另外,在麻衣洞下方稍靠北山腰处还有一座穹顶全石结构玉皇殿一处,小院已倾圮,石屋还算完好。半圆形石门上方有玉皇殿三个线刻大字,没有找到镌刻时间。院里躺着一块乾隆五十七年(1792)"重修麻衣洞"碑和半埋在土中的《重修玉皇庙》碑,两碑内容字迹模糊,已无法识读。

长城铺

长城铺是个古村,村中文化底蕴非常深厚。在玉皇阁原址有一块石碑,系乾隆四十四年(1779)所立,内容是"重修玉皇阁碑记"。虽然破坏严重,但大致内容仍能辨清:"清亭迤南千里许□安保有村曰长城铺,盖南北通衢也。河水旋绕,群山屏立……有玉皇阁一座,创建未知何时,重修具载。迩年来风雨损坏,砖无颓崩旧矣……"后面字迹逐渐漫漶,不过仍能陆续认出是募资重修事项及功德名单。

还有残碑《玉女碧霞元君行宫记》。

图4—36 长城村散落石刻

据村民介绍,村中原有一座崇寿寺,高大气派,在大殿内墙壁上还有孟姜女故事的壁画,庙里有10多通高大石碑。后在一场运动中一夜之间被扫荡一空。如今在一些农户家中仍然很容易就能找到大寺里的构件和残碑。

还有一块明万历年间的碑刻,提到"黄姑院",其旧址就在玉皇阁东边。传说,明代万历皇帝的妹妹去泰山朝拜,在经过长城铺时不小心从轿上掉了下来,因受惊吓病在村中。以为是"天意",就发愿在此出家为尼。于是万历皇帝就为妹妹修了这座"黄姑院"。

在村西的一个院落里,一块刻有"敕建护国普济庵"的残碑非常精细和别致,它是御道西面普济庵原址遗留下的。据村民曹文水讲,明万历年间,皇上为其母亲建了这座庵,规模相当大:前有午朝门、后边有戏台,庵里有碑林。殿内用合金铜塑了很大一尊神像。

长城村是个富有传奇故事的古村,是长清区境内唯一一个古御道和齐长城交会的地方,玉皇阁既是古御道通道,又是齐长城关口,其战略意义可想而知。因此,有关它的历史遗迹还有很多。在村里行走,不经意间就能看到石碑或古物件。这些散落的古物,几乎每一个(块)都能讲出一段故事来。

一户人家竟然把一块明代八棱经幢搬到屋顶上,做了"吊车"的配重石。

图 4—37　明代八棱经幢

店台铺

店台铺因原来村南有古烽火台和村中店铺林立而得名,御道从村中穿过,庙宇众多。现在村中古建筑早已不见踪迹,仅留下的一座石桥和一棵古槐树还能让人想象出昔日的辉煌。

古石桥是个三孔桥,15米长、近4米宽,全部由大块青石板铺就。最长的青石板近3米。桥下每个孔入水口都雕刻着一只避水兽——这是古桥的共同特点。老桥虽经数百年的历史沧桑,桥面磨损严重,但没有一块石板破裂,依然稳如磐石。

石桥南边不远即是店台小学,是在破旧立新的年代在原来泰山行宫的旧址上盖起来的。在学校后面墙角处,还竖着两块残碑,记录了支离破碎的内容:一块为明崇祯元年(1628)所立、一块是有清道光十九年重修娘娘庙等字样的功德碑。南边还有伏地的一块碑已经分辨不出年代了。

图 4—38　店台村两块碑刻

从两通石碑得知,北边的古桥有两个不同的名字:明崇祯时期的"重修碑"称为"碧圣宫桥",清代末期(碑文标有时间的面朝下,只能靠石碑的风化程度分析推断)的"重修广生桥碑"称其为"广生桥"。按照习惯,基本上都是以距现代较近的名字为准。再者,从九省御道上其他的桥名来看也有一定道理:从炒米店向南依次有广惠桥、广福桥、广济桥等,因此,该桥叫"广生桥"似乎更合理些。

其实,长清百里御道沿线原来的碑刻远不止这些,它们在岁月的冲刷下逐渐减少,有的早已销声匿迹。笔者从 2019 年开始,用了一年半的时间,随长清区政协文史委拍摄编撰《长清碑刻》图书,对境内石刻进行了地毯式的搜寻,共收录 1353 块碑刻,其中御道所经的崮云湖街道 30 块、张夏街道 130 块(包括莲台山 29 块)、万德街道 61 块、灵岩寺 677 块。这些碑刻信息量非常大,且弥足珍贵,为我们探讨、研究御道文化提供了极其宝贵的一手资料。

图 4-39 《长清碑刻》书影

碑刻是一种历史,也是一种文化。它记录的是时代变迁,反映的是文明发展轨迹。而在长清百里御道上还有多少被湮没在历史长河中的碑碣?还有多少鲜为人知的事件随同这些石刻的遗失而成为永久之谜?我们不得而知,但应该继续探寻,深入挖掘,为长清丰盈璀璨的御道文化添上浓妆淡抹的一笔。

第五篇

津梁营汛

长清区境内的中川河（古称"中川水"）纵贯南北，与长清古御道相向而行，时有交会。还有东部山区数条季节性河流汇入其中，最终都流归中川河。故在长清百余里的古御道上建有十几座桥梁：从西北与齐河接壤的大清桥始，东南向到潘村转南北向，再从炒米店的广惠桥向南依次有无影桥、北普济桥、南普济桥、张夏北桥、永济桥、广济桥、义灵关桥、广生桥、圣济桥等。根据河道的宽窄，各座桥梁规模也不尽相同，但无一不是建于明清之前的古桥。这些桥梁全为青石结构，造型各异，敦实耐用，并且现在多数还在使用，同时，沿途还有12座以上墩台，为重要军事防御设施，使得御道更加具有神秘感，从而形成了百里御道上的绝佳看点。

济水之上大清桥

　　建在长清县西北黄河上的大清桥,原是九省御道进入长清县境的起始点,曾经是长清县一道风景线。据道光版《济南府志》记载:"大清桥在城北四十里,西截属齐河,东截属长清。地当'九省通衢'。明嘉靖二十七年羽士张演昇募修。旧名'通津桥',东西二坊,桥中分界,东坊系长清所竖。"另据《齐河县志》记载:"城东大清桥横跨大清河上,建于1548年(明嘉靖二十七年),为九省通衢之咽喉。"因此,从严格意义上讲,九省御道就是从大清桥进入长清境的。

图5—1　如今大清桥已被齐河黄河大桥替代

关于大清桥,道光版《长清县志·津梁志》记载得更详细:"……至(明嘉靖)三十四年桥成九空,石皆铁钳,上置狻猊槛柱,结构完密,额曰:'大清桥'……(大清桥)在齐河县东门外,大清河上旧名'通津桥',东西立二坊,一曰'大清桥',一曰'济水朝宗'(通志)。通津桥坊在齐河东门,桥中分界,东边坊系长清所竖(旧志)。"后来,大清桥分别于明天启七年、清顺治七年遇水患,桥体遭创,又在桥西增置一七孔小桥。

民国间,大清桥所在位置属于长清县第五区,紧挨着玉符河入黄河口。遗憾的是,水患频仍,此桥于民国期间被淹没在黄河中。民国版《长清县志》载道:大清桥"自咸丰五年初坏小桥一两孔,接筑一木,尚可通牛马。三数年后,小桥化为乌有,大桥砥柱渐至溃裂。至同治末年,大桥东端仅存三四孔,峙立十余年,工程坚固,概可相见。后因东岸日渐坍塌,河溜则注西岸,淤泥日增,桥址尽被湮没,而桥遂全无踪迹。"

民国县志还讲了一个故事:张演昇是一名道士,首倡修了大清桥,羽化后就葬在了桥东首稍北的河岸上,用石头圈垒。坟前竖有一块碑,题刻为"张道人之墓",旁边镌刻的小字写道:"坟在桥在,坟坏桥坏。"因此当地人称其为"神仙坟",但都说不上来为什么把该道士称作"神仙"。到了同治初年,黄河发大水,这座坟一下子被冲得无影无踪。灵验的是,坟没了,桥也果真被水淹没了,再也无法重修。人们这才恍然大悟,相信张道人有先见之明,真的是"神仙"。

另据史料显示,明清年间有逃难的人滞留在北店子黄河渡口屯,起初只有几户人家。这里是济南市(长清县)人去往京城、齐河的必经之路,因此逐渐发展成一个很大的路、河交通枢纽。

大清桥所在位置正处于玉符河入黄河口,旧时运粮、运盐船只川流不息,既是黄河(大清河)渡口,又是玉符河口岸,成为济南地区黄河沿岸除泺口渡口外最大渡口。现在玉符河入黄河口不远处,有一座横跨玉符河的南北向大桥。东边不远处有一座看上去像四座宽厚的桥墩样的建筑,其下面是分开三段的橡皮坝。这是一个水利工程,橡皮坝既能在旱时注水膨胀阻挡住玉符河方向流下来的水，又能在黄河水位高过玉符河时阻挡黄河水，防止倒灌现象。

图 5-2　橡皮坝

中间每个桥墩上有两个狻猊大型石雕像，分别趴卧着朝向玉符河的上、下游。狻猊是传说龙生九子其中的一子，形似狮子，是护法兽，它本喜好烟火，一般出现在香炉上，随之吞烟吐雾，被视为趋吉避凶的瑞兽。有时还让它镇守陵墓、守护宫门和府邸。那么原本是喜欢火的瑞兽，怎么让它蹲守在这里呢？因为始建大清桥时，它们就已存在，"皆铁钳上置，狻猊槛柱"，继续让它卧在这里，应该是希望它能继续起到"威慑"洪水肆虐的作用吧。

最南边和最北边两个桥墩上，也有四只神兽，也是分别朝着玉符河上下游。然而同中间桥墩上的狻猊长相不一样：头部有点像龙，但比龙头扁平些，头顶有一对犄角，身体、四条腿和尾巴上都有龙鳞。那么两边的石雕是什么动物，又有什么含义呢？原来它也是传说中龙生九子的其中一位,叫"蚣蝮"。因为触犯天条被贬下凡,龙王爷让它守护大运河,一守便是千年。千年后,由于守护运河有功,终于摆脱龟壳重获自由。民间百姓为了感激蚣蝮的守护为人间带来安澜,遂也称蚣蝮为"避水兽",还塑了雕像安放在每条大河边的石礅上,以求减少水患,让水"少能载船,多不淹禾",保佑一方平安。

传说中狻猊和蚣蝮都是龙的儿子,它们分别朝向玉符河的东、西方向,威风凛凛,堪称一景。但一般的避水兽都是在桥墩面朝来水方向蹲守,进口为头部、出口为尾部,而此处怎么分别朝向相反方向呢?寓意应该是还能起到不让黄河水倒灌,以造成水患的震慑作用。而像这样在一座桥中,有两种八只"神兽"镇守的情况实不多见,足以说明人们对洪水的恐惧和对水边守护神的敬畏程度。

图5—3　橡皮坝上避水兽

清代诗人查慎行留诗《大清桥》赞道:

风柔自觉轻衫便,山近微嫌湿翠多。

日暮大清桥畔望,一丛春树拥齐河。

如今,大清桥早已成为历史,一座现代化的齐河大桥横跨黄河两岸,封建皇帝的足迹湮没在了历史时光中,再也难以寻觅。试想一下,如果乾隆皇帝有灵沿御道故地重游,看到此情此景,会不会发出感慨,再即兴挥毫留下一首词赋呢?

流经四区玉符河

郦道元《水经注》曰："……济水又东北,右会玉水,水导源太山朗公谷……其水西北流径玉符山,又曰玉水。又西北径猎山(今腊山)东,又西北枕祝阿县故城东、野井亭西。"此"玉水"就是后人所称的"玉符河"。

图5-4 玉符河入黄河口

玉符山即灵岩寺方山,与东面的朗公谷呼应。从实地勘查来看,此水源现只有少数流入历城区八大岭水库后汇入下游卧虎山水库。今玉符河之水有两个发源地:一路发源于历城南部山区黄巢水库周围沿省道103一线和西面八大岭水库之水;一路集历城区东面的锦绣川水库及上游山区之水。二者汇集于卧虎山水库后,往西北流入市中区。再由长清区平安街道境内的橛山东流入长清区,在潘村东复流入市中区;下游经槐荫区至长清区平安街道的四里庄东北再入长清区境,至柳家宅子村北注入黄河。河道全长 85.4 公里,流域面积 751.3 平方公里,在长清区内流长 2.8 公里,流域面积 82.68 平方公里。在此值得一提的是,目前的玉符河在长清只有不足 3 公里,几乎到了可以"忽略不计"的规模,而据康熙版、道光版、民国版《长清县志》的"四境图"和详细记录来看,彼时的玉符河大部在长清境内。据民国版《长清县志》载:长清县"至省城历城县治七十里、至茌平县治九十里、至肥城县治九十里、至齐河县治四十里"。一直到 1958 年,长清东北界还到津浦铁路以西,1960 年才将玉符河周围区域一部分划为槐荫区、一部分划为市中区。据《槐荫区志》载:"玉符河自周王庄入境,至北店子入黄河,境内长 15 公里,全年有水。"另据济南市《市中区志》载:"玉符河发源于历城南部山区的锦绣、锦阳、锦云三川。三川汇入玉符山与卧虎山之间的水库,流出水库后始称玉符河。向北流入党家庄镇境内,经丰齐一带至古城村南,折向西北于北店子村注入黄河。全长 41 千米,流域面积 827.3 平方千米。"因此,真正意义上的玉符河,应该在卧虎山水库算起点。

旧时玉符河下游还有个"蛟拱河湾"的传说:说古时候卧虎三川有一条大蛟,每年两次出卧虎山川西行,蛟拱河湾,兴风作浪,从李庄拱到田庄,从筐李(村)拱到油李(庄)。民谣曰:"蛟拱九道湾,大水翻上天",折腾累了才从开河店往西游入大清河。于是大清河岸边鳞痕遍滩,大坝前大湿地里的坑湾,都是大蛟落下的鳞片。

在此之所以提及流经历城、市中、长清和槐荫四个区的玉符河,是因为它在 60 多年前大部分在长清境内,九省御道正是沿玉符河向东南方向修建的,而康乾南巡从大清桥进入长清境或南巡回京城,走的都是这条御道(东巡除外)。这就意义非凡了。

因此,研究一条 300 年前的道路,不应该抛开当时具体情况,而以现在的行政区界断章取义地进行。

相向而行中川水

　　中川河今称北大沙河,古称中川水、沙沟,主流发源于泰山摩天岭西麓,有3条主支流,20多条小支流及小溪流汇入,经万德、张夏、崮云湖、长清湖,流向西北。后经文昌街道、平安街道的老王府村附近流入黄河。

　　据郦道元《水经注》载:……济水又东北与中川水合,水东南出山茌县之分水岭,溪源两分,泉流半解,亦谓之分流交。半水南出太(泰)山,入汶;半水出山茌县(现长清东半部)……"

图5—5　中川河张夏段

　　中川河主要呈南北走向,基本同百里御道相向而行,偶然有交会。其3条主支流是:东支流分别从青天、拔山、黄豆峪三个村子附近的大山里形成,南面凤凰岭和拔山之水再汇入,顺势而下。这两路分支流组成了占地面积 15 平方公里的武庄水库。中支流从泰山后的桃花峪附近流来,经过马套、界首、店台水库,吸卧龙峪之水,在金山铺与东支流交汇。西支流由坡里庄水库、黄巢寨下的石胡同水库、孙庄水库、田庄水库之水组成,在小侯集附近汇入主流。

　　其实《水经注》只记载了中川河中支流的一部分源头,而西面和东面的源头没有介绍,给人的印象是,这里是唯一源头。这也可以理解,旧时没有航拍技术,更没有卫星定位,能实地溯源求证已经难能可贵了。

　　三条主支流河水汇合后沿 104 国道、顺京沪高铁缓缓向北流淌,又吸纳了东边灵岩寺一带的白杨沟,西边石家屋、黄泉等两路小溪,一路向北。进入张夏后,迎入由华严寺、东西野老等组成的一条规模不小的河流。此河汛期水量充盈,落差大,沿途跌宕起伏,涛声如雷,先后经过葡萄湾、石店等水库向西流入沙河。此时的中川河流量达到顶峰,穿过张夏全境,进入今崮云湖街道的崮云湖。

　　中川河(北大沙河)全长 54.3 公里,流域面积 584.6 平方公里,其中山区面积 475 平方公里,占 81.3%;平原面积 109.6 平方公里,占 18.7%。在长城村东与千里齐长城抄手、在村南和村北与古御道邂逅;向北又分别在金庄南、北两次与古御道交会。中川河沿线与国道 104、京沪高铁、津浦铁路、京福高速公路和古御道等南北大动脉与其相伴达 30 多公里,组成了一道美丽画廊。

炒米店南广惠桥

　　长清区东部的中川河（古称"中川水"）与长清古御道相向而行，偶有穿越。其水源来自泰山及其向北的余脉，按照当时修御道要"逢山开路，遇水架桥"的原则，在沿途建了十几座桥梁，从炒米店向南依次有：广惠桥、无影桥、广福桥、北普济桥、南普济桥、永济桥、广济桥、广生桥、圣济桥等，因河道宽窄不同，每座桥梁规模也不尽相同，但无一不是建于明清时期的古桥，从而形成了百里御道上的绝佳看点。

图 5—6　广惠桥

　　广惠桥是一座大型石桥,位于崮云湖街道炒米店村中,建于明成化十一年(1475)。道光版《长清县志》载:"广惠桥　县东南二十五里炒米店南(旧志)"。该桥长 8 米,宽 2.5 米,高 3 米。目前桥体还算完整,仍在继续使用。上世纪下叶 104 国道建成通车后,交通重点西移,这里没有了车水马龙的景象,成为村中一条主要街道上的桥梁。

　　广惠桥系全石结构,拱形,单孔,虽有少许裂纹,下面很大一部分被淤土所埋,但依然敦壮。上水口刻有避水兽图案,雕刻细腻。

　　在广惠桥东边竖有一块硕大石碑,碑额为"新建广惠桥记",字迹有点模糊,然依稀还能辨认出核心内容。此碑高 2.25 米,宽 0.94 米,厚 0.40 米。碑首有祥云图案,刻工细腻。碑文详细记载了该桥的建设时间、经过和规模。尤其是"明成化十一年"字样清晰可辨。碑阴为建桥时施善者名单。由此算来,这是一座矗立了近 550 年的古桥了。

走桥不见无影桥

　　无影桥,顾名思义,就是一座看上去不大的石桥。其位于今崮云湖街道大崮山下供销社门前十余米处的御道中间,被村民们戏称为"走桥不见桥":因桥是架在壕沟上的,长度 3 米,拱高 2 米,桥洞是近乎三角形的,而桥面则是平整的,和路面连成了一体。没有引桥。也就是说,因桥的体量跨度不大,桥看上去就是平常的路。民国版《长清县志》载:无影桥"在崮山高等小学校前,有三角形石桥一孔,唐尉迟恭监修。有残碑卧土内,字莫能辨。"

图 5-7　被钢筋防护的大崮山无影桥

为了防止行人掉入桥下，村民先用钢筋将裸露的部分排水沟防护住，后干脆用围栏保护了起来，这样将积水一直引到 20 米开外的路旁，从排水沟流经小河，最终流入中川河。这座石桥看上去虽不起眼，但它能一直沿用到今天，并且载入县志，说明它曾起着无可替代的作用，是御道上不可或缺的石桥。

夹河南北普济桥

　　南普济桥位于今张夏街道金庄村南的中川河上,是百里御道上最长也是仅存的一座架在中川河上的大石桥。它是在老桥的基础上于嘉庆年间重修的,桥体为全石结构,既结实耐用,又壮观大气。

　　目前普济桥桥体已不健全,残存的石桥还有 37 个桥孔,全部由青石板垒砌搭建。后来为了减少车辆的颠簸,在桥面上铺了一层厚厚的水泥混凝土。桥墩和桥孔上的石板厚重粗壮,做工也比较精细。由于石板的长度不一,桥孔的宽度也不尽相同,最短的青石板也在 2 米以上,最长的达 3 米左右。桥板的厚度大多都在 0.30 米以上。石桥桥面宽约 3.1 米,高约 1.2 米,残存长度约 90 米。其规模在长清境内同时期的桥梁中是绝无仅有的。

　　现在桥的南端与对岸相距 10 米左右的桥体已完全毁坏,成了名副其实的"断桥"。从残存的桥面长度看,原来的桥长应该超过 100 米。

　　普济桥处在现 104 国道夹河南桥东不足百米的沙河中,与现代桥平行相望,形成一道景观。从构建结构看,桥体基石牢固、石质坚硬、构造合理,如果没有人为破坏,还可保存数百年。该桥已于 2012 年 6 月被定为县级文保单位。

图5—8　南普济桥

　　关于普济桥的记载有点奇特,因为桥的附近没有供参考的见证物,而在今崮云湖街道王家庄南的衔草寺,有一块清代道光年间的石碑却有相关记载。石碑上记载说,在清代嘉庆年间,泰山谷普照寺和尚莲光禅师发誓修建"南普济桥",用了不到三年建成。

　　那么南普济桥和衔草寺相距好几里地,这两个看似风马牛不相及的建筑有何联系呢?据《衔草寺建修佛殿碑记》记载:"莲光禅师性结佛缘,中年入泰山谷普照寺,拜祖心和尚为师,法名先悟,上下莲光,去烦恼发,披忍辱衣,诵《大藏经》,超然世外,身入法门而心存济物。发愿修张夏镇北之南普济桥,不三年而工峻。复托钵募化修北普济桥,其愿宏矣,工费浩大,非钱亿万计不可,未能逮峻。于嘉庆二十二年(1817),四乡领袖禀杨县尊,保举莲光主持衔草寺"。

　　那为何要修两座普济桥呢?原来中川河蜿蜒北上,由金庄村南东流,在村东向北围着村子转了一个大弯后,继而在村北转向西流,后又转而向北。因此这段河流被称为"夹河"。南边有了桥,而村北道路依然被河水阻断。莲光师傅虽想再继续筹资建修北普济桥,其精神可嘉,但实在是工程浩大,再也筹不到足够的钱来修桥了。

也难怪,像如此大的工程别说是 200 年前,就是当今也要耗费不菲的人力、物力和财力方能建成的。

关于南普济桥的修建工程,不仅衔草寺有碑记载,道光版《长清县志》也有存录:南普济桥(在)"北桥南三里许,南距张夏五里许。嘉庆十四年,衔草寺僧先悟即旧址募修,至十六年告竣。"

再查县志,又有新的发现:当年为了感念莲光师傅的功德,桥建好后,众人在桥头还曾专门竖了石碑以志纪念。只是此碑已遗失多年。道光版《长清县志》另载:"(北普济桥)县治东南四十余里,南距张夏八里许。嘉庆十九年创修,道光十二年告竣。"

也就是说,北普济桥在南普济桥建好 3 年后,由众人捐资继续修建,相隔了 17 年才告建成,足见其修桥难度之大。北普济桥建好后,也在桥头树碑立传(《创修北普济桥记》碑文在《金石遗文》中有详记)。从碑文中我们得知:莲光和尚在修好南普济桥后,还在为修北普济桥操劳奔波,但因资金不够,断断续续修了 15 年才将桥建到一半。在外地做官的长清籍官员,感叹这位年过七旬的出家人都能为长清修桥尽心出力,作为家乡人更是义不容辞,遂纷纷捐款,同当地各界同心协力,最后终将这座浩大工程完成。村民为感谢他们的慷慨之行而竖碑记之。

两通石碑详细记录了两座石桥的遭遇及募捐建设过程,观后令人肃然起敬。然而不知道什么原因,二碑现已无从查找,只在道光县志上查到了碑文内容。

金庄村的位置处于中川河的三面环绕之中,村南、村东、村北都被水围着,因此此处的河名叫"夹河",现在 104 国道上又在村南村北各建了一座大桥,分别叫"夹河南桥"和"夹河北桥"。据说原来村北也有一座路桥,只是早已经没了踪迹。

图 5—9　南北夹河桥

　　人们可能还有一个疑问：清代从乾隆之后就少有皇帝南巡之事了，而这座桥是嘉庆年间才建的，原来的御道上的桥呢？据金庄村的村民介绍，由于中川河到了这里河道变宽，河水也很浅，就基本没有激流了。加上修桥需要大批银两，因此就修了"路桥"——也就是"水下桥"。这样旱时是桥，涝时是水下路，既省钱又能在水少时通行。至今在南普济桥东边不远处还残存着一段"路桥"。看得出来，这无奈之举也倒很实用。

　　这座石桥虽然不是建于康乾时代，但其作用不可小觑：它确实是处在古御道上，不仅在旧时是交通枢纽，就是在 104 国道修建前的近 200 年里，也一直保持畅通。保留部分虽经多年碾压，至今仍无断裂，桥体完好。因此对于研究清代长清地区乃至山东及全国的桥梁建筑和交通地理，都具有很高的价值。

广济桥与永济桥

　　在长清百里古御道沿途建的十几座桥梁,一般体量都较大,为御道平添了几分看点。在靳庄村北、土门村南现还保留着一座老桥。有意思的是,由于大桥介于两村之间,土门村人管它叫"寨沟桥",而靳庄村人则称它为"棉豆桥"。其实此桥在长清县志中有记载,名曰"广济桥"。该桥建在从上游的小寺、宋庄、井子等村下来的一条河上,旱时几近干涸,但每逢雨季,滔滔河水,声如雷鸣,倾泻于西边的中川河。故此桥多次被冲毁,又多次重修。

图 5—10　广济桥

广济桥为单孔石拱桥,总长 18 米,孔高 5 米,跨度长 8 米,敦实厚重。虽经几百年风雨的侵蚀,至今完好无损。桥面全部由大块石条铺就,最长的石条达 2.12 米。桥面磨损的程度显出了沧桑,一眼就能看出,此桥有几百年的历史了。然而寻遍桥的周边,始终没有发现碑刻一类证明始修年代的物证。道光版《长清县志》中有相关记载:广济桥"在县治东南七十余里,南距靳庄五里许。乾隆四十二年,高邑侯重修,张夏任国正监工。"据道光县志记载,该桥竣工后曾有石碑立于桥头,现已无考。而乾隆四十二年,即公历 1777 年,算来该桥已有近 250 年的历史了。永济桥已在"金石遗文"篇中介绍,为一座附桥,此处不再做详解。

桥北面的一片高地,是县级文保单位——"土门遗址"。经文物部门考查,这里是周、秦、汉时期的古遗址,曾在此发现过陶片、灰坑和人骨等古人类用品和遗骸,具有很高的文物价值。

其实广济桥在长清还有一处,康熙版和道光版《长清县志》均有记载:"广济桥 县东南三十里。"而笔者根据"县东南三十里"线索查找,始终未果。也许这条笼统记载的桥并不在百里御道上,按旧志的标述范围,此桥应该在今崮云湖街道大崮山附近。在此不再赘述。

万德第一灵关桥

　　义灵关桥旧时称"阴灵关桥",因古代这里是一个重要关口叫阴灵关得名。据道光版《长清县志》载:阴灵关(桥),"县东南八十里即石都寨巡检司所守者。"《长清区志》记载:"元至正间(1341—1368)此地有座阴灵后庙,又是石都寨辖区南去的关卡。明万历间(1573—1620),建村时以庙和关卡命名阴灵关。1947年,有一军官居此,因'阴灵'不祥,更名义灵关至今。"

图5—11　灵关桥

义灵关(阴灵关)桥位于村北约 200 米处,修建在由灵岩寺流下来的一条河流上。从河道两边冲刷的痕迹看,雨季山洪水势非常凶猛。该桥为单孔石拱,长 30 米,孔高 9 米,跨度 4.5 米。桥体敦实,整体完好。大桥北距张夏街道靳庄村 1500 米左右,南距义灵关村 200 米左右,原是长清百里御道的必经之路。

大桥桥面为水泥混凝土铺就,为防止受重不均造成断裂,每隔 3 米左右加一道宽约 10 厘米的铁板,至今路面基本完好。从桥体中央的五角星可以判断出建桥时间不算久远,应为上世纪中叶产物。石拱用大块青石垒砌,桥基十分牢固。

桥栏的一些带花纹的大石块应是出土的过去大户人家坟墓上的石刻,非常精美,这更显示出明显的时代特征。

据义灵关村年过七旬的村民秦元岭老人介绍:这座桥原是木头结构,粗大的东北松做桥体,他小时候曾跟大人去靳庄和张夏从上面走过,后来暴发山洪,桥被大水冲毁了,交通部门就在原基础上重新建了一座大石桥。桥的东北面原是阴灵后庙,规模很大,早先凡进关(阴灵关)去泰山的人,必先进庙烧香,以求一路平安。遗憾的是此庙在整田和修铁路时被完全扒掉了。西面的土堆叫唐山子,传说当年好汉秦琼卖马曾经在唐山子上住过。至今,问起村里秦姓村民是否秦琼的后代,有的笑而不答,有的说很有可能。红土湾因在小河的拐弯处的土崖上全是红黏土得名,过去烧"憋来气"炉子时,人们都来取这里的红土套内胆,非常耐火。

另据史书记载,辛弃疾当年参加耿京率领的忠义军抗金时,介绍义端和尚也加入。但义端不愿受义军清规戒律的约束,心怀不轨,竟窃取了耿京帅印想献给金军完颜雍作为投名状。耿京大怒,要杀辛弃疾。辛弃疾打包票说,给我三天时间,我去捉拿义端,若捉拿不回再治罪不晚。结果辛弃疾追上义端并杀了他,提着义端的首级回报耿京,耿京更加对辛弃疾刮目相看,对他多了几分倚重。长清民间有传说,辛弃疾就是在阴灵关村官道的这座桥上斩杀了义端。

自从上世纪 80 年代初,西面的 104 国道开通后,这座石桥逐渐被人忽略,只有少数不愿绕道的靳庄和义灵关人还偶尔走走。目前这座路桥同京沪高速铁路的一座桥和津浦铁路的两座桥近在咫尺,随时都能看到风驰电掣的火车经过。四座大桥组成了一道绝佳景观。

义灵关大桥虽已被弃用多年,但它在历史上曾经辉煌过,是九省御道上不可或缺的一座重要桥梁,现依然挺拔健壮,还在继续见证着我国东部南北交通大动脉的历史车轮滚滚向前的飞速发展进程。

一桥两名广生桥

　　广生桥在今万德街道店台村中，也是御道经过的一座石桥。广生桥为三孔桥，15米长，近4米宽，桥面也是由大块青石板铺就。最长的青石板近三米。桥下每个孔入水口都雕刻着一颗龙头，出水口雕刻着龙尾——这是古桥的共同特点。老桥虽经数百年的历史沧桑，桥面磨损严重，但没有一块石板破裂，依然稳如磐石。为防止儿童坠落，后来在桥上加上了护栏，虽然有点不协调，但也不失为一种办法。

图 5—12　广生桥

在此桥南临的泰山行宫旧址上还幸存的两块石碑上，记载了该桥内容，然而发现有两个不同的名字：一块是明崇祯时期的"重修碑"，名"碧圣宫桥"（大概因为泰山行宫也称"碧霞元君殿"的缘故）、一块是清代末期（碑文标有时间的面朝下，只能靠石碑的风化程度分析得出结论）的"重修广生桥碑"，名"广生桥"。按照习惯，基本上都是以年代较近的名字为准。再者，从九省御道上其它的桥名来看，叫广生桥也有一定道理：从崮山炒米店向南依次有广惠桥、广福桥、广济桥等，因此，该桥叫"广生桥"就合情合理了。

桥头还有一棵老槐树，看上去相伴古桥有年头了。据 1992 年版《长清县志》记载，此树树龄已达 500 余年了，高度为 10 米，胸径 1.3 米。现古槐树干已干枯，有一个能钻进小孩的大洞。为了防止干枯的树干继续分裂，人们给它打上了"镉子"；伸向一旁的硕大粗枝也开始空心，只好用铁管把它支撑来。

济南大门圣济桥

坐落在今万德街道界首村的圣济桥,是长清古御道上体量较大的也是最南端的一座石拱桥。其为全石拱形结构,单孔,长 15.6 米,宽 7 米,拱高 3.7 米。道光版《长清县志》有"圣济桥,在界首"之记载。建桥时间无考。桥上的石板比较独特:全部由当地的特产花岗石铺就,厚重、敦实,虽经多年碾压,磨损严重,但没有一块断裂,实属罕见。

关于此桥,道光版《济南府志》记载道:"圣济桥在城东南一百二十里。南北往来通衢,乾隆三十三年被水冲塌,邑令李公捐资倡修,有碑记;道光丁亥,邑人宋福昌等倡修,有碑记。"如此说来,圣济桥始建年代至少要推到乾隆年间,并有两次大修记录。到目前为止,乾隆三十三年(1768)修桥碑记没有找到,只查到了道光丁亥碑记。

图 5—13　圣济桥

道光丁亥年即公元 1827 年,也就是说此桥最后一次见诸记载的重修距今已近 200 年了。随着岁月流逝和车辆的增多,石板桥已不适应现代交通发展的需求。为了永久保留住这座老桥,当地政府在维护加固的同时,又为其附上栏杆和台阶,把它打造成了步行桥、观光桥,并在一旁新建了一座石桥。新桥古桥唇齿相依,相得益彰。

界首村处于中川河上游沿岸,大量的河水从泰山后经这里自东向西流过,然后贯穿长清境,流向西北注入黄河,形成一道绝佳风景。近年来,在美丽乡村建设中,村里对河道进行了清理,同时也绿化、美化了岸边的环境。

在圣济桥南头有一棵古槐树,主干部分已经脱皮,这为老桥更增加了几分"古"味。据《长清区志》记载,此树树龄为 1200 岁,树高 9 米,树干胸径 0.77 米,冠幅 12.5 米,属国家一级保护名木。至今古树还很茂盛,成为当地一景。为了保护大树,村里专门垒砌了树池,并在其南边的进村入口处用很粗的铁管设置了两道横杆:一道限高杆,限度 2.5 米,防止超高车辆挂断树枝;一道防护杆,从大树下面托起低垂的枝干,以防枯萎折断。国槐的树身已开始干枯,树皮也有剥离现象,偶尔还能看到几个小空洞。为了防止树身进一步分离,人们用厚铁皮做成六道箍子将其捆绑固定,看上去很让人难受。好在铁皮箍都是带螺丝的,可以随着树的增粗慢慢为其"松绑",也算是一种无奈之举。

界首村位于万德街道最南端,与泰安搭界。长清百里御道就此结束。据《长清区志》记载:北宋时,因村处交通要道,商业繁荣,名界首镇。后称界首。清代,村中设驿站后,名"界首铺"。民国初年,复名界首。界首村自北魏至宋一直处于三个州级区划的分界地。清代,古御道穿村而过。因此,其历史悠久、地理位置险要,守护着长清乃至济南的南大门。而这座古桥和这棵千年古树,就像忠于职守的卫兵,矗立在交通要道中央,见证了这里的千年风雪,世事沧桑。

通灵桥和崇兴桥

通灵桥,顾名思义,就是通往灵岩寺的大桥。虽然此桥没有处在长清南北的百里御道上,但乾隆皇帝历次到访灵岩寺也按照御道标准修了一条路,必须经过此桥,不能说与御道没有关系。通灵桥曾名崇兴桥、崇福桥,是进入灵岩景区后跨过的第一座桥,为宋徽宗大观二年(1108)由灵岩寺高僧仁钦修建。后被山洪冲毁。明嘉靖十五年(1536)重修后,更名为"通灵桥"。桥长41.6米,宽8米,高16米,为传统的石拱桥。桥下砌一个大券拱,用若干弧形石块拼砌而成。900多年来,上边承载游人和僧人来往,下面排泄洪水,发挥了很大作用。现在桥体基本完好,稍有裂缝,但已不堪重型车辆的碾压了。

图 5—14 通灵桥

桥面较宽敞，并排行驶两辆轿车还绰绰有余（碑文记载宽25尺）。这座有着近千年桥龄的大桥有如此宽度是十分罕见的，可见当时灵岩寺的香火是何等的旺盛。

后来为了过机动车方便，上面铺了厚厚的柏油，栏杆基本看不到横梁，两边只露出了石柱子。由于年代久远，不好维修，有关部门又在南面相隔50米左右修建了一座新桥。为了纪念老桥，新桥名字依然称通灵桥。新桥无论跨度、高度、宽度，还是载重能力都要优于老桥，但从建筑工艺上看就逊色得多了。

现在新桥、老桥近在咫尺，共同见证着沧桑巨变。

在老桥西首北侧并立着宋、明两块石碑。宋碑（又称大观碑）阳镌仁钦禅师修建崇兴桥记，王高篆额，碑文是北宋著名画家郭熙之子，知名学者、画家郭思撰，思子郭升卿书石，行书。碑文其中部分内容："……钦公曰：国家设道场，广利益，一以增阐善因，二以资佑国福。方今钦崇祖宗，以本仁孝，吾知国恩者也。愿吾桥成，以'崇兴'为名。即以大观改元十月起役，役至次年九月桥遂成。桥长六十二尺，阔二十五尺，自溪底出溪上高三十五尺，上施屋五楹，旁辟栏楯，编石架空，如砑如豁，翠岩之前，绿阴之下，虹蜿蚪屈，若竞若挐，童不岁劳，客不时病，行不履阽，道不涉迂。以善利济人，以直路指人，以不谢之功施人，以不朽之事遗人。钦公于胜境结胜缘，如此哉……"

碑阴飞白大书"灵岩道场"4个字，为"元丰庚申尚书兵部郎中直昭文馆知军州事上柱国王临毡笔"。立碑时补刻，是灵岩寺名碑之一。此碑风化严重，部分表面已经裂缝脱落。

明碑是嘉靖十七年（1538）由刘祯所刻的重修通灵桥记碑，也有裂纹，字迹还算清晰，详细记载了重修大桥的经过。

通济大道奠山桥

一个时期以来，人们把玉符河桥误以为橛山桥(道光版《济南府志》载"嶰山桥")。橛山桥又名奠山桥，因桥南的橛山曾称过"奠山"而得名。据道光《济南府志》载："嶰山桥，在(长清县)城东三十五里。明德藩创建。巡抚都御史袁懋功、张凤仪相继修建。泰安武举张所存倡募完工。布政使天裔记。"道光《长清县志》"笔架山"条："李白文北走巚崮即此山也，土人呼为奠山，而山阴之桥仍名巚山桥，乃济南入泰安大道。"又"奠山桥"条："在县治东三十五里巚山之北，修造严整坚固，虽亚于大清河桥，亦一方之巨梁也。"足见此桥之壮观。遗憾的是，偌大的古桥因铁路拓宽，被掩盖在路基下，现只剩下几个桥墩。

图 5—15 奠山桥

相伴墩台十二座

墩台是由两个字组成的词:墩指的是坚固的基础,台指的是高起的平台。墩台一般为桥墩和桥台的合称,是支承桥梁上部结构的建筑物。而长清这些墩台,除了两座桥边的外,实则均为重要军事防御设施,具有驻兵防变、传递消息等功能。这些墩台由点连线,相互呼应,以便皇帝巡视时确保沿途安全。平时还承担重要军事防务。据道光版《长清县志》记载:东大路县境共有墩台十处,其中雍正五年抚院塞 题请每墩添盖营房十间,各拨防兵五名,挈眷居住瞭望。嗣后令本兵自行修补。"乾隆五十三年,添设墩台二座。现今墩台十二座,每座建有营房十间、官厅一间、马棚二间、大门一间,仍照例详请修补。"

这十二座墩台均散布在长清百里御道两旁,每座间隔 8—10 里不等,自西北向东南依次为:杨家庄墩台、杜家庙墩台、赵家庄墩台、开山墩台、崮山墩台、沙河崖墩台、太平桥墩台、射虎墩台(靳庄)、广济桥墩台、湾底墩台、长城墩台和垫台墩台等。这些墩台曾使得长

图 5—16 道光县志十二座墩台图

清东部山水更具神秘感,从而也形成了百里御道上的又一绝佳看点。

第六篇

乾隆行宫

清代乾隆年间编纂的《南巡盛典》共收入"名胜"155处，山东"名胜"中行宫数量最多，共有9处，而仅一个长清县就占了三分之一，足见长清百里御道的分量之重。乾隆行宫从格局上看，大小差别不大，构造也大致相同，基本由正殿、万岁宫、皇后宫、太后宫几处院落组成。正殿是皇帝处理公务、召见大臣、举行御前会议的场所。万岁宫、皇后宫、太后宫分别是皇帝、皇后和太后的居住场所。未成年的皇子可在行宫配室内安排居住，大多数皇子及皇亲贵胄均不能留宿在行宫内。行宫所设置的军机处、差办房、御膳房等都是工作人员的值班场所，并非居住场所，除按照既定的安排值班轮守人员外，其他人等均不允许在行宫逗留过夜，要求非常严格。

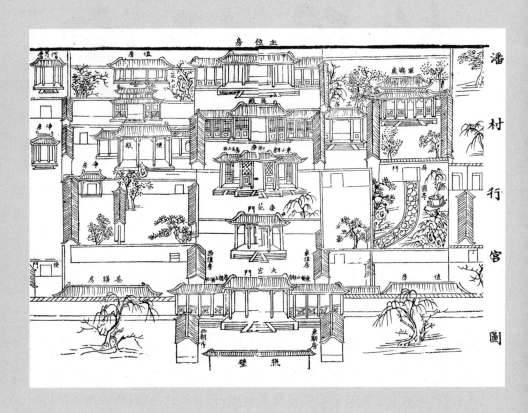

潘村行宫无踪影

　　潘村行宫是乾隆帝出行进入长清百里御道的第一站,无论是巡游先到济南府,还是过大清桥直接南巡,都要途经潘村行宫。据道光版《长清县志》载:潘村"行宫共房屋八十八间,周围垣墙一百二十八丈八尺。乾隆三十年(1765)建立,三十六年重修一次,四十年重修一次,四十五年重修一次,五十五年重修一次。"据《长清县志》《潘村行宫图》显示,行宫四墙高筑,内有五部分:影壁后是大宫门,两边连体有东西顺山朝房,东西延伸有值房和茶膳房;进大宫门后两边是东西值房;进而过垂花门,径直走为屏风门,两边是东西山耳房;再往里才来到寝殿,两边是正房和便殿,这是行宫的中心位置,也是关键部位;寝殿有后门,直通主位房,也是最后面的房屋。从垂花门开始,两边都有通往后面的屏门,东边过圆亭后直达军机处;西边从净房后门过歇山房通往最后方的值房。最西北角是河门房。整座建筑方正规矩,奢华气派,不失威严,尽显皇家建筑风格。

　　因是皇帝亲临之所,外人是不能靠近的,更别说了解里面的结构布局了。多年来,潘村村村民一直把乾隆行宫称作"皇营",凭猜测口传里面有午朝门、金銮殿、军机处等,进去如入迷宫,是个神秘的地方。

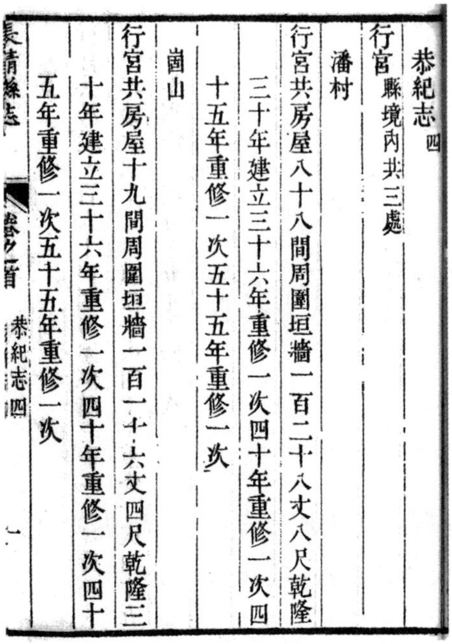

图6-1　道光版《长清县志》记潘村行宫

潘村位于今平安街道办事处驻地东南5公里处,玉符河西岸,崮山西北脚下。据《山东省长清县地名志》记载:"元天历间(1328—1330),潘氏来此建村,以传说村址是官家屯垦之地,命名潘屯村,后称潘村。"清道光版《长清县志·地舆志》载有'东仓·戴保潘村'"。据村中现存经幢上"天宝"字样推测,该村最迟在唐代就已建村。潘村所在的位置是济南到泰安南北大峡谷的最北口,这条道路古有"齐川通鲁"之称,明清以来更是成为北京通向南京的必经之地,民间有"皇道""九省御道"之称。为此,在潘村宽绰之处为乾隆皇帝建立了行宫。潘村是长清百里御道上的第一村,村东之山原名"崮山",乾隆帝嫌其名有失大雅,见山形很像搁置毛笔的笔架,遂赐名为"笔架山"。

潘村行宫的原址位于村子东部,据说行宫的附属设施很全,甚至还设有杀人场。不知道什么原因,如此排场的行宫,乾隆帝于乾隆三十

(1765)、乾隆四十五年(1780)两次南巡路过,但都没有驻跸,只在乾隆四十九年(1784)二月初四,第六次南巡时住过一次,利用率非常低。随着清朝国势的衰退,潘村行宫也逐渐破败下来。后来战乱频仍,盗匪遍地,闲置的行宫本地人不敢进,倒成了土匪们的"聚义厅"。为了村子的安全,村民们自发地将其拆除了。现在遗址多被现代建筑覆盖,遗迹少得可怜了。

据上了年纪的村民讲,紧挨潘村东的一块地,曾经有很多灰砖灰瓦碎片,小时候都叫"乱葬岗子",专门埋夭折的孩子,应该就是行宫遗址。潘村西北进村有石牌坊,然后街道条石铺路,东南出村又是一座石牌坊,都很高大。村西北有一处金字塔形状的巨大土堆,边长有十四五米,记得小时候道路旁还有石马、石羊等,应该是一座大户人家的坟墓。村中尚存的清时古建筑就只剩下"方家宅子"了。据在此居住了60多年的李元年老人讲,宅院是从大伯父名下转过来的,据说是当年"皇营"的营建总管方大人建造的。当年方大人负责为皇帝建造行宫,尽职尽责,建成后的行宫仿紫禁城格式,前朝后宫两跨院,恢弘大气,富丽堂皇,据说乾隆皇帝到此看了十分满意。行宫建完后还剩下一批砖石木料闲置一角,方大人为官清廉,请示宦官如何处理。这宦官也不言语,只是笑着拍了拍方大人的肩膀,意思是"这点东西,你自己看着办就行"。于是方大人便用这批剩余材料在行宫西面建了这所宅院,但始终不敢贪为己有。宅院原先是典型的四合院结构,门厅、影壁、正房、东西配房、后院格式严整。方大人死后,宅院就被变卖给了李家。如今东西配房没有了,门厅也被拆除,只剩下了三间正堂屋。该房屋坐北朝南,条石基,青砖墙,硬山灰瓦,脊角高翘,"三间屋、四架梁、前后门、四大窗",在当时是非常气派的。由于年久岁长,时过境迁,宅院现已风光不再。如此奢华的房屋,也被临街的钢筋水泥结构的高大房屋掩映在了后院狭窄的空间,显得再也不那么自信。只能从大块的墙石和散落的构件来推断当年的辉煌了。

潘村古有"七钟八庙一皇营"的说法,八庙除观音堂外,还有:佛爷庙、三官庙、关帝庙、真武庙、娘娘庙、山神庙、土地庙等。除了山神庙外,其他庙上都有钟,一共七口,其中娘娘庙上的钟只有拳头大小,后来被村中学校当了摇铃。据说佛爷庙规模最大,里面塑有十八罗汉,佛爷莲花座是由八个小人抬着的,很有趣。说明潘村旧时因有乾隆行宫而声名鹊起。

乾隆曾为潘村行宫赐联曰:"举目峰峦惬遥望,甄心翰墨挹清芬。"还留下了"无风和霁晓烟轻,闲冶岚光蓦地迎。今岁春寒迟春事,略传消息到长清"这样清新雅致的诗句。

崮山行宫已式微

　　崮山行宫距潘村行宫约 10 公里左右，位于今崮云湖街道大崮山脚下。据相关史料记载，康熙初年就在这里设了驿站，供康熙一行南巡时休息暂住。乾隆皇帝又于乾隆三十年（1765）扩大规模，建成行宫。乾隆帝每次去灵岩寺、泰山或南巡都要从此路过，并于乾隆二十二年、二十七年两次驻跸这里。道光版《长清县志》载：崮山"行宫共房屋十九间，周围垣墙一百一十六丈四尺，乾隆三十年建立，三十六年重修一次，四十年重修一次，四十五年重修一次，五十五年重修一次"。

图6—2 崮山行宫

据道光县志《崮山行宫图》显示，崮山行宫整体面积仅次于潘村行宫，但房屋面积要小得多。由五个部分组成：大宫门三开间，两边有廊道，挑脊牌楼状，气派典雅；入大宫门为前院，二宫门前有五级台阶，造型同大宫门，只是两边没有廊道，而连接一道院墙，西边留一个便门；进二宫门后中间可直接进三开间的御座房，东有高台上的二起方亭、西为茶膳房，茶膳房最西边又留一便门；御座房两边又各有三小间连体房屋（应为寝室），东面连通二起方亭，拾级而上可进入东北角的歇山楼；歇山楼为二层双檐挑脊，在这里可观赏东面花台里的花草及三面翠绿群山景致，按乾隆的秉性可随时吟诗作赋；出御座房向西北，有台阶过仙台可到六角榭亭，此为行宫最高处。行宫四墙高筑，独具特色，风格有异于潘村行宫。由于西邻大崮山，为了不至于遮住皇家威严，当时建造时突出了花园元素：其后院假山林立，楼亭兼顾，花香扑鼻，世外桃源一般，使人雅趣横生。

为此乾隆帝南巡来到这里时诗兴大发，一口气写下了四首诗，题目叫《小憩崮山叠辛卯韵》，其中一首这样写道：

一卷岂不足称山，半刻停舆趁此间。

迩日陆行平旬久，今朝恰喜见峰颜。

抒发出了他对崮山一带景致及行宫的独有情感。

遗憾的是，现今豪华的行宫早已随着尘风夷为平地，只留下残存遗迹了。

近前仔细探寻，不难找到行宫的残垣断壁。遗址上尚有一处方形石堆，下面松土中半掩着罗列的几块硕大条石，与西边不远处的光明寺大殿的基石极为相似。村民介绍，这几块大条石至少在此百年以上，从未挪过地方，很有可能与光明寺是一个整体，当是崮山行宫的地基或台阶石。

再仔细察看周围，散落或半掩埋着许多砖头瓦块，遍地都是，一看便知是老建筑上的物件。这是乾隆行宫旧址遗物毋庸置疑。

行宫原建在"左青龙右白虎"的绝佳之处，站在六角榭亭上，即可观赏到南面不远处中川河和古御道并驾齐驱的绝妙景色，看到江山如此多娇，一生作诗达4万多首的乾隆岂有不挥毫泼墨之理？

灵岩行宫入盛典

　　灵岩乾隆行宫在灵岩寺甘露泉西不远处,有别于其他两处的是,其建造最早、规模最大、利用率最高。乾隆帝八次幸灵岩,皆驻跸于此。据道光版《长清县志》记载:灵岩"行宫共房屋一百六十四间,周围垣墙三百八丈。乾隆三十年建立,三十六年重修一次,四十年重修一次,四十五年重修一次,五十五年重修一次。"行宫系砖石结构,规模宏大,群山环抱,众泉环绕:左有甘露泉,右有"五步三泉",前有袈裟泉,堪称幽静、雅静、僻静,真是神仙宫殿一般。

　　据道光县志《灵岩行宫图》显示,该行宫坐落于今灵岩寺景区内甘露泉西。进灵岩寺山门,从大雄宝殿后沿台阶东行,北边山崖下是"五步三泉",即卓锡泉、白鹤泉、双鹤泉;继续向东南百米左右,南边到一个泉池,山崖下是袈裟泉,有一尊铁铸袈裟仁立泉边;继续向左环绕,正北不远处就到了行宫外围:首先是高踞数级台阶之上的庞大的大宫门,进门是前院;过三间前后都有门的过堂屋,方到达空旷的中院,左边有一个垂花门,可通往行宫长廊;右边沿路步行数十米,就是甘露泉;甘露泉西面不远处,也就是行宫最东北角有一座爱山楼,寓意不言而喻;爱山楼东面有一亭子曰对松亭,顺对松亭即可爬山游览"深山藏古寺"全景。

图6—3 灵岩行宫

行宫分前院、中院、后院和宫殿四部分：前院临街有一排房屋，应为护卫等人住所；中院是缓冲地带，只有院墙，没有其他建筑物；后院应为乾隆召集众臣处理国事之处；行宫最里面靠山处才是乾隆下榻之所。

纵观整个乾隆行宫，三面环山，面积庞大，建造豪华，富丽堂皇，彰显皇家气派。其周围垣墙比潘村行宫大近两倍、比崮山行宫大近三倍；房屋面积更是数倍于前两处。

行宫外面东崖壁上还有一处崖刻，长2.5米、高0.8米，由于风化严重，内容已无可考究了。

甘露泉位于乾隆行宫遗址东崖下。因自石隙似露珠般流出，清冽甘美而得名，旧有"灵山第一泉"之称，久旱不涸。盛水季节，水自池西壁石雕龙头口中泻出，沿溪奔流，声闻数里。池东侧崖壁上嵌"甘露泉"泉名石刻，为乾隆皇帝御笔。

　　甘露泉泉池边原有一亭子,曰驻跸亭(一说观澜亭),乾隆皇帝每次驾临均有诗作留此,其中乾隆四十一年(1776)《甘露泉》诗曰:

　　　　石罅淙泉清且冷,观澜每至小徜徉。

　　　　设云此即是甘露,一滴曹溪谁果尝。

　　泉池西侧 10 余米岩壁上,嵌有明嘉靖二十七年(1548)山东巡抚彭黯所书"活水源头"巨字刻石。

　　非常遗憾的是,乾隆行宫已倾圮多年,仅存残垣。甘露泉旁的亭子,也只剩下了雕刻精美图案的柱础,实在令人惋惜。再也看不到当年的辉煌景象。如今从林立的柏树缝隙中散乱的青砖及建筑构件不难看出,当时恢宏的行宫是何等壮观。

　　清乾隆二十二年(1757)高宗弘历来到灵岩,此时灵岩行宫刚刚建成,山东地方大吏叩请乾隆皇帝驻跸灵岩。乾隆皇帝熟读《济南府志》等史地著作,对于济北名山以及传说了然于心。驻跸行宫以后,他就有点迫不及待了,站在山前诗兴大发,赋《驻跸方山》:

　　　　济北名山驻玉符,欣于始遇畅清娱。

　　　　梵宫高下罗诸岫,行殿朴淳别一区。

　　　　容膝已安谓多矣,奇观何限讵穷乎。

　　　　润州此去栖霞揽,吉甫均标十道图。

　　并为千佛殿题额"卓锡名蓝"及楹联"奇松尔日犹回向,诡石何心忽点头",同时赐滴水崖名曰"雨花岩",书"雨花岩"三个大字,勒碑建亭。

　　乾隆二十六年通往灵岩寺的御道上建造"灵岩胜景"石牌坊。乾隆二十七年乾隆帝幸灵岩时,书题"灵岩胜境"四个大字。

　　此后,乾隆帝分别于乾隆三十年、乾隆三十六年、乾隆四十一年、乾隆四十五年、乾隆四十九年、乾隆五十五年游览灵岩寺,均驻跸行宫,因此行宫也被辑录入《南巡盛典》一书。

　　其实仅灵岩寺位置幽静,风景秀丽,还不足以让这位乾隆爷这么情有独钟,更重要的是灵岩寺与湖北荆州玉泉寺、江苏南京栖霞寺、浙江台州国清寺被称为中国"四大名刹",并且名列首位。灵岩山上有功德龛,山下寺院内现存的主要建筑包括辟支塔、千佛殿、御书阁、方丈院、地藏殿、大雄宝殿、客堂、钟鼓楼、天王殿及山门等,另有墓塔林、般舟殿、五花殿、鲁班洞等遗址。宋人王逵将其阐释为,集地望之绝、庄严之绝、供施之绝与精进之绝于一身。加上还存唐宋金元明清代的数百块石刻,具有非常深厚的史料价值,在国内寺院亦堪称一绝。明代文学家王世贞曾有"灵岩是泰山背最幽绝处,游泰山不至灵岩不成游也"之说。乾隆帝一生酷爱游山玩水,而这里有名泉佳石可观赏,有历史文化可寻,别有幽雅之美,故每次来巡都为灵岩八景赋诗。由此可见,他对灵岩寺可谓钟爱有加。同时也说明了长清及灵岩寺真的是山清水秀、文化丰盈,一旦亲临就流连忘返。

第七篇

名士先贤

郝琳题

　　长清钟灵毓秀，人杰地灵，御道沿线从古至今不乏祖籍、客籍于此的英才名仕。各历史时期名人名士流传下来的故事，从一个侧面反映了长清东部地区的历史风貌，成为长清历史文化的重要组成部分。文化繁盛和社会稳定是孕育名士的必要条件，也是历史必然。以义净为代表的佛教文化，不仅对长清，乃至对全国都起到了非常大的推动作用；汉代娄敬辅佐汉高祖刘邦的一系列谋略、张良的"运筹帷幄之中，决胜于千里之外"才能的发挥，为大汉崛起奠定基础，二人名字名扬海内外；元曲大家杜仁杰在灵岩寺、莲台山和五峰山都留下了不朽的诗文。像这样的人物还有许多，在此仅辑录少数有代表性的先贤。

求法高僧唐三藏

义净（635－713），俗姓张，字文明，法号义净，齐州山茌（今济南市长清区张夏街道一带）人。唐太宗贞观九年（635）义净出生，他自幼聪慧，七岁时父母送他到齐州城西四十里的土窟寺，跟善遇法师学习。善遇法师佛学功底深厚，在其指导下，义净12岁时就已略窥经史佛理。善遇法师去世后，义净继续跟随慧智法师学习，14岁时受具足戒。他精研律典，沉浸于对法（集论）、摄论、俱舍、唯识诸学。义净久慕法显、玄奘取经的高风，15岁时便萌发了"欲游西域"的志向。

唐高宗咸亨二年（671），37岁的义净从广州出海，经今苏门答腊入印度。他曾巡礼鹫峰、鸡足、鹿苑、祇林等佛教圣迹，又在那烂陀寺修行10多年，游历30多个国家。几经波折，义净于证圣元年（695）返回洛阳，武则天御驾亲临上东门外十里恭迎，全洛阳缁素数十万人，幢幡数万，鼓乐香花相迎，盛况空前。义净赴印度求法历时25年，带回梵本经、律、论近400部，合50万颂，金刚座真容一铺，舍利300粒。他先后在武则天和唐中宗的支持

图7—1 求法高僧义净

下,在长安、洛阳两地设立译场,规格极高。义净译场共持续11年之久,义净虽通晓三藏,但力行专攻律部,译事也着重于律宗经典,使中土律藏灿然大备。译事之余,他谆谆教诲弟子严守戒行,为当时及后世所共赞。据徐北文先生统计,义净一生撰述与翻译佛经共计107部,428卷,与鸠摩罗什、真谛、玄奘称为"四大译经家"。

唐玄宗先天二年(713),义净在长安大荐福寺翻经院去世,享年79岁,法腊59年。长清四禅寺曾有义净真身舍利塔一座,宋代赵明诚《金石录》中载:"右《唐中兴圣教序》,中宗为三藏法师义净所作,唐奉一书。刻石在济南长清县四禅寺。寺在深山中,义净真身塔尚存。"

义净还撰有《大唐西域求法高僧传》和《南海寄归内法传》。

《大唐西域求法高僧传》是一部论述唐朝僧人赴印度求经的历程及事迹的传记,时间从唐贞观十五年(641)到天授二年(691),收入了取经唐僧56人。此外,此书还记载了南亚和印度的地理环境、风俗民情、寺庙建筑等,因而为历代佛家所珍视。《南海寄归内法传》带有浓厚的纪实性,广泛记载所历地区的历史、文化、气候、物产、衣食、起居、风俗、礼节、历法、医药、文字等,填补了中外史书的一些空白。四禅寺在今长清区张夏街道土屋村,遗址尚存。为纪念义净,人们在四禅寺南面不远的通明山下另建寺院一座,命名为"义净寺"。

隐居深山娄敬洞

　　娄敬(生卒年不详),西汉重臣,汉初齐国卢(今济南市长清区一带)人。娄敬是著名的政治家、谋略家,汉高祖刘邦的重要谋士之一,对于汉初政策的制定及西汉政权的稳定起到了很大的作用。

　　秦末为避严刑峻法和战乱,娄敬隐居在今长清区张夏街道东南的高山古洞中。据传,娄敬和张良是至交,始皇帝二十九年(前218),一起谋划过如何反抗暴政,密商刺杀秦始皇,推翻秦朝。未遂后隐居在莲台山。秦末加入农民起义队伍。汉高祖五年(前202),刘邦初定天下,打算定都洛阳。当时娄敬作为齐国的戍卒,正被发往陇西(今甘肃一带)戍边。在经过洛阳时,他穿着破旧的羊皮外套去拜见同乡虞将军,要求面见刘邦。虞将军见他穿着寒酸,想给他

图7-2　娄敬洞

换一套体面的衣服,娄敬却道:"臣衣帛,衣帛见;衣褐,衣褐见。"见到高祖,娄敬直言道,洛阳虽处天下之中,然"大战七十,小战四十",经济残破,民怨沸腾,定都于此,利小弊大;而关中一带地腴民富,且被山带河,地势险要,易守难攻。娄敬的建议得到张良的支持,刘邦最终决定建都长安。

为表彰娄敬,赐姓刘,号奉春君。汉高祖七年(前200),韩王信勾结匈奴反叛,刘邦率军亲征。军至晋阳(今山西太原),刘邦派出使者赴匈奴,探听虚实。匈奴将精壮的士兵和牛马隐藏起来,示以羸弱之师,以迷惑汉朝使者。使者回来皆言匈奴易击,唯娄敬独持异议,指出匈奴将"伏奇兵以争利",认为汉军不可出击。刘邦不听,贸然出击,被匈奴围困于平城白登山达七天七夜,这便是有名的"白登之围"。刘邦用计脱险,大败而归,始信娄敬见识超人,赐爵关内侯,封号建信侯,食邑两千户。刘邦向他问计,娄敬认为"天下初定,士卒罢于兵革,未可以武服也。"建议把嫡长公主嫁给匈奴单于,实行"和亲"政策。高祖于是取家人子名为长公主,派娄敬亲自护送远嫁匈奴冒顿单于。"和亲"之策成为汉王朝对匈奴长期实行的一项基本政策。汉高祖七年七月,娄敬向刘邦提出迁徙关东原六国王族豪富,以充实关中,指出这样"无事,可以备胡;诸侯有变,亦足率以东伐"。刘邦采纳这一建议,并命娄敬负责实施。于是,关东贵族后裔及豪强大族10多万人被迁至关中。娄敬所提定都、和亲、迁豪三项计策,对稳定汉初的政治形势起到重要作用。娄敬和张良一样,功成身退。传说他又回到长清最初的隐居地莲台山,和张良悠游于山林之中,直到终老。娄敬隐居的地方人称娄峪,他居住的山洞称为娄敬洞,洞壁上曾刻有张良、娄敬、范蠡三人之像。

娄敬与张良常在洞前下棋,至今石棋盘尚在。道光版《长清县志》"娄敬洞山"条载:"……前有石棋枰,山中人故摆棋而退,次日观之,枰残矣。"此为二仙对弈的传说。

急流勇退张子房

　　张良(？—前 190 或 189)汉初大臣。字子房,传为城父(今河南襄城西南)人。祖、父为韩国五世相。秦灭韩后,他图谋恢复韩国,从事抗暴活动,交结刺客,在博浪沙(今河南原阳东南)阻击秦始皇,误中副车,未成。后更姓换名,亡匿下邳(今江苏睢宁北),遇黄石公,得《太公兵法》。始皇帝二十九年(前 218),来山茌县(今长清区张夏)会见当地名士娄敬,秘商刺杀秦始皇事宜,没能实现。秦末农民战争中,他聚众起兵反秦,后归刘邦,成为刘邦重要谋士之一。曾劝刘邦在鸿门宴上卑辞言和,保存实力,并疏通项羽叔父项伯,使刘邦得以脱身。楚汉战争期间,刘邦兵败彭城,张良建议联结英布、彭越,重用韩信;提出不立六国后代;又主张追击项羽,歼灭楚军。汉朝建立,封留侯。后来张良急流勇退隐居张夏东山,于是该山被更名为张山,山茌因在张山之下故改名为张下,刘邦曾赞其"运筹帷幄之中,决胜于千里外,子房功也"。传见《史记·留侯世家》《汉书·张良传》。张良被传为汉初三杰之一,他及时功成身退,避免了韩信、彭越等鸟尽弓藏的下场。他去世后,谥为文成侯,后人也尊称他为谋圣。《史记》中有专门的一篇《留侯世家》,用以记录张良的生平。后虽传说他隐入山林,但如何到的莲台山,又如何与娄敬相会,怕是一个永远难解的谜。

图 7—3　莲台山张良祠

　　为了纪念张良,后人在莲台山专门建了张仙祠。民国年间李镜蓉《创建张仙祠碑记》载:"吴越春秋时,范蠡伐吴后易姓名来隐于此,有碑可考。迨汉留侯张子房避谷于此,其对高祖云'愿弃人间事,欲从赤松子游'者,在此也,因名张山。"

农民领袖李玄邃

　　李密(582-619),隋末农民起义领袖,隋京兆长安(今陕西西安西北)人,字玄邃,一字法主,祖籍辽东。公元618年率农民军占据洛口后称魏公,在山茌(今长清区张夏)修筑宫殿。李密是隋朝上柱国、蒲山公李宽之子。以父荫为左亲侍。好读书,尤喜兵法,与杨玄感友善。大业九年(613)参与杨玄感起兵反隋,兵败被捕,于押送途中逃脱,隐匿民间。大业十二年,投瓦岗翟让军,联合附近各小股义军,破金堤关,于荥阳大海寺设伏,击杀隋将张须陀。颇受翟让信任,自统一军,号蒲山公营。次年,克光洛仓,散粮济贫,百姓纷纷来投。众至数十万,占领河南大部郡县。被翟让推为主,占据洛口称魏公,在山茌修筑宫殿,改年号永平。发布檄文,声讨炀帝十大罪状。又攻占回洛、黎阳仓,围困洛阳,败隋将王世充。据守黎阳仓,起用降官降将。皇泰元年(618),降东都越王杨侗,封魏国公。时宇文化及率众自江都北上,受命拒之,复与王世充决战,兵败后入关降唐,封邢国公。不久,反唐出走来到张夏一带准备东山再起。据相关资料记载:李密来张夏时曾营造宫殿,自立为王,招兵买马,并屯兵四十万于柳埠神通寺。当时他南控泰安,北攻历城(即济南),控扼张夏南北通衢、齐川通鲁的战略要地,但不久被部下所杀,葬在今张夏街道诗庄管理区诗庄村西李密洞下。后人在西峪的西山半崖(当地叫二站)建了一座李密庙,庙前有一株白果树,粗半围,高数丈,与旧庙同龄。

图7—4　张夏李密洞

　　说来也怪,在诗庄西山、积峪东山,树林茂密,林中现有一种昆虫是"知了"的近种。其体较"知了"小,周身黑色、双翅、六足。夏秋两季,炎热天气,入林便听见此虫叫声,多时震耳欲聋,其叫声很远便听到"没(音mū)有马""没有马"……它是当地独有的昆虫。相传李密战败后逃到此处,由马童在林下牧马,马童贪玩,不慎将马丢失,四处寻找不得,恐李密责罚,情急之下自缢身亡,遂变此昆虫在林中呼喊"没有马""没有马"……凄惨的牧马故事,也为李密的传说增加了些许神秘色彩。

碑文大家李北海

　　李邕（678—747），字泰和，扬州江都（今江苏扬州）人。唐朝大臣、书法家，文选学士李善之子。李邕博学多才，少年成名。起家校书郎，迁左拾遗，转户部郎中，调殿中侍御史，迁括州刺史，转北海太守，史称"李北海""李括州"。交好宰相李适之，为中书令李林甫构陷，含冤杖死，时年七十。唐代宗即位，追赠秘书监。

　　李邕为唐代著名书法家，从"二王"（王羲之、王献之父子）入手，能入乎内而出乎其外。李后主说："李邕得右将军之气而失于体格。"恰道出李邕善学之处。《宣和书谱》载：李邕"精于翰墨，行草之名尤著。……邕初学变右军行法……既得其妙，复乃摆脱旧习，笔力一新。"魏晋以来，碑铭刻石，都用正书撰写，入唐以后，李邕改用行书写碑。书法的个性非常明显，字形左高右低，笔力舒展遒劲，给人以险峭爽朗的感觉。他提倡创新，继承和发扬古代书艺。苏东坡、米元章都吸取了他的一些特点；元代的赵孟頫也极力追求他的笔意，从中学到了"风度闲雅"的书法境界。李邕能诗善文，工书法，尤擅长行楷书。当时的中朝衣冠以及很多寺观常以金银财帛作酬谢，请他撰文书写碑颂。他一生共为人写了八百篇，得到的润笔费竟达数万之多。但他好尚义气，爱惜英才，常用家资来拯救孤苦，周济他人。他的传世作品有《叶有道先生碑》《端州石室记》《麓山寺碑》《东林寺碑》《法华寺碑》《云麾将军李思训碑》《云麾将军李秀碑》。传世书迹以《麓山寺碑》《李思训碑》最为世人重视。

图7—5　李邕《灵岩寺碑颂并序》碑拓片

据相关资料记载,李邕至少两次来过长清:唐开元年间,李邕曾来张夏、灵岩,在四禅寺、神宝寺、灵岩寺留有一些碑刻。开元二十四年(736)《大唐齐州神宝寺记碣》碑,左侧所刻《佛说密多心经》即为李邕所书。此碑现移至泰山岱庙碑廊。

在灵岩寺大雄宝殿西数50米处,有巨和洞(鲁班洞),原为灵岩寺山门,前秦隐士张巨和曾穴居该处。地洞深邃,后来灵岩开山僧朗公元寂后葬于此,故又称朗公洞。该洞南端西侧镶嵌李邕于天宝元年(742)撰书的《灵岩寺碑颂并序》残碑。此碑碑目首见于赵明诚撰《金石录》卷七,云:"唐灵岩寺颂,李邕撰并行书,天宝元年。"李邕的《灵岩寺碑颂并序》碑虽然已断为两节,并缺失了一些文字,连贯性差,但仍不失为碑刻中的精品,书法艺术价值极高,十分珍贵。对研究书法艺术、碑刻艺术和历史文脉都有很大裨益。堪称国宝。

唐天宝四年,在历下亭内,李邕会见了杜甫,还有李之芳和许多齐州的知名人士。李邕与杜甫把酒长谈,论诗论史,这让杜甫十分感激。就在这次欢宴中,杜甫留下了《陪李北海宴历下亭》诗一首,其中"海右此亭古,济南名士多"成为千古佳句。

据张夏街道提供的信息,唐开元年间李邕还曾为神宝寺撰写寺碑一通,立在小寺村神宝寺右侧,遗憾的是碑文已磨灭不可读。

元曲大家杜仁杰

　　杜仁杰（约 1201—1282）原名之元，号善夫、善甫；后改名仁杰，字仲梁，号止轩、散人。今长清平安街道王宿铺村人。杜仁杰出生于诗书之家，博学多才，诗文并佳，尤喜散曲，"德行文章冠冕南北"，但不出仕为官。金亡后，元代至元年间（1264—1294），屡经征召仍不出仕。后其子杜元素任福建闽海道廉访使，武宗追赠杜仁杰为翰林承旨、资善大夫，谥文穆。

　　杜仁杰的少年时代，是在一个家境优裕、环境优美的家庭度过的，自幼便得到了良好的家庭教育。优越的生活环境，前辈的传教和影响，再加上本人才华横溢，使这位天真烂漫的少年对未来充满着美好的理想和愿望。但是，随着蒙古军的大举入侵，连年在山东烧杀掳掠，广大百姓备受战争之苦，其父又在战乱中含恨去世，他对美好未来的憧憬化为泡影，因此种下了对蒙古军仇恨的种子。

　　元代东平府学影响北方文风甚大，杜仁杰不屑仕进，却依托于崇好文学的东平严氏之门，先后为严实、严忠济父子的幕府宾客。元代蒋子正的《山房随笔》曾载一则杜氏在东平的轶事：杜仁杰为严实同乡，素为严氏敬重。某次有好事者从中离间，二人生隙。杜氏书诗一首："高卧东窗兴已成，帘钩无复挂冠声。十年恩爱沦肌髓，只说严家好弟兄。"严实读罢，深悔其过，复对其敬重如初。

　　杜仁杰在严氏父子礼遇下,对东平儒士有很大影响。仅就戏剧而言,东平培养出许多知名戏曲作家,杜仁杰是一关键人物。他不仅擅长北曲写作,且与剧作家交游。其妹婿梁进之也是剧作家,为关汉卿好友。元代章丘文人、戏曲家刘敏中是杜氏的弟子。杜仁杰一生以在野书生的身份与文坛人物相唱和,元好问、麻革都是其好友。晚年避居山林,除远途游历外,多优游于家乡的泰山、五峰山、灵岩寺间,与全真派道士过从甚密。撰写《泰安阜上张氏先茔记》,记载著名全真道士兼诗人张志伟的生平事迹;还为张氏之师崔道演作《真静崔先生传》,其石刻至今仍在长清五峰山内。金元之际济南一带的宫观道流文献,亦多由其执笔。曾游娄敬洞山,作《娄敬洞洞虚观碑记》;还撰《泰山天门铭》《东平张宣慰登泰山记》和《游灵岩寺》诗等。清人辑有《善夫先生遗集》,今有《重辑杜善夫集》出版,辑录作者诗文、散曲、作品 **47** 篇。

　　杜仁杰生于长清,长于长清。他热爱家乡的山山水水,他把长清看作物华天宝之地。他对长清的名胜古迹更是情有独钟,留下了不少诗文墨迹,现已成为长清非常宝贵的文化财富。他游五峰时,写下《题五峰山》五言古诗一首:"青崖何亭亭,险绝不可状。中有仙人台,曾此簇大仗。千年迹已陈,剪灭复谁创?贤哉王真隐,志欲铲垒障。林中万古滩,手独辟空旷。得非借天巧,毋乃烦鬼匠。向来樵木场,今为锦绣嶂。泉鸣灌木杪,人语飞鸟上。居人固自轻,过客诚难忘。时危乍便静,景胜翻增怆。信宿已过期,久留非涉妄。明日黄尘中,回头失昆阆。"诗中除对开辟道场、营建道观者予以赞扬,对战争给人民造成的创伤进行了大胆的指责外,还对五峰山美丽的山水林木风光作了尽情的描述。

图 7—6　杜仁杰
《张山洞虚观记》碑

晚年，杜仁杰隐居灵岩寺时，赋诗《游灵岩寺》："涧冰消尽水声喧，山杏开时雪满川。老木嵌空从太古，断碑留语自前贤。蓬莱不合居平陆，兜率胡为下半天。金色界中无量在，可能此地了残年。"这是杜仁杰最后的一首诗篇。他隐居灵岩寺，为其秀丽山水风光所吸引，为其悠久的寺观文化所陶醉，并愿在这诗情画意中，走完自己的人生。

杜仁杰死后葬于今平安街道王宿铺村西一带，墓地规模很大，前有高大牌坊，上面刻着"杜征君之神道"，神道两侧有石狮、石马、石狗、石人、龟趺碑等，当地人称其为"石林"，非常壮观。至今在长清区博物馆内还保存着《大元赠翰林院学士承旨资善大夫谥文穆杜公碑铭》碑，对他的一生做了很高的评价。

毁家纾难张耀南

　　张耀南(1901—1974)原名张星寿,字耀南,出生于张夏纸房村一个地主家庭。8岁开始读私塾。1916年,入县立高等小学。1919年,考入教会办的济南济美中学,因反对读圣经、做礼拜被校方开除。1920年夏,他考入曲阜省立第二师范学校,受进步刊物和进步教师的影响,成为一名民主主义者和爱国主义者。1925年冬,他怀着教育救国和振兴实业的理想,回家乡与其弟张澄秋用家中的财产开办农民义学。为办学,他卖掉家里的2.67公顷土地。未及3年,家资耗尽而破产。1928年7月,张耀南发动并带领家乡一带农民2000多人到长清县城与当时军阀张宗昌委任的代理县长边兰舫开展抗苛捐杂税斗争,他被推选为县农民协会筹备委员会主任。不久,因国民党长清县政府对农协不支持,农民的要求得不到解决,他愤然离职。后到县立第一小学(东关小学)任教员,一年后任校长。他聘请思想进步的教师来校任教,经常同一些进步教员一起探讨俄国十月革命和马列主义理论。1932年秋,他冒着风险,邀请留苏学生、当时传闻是共产党员的庄毓英(济南女子师范学生),来校传播俄国十月革命和中国革命理论。抗日战争全面爆发后,他联络全县9个县立小学的校长,为抗日经费问题同当时国民党县教育科长王辑五进行斗争。1937年10月,经本校教员董荣轩介绍,他参加中国共产党领导的"中华民族解放先锋队"。是月,任长清县各界人民抗敌后援会会长,联系进步学生,组织抗日武装力量。不久,经魏金三、夏页文介绍,他携带几支大枪及部分捐款来到南坦山阎家楼,同中共党组织取得联系。1938年2月,长清县第一支抗日武装部队"山东抗日救国军"在七区马湾庙正式成立,设军事委员会,他任军事委员会委员长。2月下旬,部队改编为山东西区人民抗敌自卫团第四大队,他任参谋长。5月,部队改编为山东省第六区抗日游击队第十支队大峰山独立营,他任营部副官。是年10月,他任长清县抗日动员委员会主任,搞武器、筹粮款、拉队伍,开展统一战线工作,并动员全家参加抗战。张耀南是大峰山抗日根据地的主要创始人之一,为大峰山抗日根据地的创立做出巨大贡献。1939年1月,经吴力践、孟可铭介绍,他加入中国共产党。3月,115师师部任命他为大峰山武装工作团团长。6月,被选为长清县第一任抗日民主政府县长,并兼任大峰山独立营营长。1939年12月,他当选为泰西专员公署第一任专员。1940年,当选为解放区出席全国国民代表大会代表。1943年初,泰西、运东专署合并为泰运专署,他任泰运专署专员。1946年年底,两公署又分开,他仍任泰西专署专员。新中国成立后,张耀南先后任山东省泰安专区副专员、山东省卫生厅厅长、党组书记,山东省林业厅厅长等职。曾当选为中共山东省第一、二届代表大会代表,山东省第一、二届人代会代表。

1959年,他主动要求到泰山林场任场长,决心把泰山建设好。1962年,组织上对其"右派"问题甄别改正,决定恢复其卫生厅厅长的职务,他婉言谢绝。不久,山东省创办社会主义劳动大学,他主动要求把三分校设在泰安,自荐兼任校长,为农村培养一批发展农、林、牧业的人才。1974年10月5日,他因病医治无效,在泰安去世,终年73岁,葬于长清烈士陵园。

图7-7 张耀南铜像

第八篇

逸闻趣事

　　众所周知,乾隆皇帝风流倜傥,才高八斗,一生留下过许多逸闻趣事,其中有的史书记载过,有的只是道听途说,有的甚至口口相传得有点离谱。试想一下,这位一生不是在出巡,就是准备出巡的"马背皇帝",在民间留下一些传说故事是很正常的事。本篇围绕御道沿线还辑录了其他几个名人雅士的逸闻趣事,多为县志或史书记载,真实也好,杜撰也罢,都是多年来流传在长清百里御道边的趣事。

乾隆九过不入济

　　乾隆非常喜欢游山玩水,曾有过数次浩浩荡荡的外出巡游之旅。他一生共十一次去泰山、八至灵岩、六次南巡,每次都要走长清百里御道,可以说是对山东、对长清情有独钟。按理说长清与济南近在咫尺,那里又是人杰地灵的城市,以乾隆酷爱吟诗作赋的脾性,应该对此地很感兴趣才是。可他却只到过一次济南,而此后无论南巡还是登泰山,总是匆匆而过。有时还有意舍近求远绕道走,再也没进过济南城。其中有什么缘由呢?

　　这与一个女人有关。这个人堪称他一辈子最在乎的女人——乾隆的第一位皇后富察氏,也是他的嫡妻。富察氏出身于满洲镶黄旗,即上三旗中的首旗,该旗由皇帝亲统,地位尊贵。她从小就接受了良好的正统教育,娴于礼法,通晓诗词书画。长成少女时,姿容窈窕,端庄文静,是一位标准的名门淑女。雍正五年(1727)的一次选秀女时,16岁的富察氏被弘历的父亲雍正皇帝选中,并被指配给已秘定为皇储的皇四子弘历为嫡福晋。她姿容出众,性格恭俭,通情达理,与乾隆生母(皇太后)相处也很融洽,被誉为有清一代贤后。富察氏同乾隆的感情一直很好,为乾隆帝生下了多个子女,其中长女、皇子永琏和永琮不幸先后早夭。此后她精神就一直非常消沉。乾隆不希望她整日沉浸在伤心事里,便千方百计地想让她振作起来。一天早上,乾隆前往看望富察皇后,突然发现她的精神格外好,让人感到很惊讶。富察皇后向乾隆讲:昨天做了一个梦,在梦中看到了一位神女,定睛一看,原来是泰山上的碧霞元君。碧霞元君看到她之后,向她连连招手,叫她上跟前来。皇后就向其允诺日后一定要去泰山进香还愿。乾隆皇帝看到皇后的精神终于好了起来,非常高兴,便决定带着她前往泰山,一路上让皇后游目骋怀,排解心中的悲伤之气。

乾隆十三年(1748)二月,乾隆皇帝特意带着自己的母亲皇太后一起到山东巡视,自然,富察皇后也一同出行。路途很顺利,他们在运河上坐船经德州、东昌府、济宁到曲阜拜谒孔庙、爬了泰山,返回时从长清百里御道又到济南游览了趵突泉、大明湖、珍珠泉等。这次出游在山东待的时间很长,皇上和皇后携手赏景,内心很是欢悦。然而天有不测风云,富察氏在济南突然生了病,并且很严重。本来乾隆想等她身体好转之后再回京城,可富察氏说出来太久了,不想因个人的私事而耽误了国事,催促乾隆还是按原计划返程。乾隆无奈,只好按照皇后的意思起驾回京。

让乾隆没想到的是,这一次的妥协竟然付出了沉重的代价。史书记载:三月初三,乾隆一行人改水路经大运河坐船起驾回銮,到了三月十一日,驻跸德州行宫;第二天,富察皇后病情加剧,不久便香消玉殒了。据推测,可能富察氏之前已感觉到自己病入膏肓,为了不让乾隆担心刻意隐瞒了自己的病情,所以后来乾隆才会觉得她死得太突然。

乾隆皇帝对富察皇后用情极深,皇后的猝然离世,对他是一个难以承受的打击。回京之后,乾隆极度消沉,陷入悲痛之中不能自拔,以致于辍朝罢政,不见臣工。他很长一段时间都无法接受这个现实,因此济南就成了他的伤心地,发誓此生再也不进济南城。果然,此后九次路过济南都没入城。

乾隆当政时,正值"康乾盛世",国库充裕,在富察氏葬礼的花费上,他让户部拿出白银三十万两,把富察氏的遗体从宫内移到了景山观德殿(清朝的帝后棺木暂时存放处)。可能是嫌地方风水不好,他又下令挪建了观德殿,一下子花费了近万两白银。在此期间,富察氏的遗体是被暂时放在静安庄的,可乾隆却觉得静安庄殿堂太小了,又令人重新扩大规模。单这一项就耗费白银九万三千两。

或许在乾隆心里,无论多么辉煌的殿堂都配不上富察氏,所以才在富察氏死后不断为她花费巨资;也可能乾隆是想让自己的皇后走得风光一些,以表夫妻一场的无限哀思。乾隆帝还为年仅 38 岁就离开自己的富察皇后亲定谥号"孝贤"。

乾隆皇帝一生之中不止一次地后悔当初实在不该仓促离开济南回京。若在济南城中多逗留几日,让富察皇后静心调养一下,等待身体好转了之后再走,也许她就不至于在半路上殒命。因此山东之行,最终成了他心中永远的痛。

过了很长时间,乾隆才缓过来,他专门作诗悼念富察皇后:"廿载同心成逝水,两眶血泪洒东风。早知失子兼亡母,何必当初盼梦熊。"前面两句很好地表达了乾隆那种肝肠寸断的思念,十分动人;后两句是说,如果我有预知能力,提前知道失去两个皇子对皇后的打击会那么大,当初就不会那么心心念念地要孩子了。

乾隆三十年(1765),乾隆一行第四次南巡,路过济南直奔灵岩寺。乾隆在行宫静下心来又触景生情,写下了一首非常悲痛的诗:"四度济南不入城……十七年过恨未平。"从这短短的两句诗中我们也能看到,乾隆对于富察皇后在济南去世这件事情依旧难以释怀。

这还没完,乾隆四十五年,乾隆皇帝第五次南巡来到山东,依然过济南而不入,只是远远地观赏华山、鹊山,感慨道:"昔曾一驻济南城,过弗入徒余恨生。卅里近途只嫌远,卅年别意未能平。"

乾隆四十九年(1784),乾隆皇帝第六次南巡进入山东,再过济南,依然不入城。写道:"八度经过弗入城,未为禅理契无生。柳烟解令遮人远,莲性久应阅世平。"

乾隆为了心上人,九过济南而不入的事情的确让人感到不可思议,毕竟在人们的印象中,这位皇帝一直都是一个风流倜傥且多情的角色。但他对富察皇后的这点,确实是他一生的白月光。这份情,令人感动。也许,他八次驻跸灵岩寺,并屡登泰山,都是在以另一种方式对已故皇后寄托情思吧!

两任巡抚修仙井

炒米店,位于今崮云湖街道办事处的开山脚下,是个十分古老的村庄。因早年间人们没有勘探打井技术,加上这里地势较高,吃水非常困难。过往行人、车马至此歇息,最头疼的事就是缺水。到了明末清初,一条皇家御路穿村而过,村人在御路两旁开设了几十家店铺,常以炒米为食,人们便将这里称为"炒米店"。慢慢地演化为村名。

康熙三十一年(1692)秋,时任山东巡抚佛伦去曲阜视察路过此地,问及当地疾苦,灵岩寺下院僧人永泰即以无水告之。问及地名,告曰"炒米店";又问为何称"炒米店"? 告之乃因缺水和面,只好炒米充饥。佛伦听罢对永泰说:我为你们凿井找到泉水,就可以把这个不雅村名改了! 遂命长清知县巴柱朝负责办理打井事宜。巧了,济南府同知戴圣升任济东泰武临道道员,他精于堪舆之学,观察此处地形后,找到一个稍微低洼处,用树枝画了一个大圈说:"在此处挖六丈多深,就能凿出泉水。"可打井需要花钱啊! 村里除了个别开店的人家还少许富裕一点,其他大多庄户都一贫如洗,更别说再集资打井了! 佛伦知道让村民捐钱不可能,于是,他就召集村上的百姓在准备打井的地方开会,说:"此地下有水,你们就在这儿打井,完工后本官按挖出的石碴和沙土给你们支工钱。"给自己打井吃水,巡抚还要支付工钱,这可是天大的好事儿呀! 于是,村人齐力凿石挖泉。

兴工不久,佛伦升任川陕总督。临赴任前,他叮嘱继任山东巡抚桑格千万不要半途而废,继续凿井,事成后兑现工钱还是由他来出。就这样,省司、济南府官员亲临工程现场监督施工。可费了九牛二虎之力,井筒都凿至十二丈深了,还是不见泉水,人们不禁心凉了半截,怀疑是勘察出了问题。济东泰武临道道员戴圣坚信下面有水源,就让人用箩筐拴上绳子把自己吊下井去亲自探查。下到一半深时,他用锤子敲敲石壁,又贴上耳朵细听,果然听见石壁内有流水声,便用笔在此处做出标记。上去后命工匠在记号处凿一大孔,泉水必出。果然刚凿出一个小洞,一股清泉便汩汩涌出,继而强大的水柱差点把工匠师傅冲走,一会儿井内蓄水就达五六丈深。

这下炒米店终于解决了困扰多年的吃水问题。为感念佛伦爱民之心,村民没有收他给的工钱,并将此井泉取名为"佛公井"。不知从什么时候起,大概是把佛伦当成神仙了吧,当地百姓又把此井改称"仙井"。由于有了水,村里人再也不用天天炒米吃了,多年的老光棍也都娶上了媳妇,男少爷们儿永远也难忘佛伦的功德,就商量着报请县府衙门把炒米店改成"佛公店"了。

过了不久,炒米店人又自发捐资在井旁立了一块高大龙头石碑,上书"佛大老爷创始,桑大老爷告成",中下方刻"仙井"两个大字。遗憾的是上世纪中叶石碑被人推倒,只因碑体高大厚实,用大锤也没砸坏,侥幸保存了下来,静静地躺在井旁地上。

据说"佛公店"一名被人叫了将近三百年,直到 1949 年,才把名字改回了"炒米店"。随着人们环保意识的增强,村里专门为水井修盖了房屋,并在井房的门门楣上刻上"饮水思源"四个字,以表达对佛伦的感念之情。而台阶上还残留有"长流"字样的刻石,没有查到具体雕刻年代。

为佛公井盖上屋后,村民们曾把石碑重新立在井边,并在碑棱处刻字纪念。但不知何故又被人强行推倒。村两委会只好把碑移至泰山行宫院内保护起来。

目前古碑仍身首异处,井旁只剩下碑帽和碑座。

没有入宫称"皇妃"

　　相传乾隆二十二年(1757)，乾隆皇帝再次南巡，阵势非凡、热闹至极。后宫嫔妃、王公贵戚、文武官员前呼后拥，沿途百姓在路边、河边一跪一片。那是人山人海，万人空巷啊！一日，乾隆的车马队浩浩荡荡从大清桥进到长清地界。沿御道向南途经申家庄时，人们的目光被村里一户姓崔的住宅所吸引。崔员外是村中的大户，院落就在御道边上。只见他家大门用青石板垒砌，上边刻着精美的花纹，门楼上还垛了一层小楼，很有气派。崔家有一个女子，刚好二八一十六岁，长得出水芙蓉一般，被一家人视若掌上明珠。但那时大家闺秀讲究大门不出、二门不迈，只能待在绣楼上。小崔姑娘出于好奇，踩着板凳扒着墙头偷看皇上的车马队。此时乾隆皇帝见车队慢了下来，就掀开御辇窗帘向外张望，恰巧发现了面如芙蓉眉如柳的崔姑娘那张俊俏的脸。乾隆皇帝命人将该女子带到车前问话。那沉鱼落雁之容，闭月羞花之貌的小女子，简直就是活脱脱的一个美人坯子，乾隆看了好生心动：这宫里每年都到民间选妃成千上万，怎么就落下这么标致的佳人？崔姑娘自小受得良好教育，知书达理，落落大方，她忙向皇上行礼谢恩。乾隆虽有怜香惜玉之意，但顾忌身份特殊，何况又是在大街上，他向陪同左右的和珅微笑道："和爱卿，起驾吧！"顺便又看了一眼崔姑娘。这和珅是谁？是乾隆爷肚子里的蛔虫，他忙上前对追上来的崔父说:"该女子已被皇上看中,待日后派人来迎。"崔家老小忙跪下磕头,口呼"吾皇万岁,万岁,万万岁!"

再说崔家女儿被当今皇上看中后,一家人心中甚是高兴,这可是天大的喜事!于是乎,亲戚朋友、街坊邻居都来贺喜。崔家吹喇叭唱戏,摆酒请客,连续热闹了三天。等送走了客人,感谢了乡亲,收拾好庭院,崔家人才有时间坐下来憧憬着美好未来:等皇上从南方回来,朝廷会派人打着旗罗伞扇,骑着大马、抬着八抬大轿、敲着锣鼓、端着圣旨来到崔家大门前,高声喊道"圣旨到!崔乡绅接旨:奉天承运,皇帝诏曰,宣崔氏进宫,封妃娘娘"云云。然后成排的礼宾卸下几大车金银财宝,老妈子把闺女扶上轿子浩浩荡荡地抬走了。等再见到女儿也不能论辈分了,而是下跪叩头,口中喊着:"娘娘千岁、千岁、千千岁……"

想到这,崔乡绅不由地笑出声来。

此后,崔家把女儿真的当成皇妃娘娘侍奉着,教她宫里的规矩和做女人的秘密,一心为她入宫做准备。可家人们满怀希望地等啊等啊,一等不来,二等不来,三等还是没来。眼看着姑娘青春年华慢慢消逝,家人心急如焚,可又不敢主动去京城催问。关键是这皇上相中的女人更不敢随意嫁给别人。真是把崔乡绅愁坏了。崔家何曾想,乾隆皇帝南巡后,从大运河坐船回了京城。此后天天忙于朝政,加上后宫佳丽三千,天天换都轮不过来,早已把崔姑娘一事忘得一干二净。这崔姑娘一辈子也没等到来接她去做妃子的圣旨。长期的煎熬、郁闷,使她未老先衰,一张俊俏的脸慢慢地变黄变暗,才二十几岁就过早辞世了。

女儿去世后,崔乡绅知会了长清县衙。这在县里也是个大事啊,县衙报到济南府,一级一级上报到了京城。当时的军机大臣兼户部尚书是和珅,他只顾拍马溜须,哪还想着有这么一档子事?但下边报上来,他又不敢隐瞒,于是奏明乾隆皇帝。乾隆猛然想起此事,心中甚是懊恼和后悔。他严令和珅妥善处理,同时给崔家下了道圣旨:一是追封崔姑娘谥号"崔妃";二是命画师为崔妃画"妃影"以留存纪念;三是褒奖崔乡绅教育子女有方,赐黄金百两,珠宝、布帛若干。

　　崔乡绅本来因失去女儿悲痛万分,但无奈圣上威严敢怒不敢言,而突然接到圣旨后又破涕为喜。不管怎么说,闺女也算是有了名分,崔家也成了皇亲国戚,于是又一次大摆三天宴席,敬迎圣旨、感恩皇上。全村人又跟着沾光,喝酒听戏,热闹了三天三夜。

秦王解困白皮关

　　大岗山村古时候先后曾有过"白马店""白皮关"等名,这里左山右河,自古就是南北交通要道上的一大关口,唐朝初年曾发生过一场著名的战役。

　　唐武德五年(622),就在朝廷刚刚打败了王世充和窦建德两大枭雄,统一了整个北方的时候,窦建德的部将刘黑闼,忽然在河北省衡水市一带,再次起兵造反。令人意外的是,刘黑闼起初不过千余人,但在接下来的短短几个月之内,他就带着这千余人,横扫朝廷数十万精锐大军,攻下了河北、河南、山东等地。随着势力的不断增强,刘黑闼不但很快恢复了窦建德之前的全部地盘,甚至开始威胁到唐朝的命运,让原本有望统一的大唐,又陷入生死存亡的紧要关头。

　　唐高宗李渊急命齐王李元吉剿灭刘黑闼部,但李元吉畏其兵强不敢东进。朝野震动,朝臣多主张秦王李世民领军平乱。李渊又封次子李世民为天策上将军,率十万大军攻打刘黑闼。

　　这刘黑闼是何许人也?他少时与窦建德为知己好友,隋末从郝孝德起义,后参加瓦岗军,李密败后,为王世充俘虏。后逃回河北,依附窦建德,封汉东郡公,以骁勇多谋著称。窦建德死后,刘黑闼召集窦建德旧部起兵,后自称汉东王,年号天造,建都于洺州。秦王李世民带兵复取相州,进至洺水沿岸,败刘黑闼兵。双方几经拼杀,展开拉锯战,在山东白皮关,李世民被刘黑闼数倍兵力围困。他退至白皮关北面的宝泉山上,一面在山上筑寨整顿军队,一面派大将秦琼杀出重围,求救兵增援。齐王李元吉和幽州总管罗艺援军迅速赶到,两面夹击,把刘黑闼击退。太子李建成和弟弟李元吉乘机率大军一路追至饶阳(今河北饶阳东北),在洺州彻底剿灭了刘黑闼。

李世民登基当上皇帝后,认为是白皮关的神灵保佑他渡过难关,转败为胜,当时修山寨还得到了当地百姓的大力援助。为感恩,就在白皮关敕建了"青云观""光明寺""官道""官井"等,并拨款在大峰山山顶建了一座玉皇庙。

李世民曾被围困的山寨,也就是现在的大峰山村北宝泉山上的唐王寨,至今还保留石屋一百余座,皆用青石板叠涩垒砌,鳞次栉比。山寨位置险要,是理想的屯兵之所,并有点将台、天水池、一夫当关的山门等,彰显出李世民排兵布阵的军事天才。

和尚筹资修石桥

　　长清百里御道从大清桥直通泰山，到大崮山后，中川河与其相向而行，忽左忽右，时有交汇，故在古御道上建有十几座桥梁，根据河道的宽窄，各座桥梁规模也不尽相同，大都是建于明清之前的古桥。

　　张夏金庄村南夹河上的普济桥，就是其中的一座。其桥体全部由青石板垒砌而成，既结实耐用，又壮观大气。与其它石桥不同的一点：这是一座由和尚筹资修建的桥。据道光版《长清县志》载：南普济桥"北桥南三里许，南距张夏五里许，嘉庆十四年，衔草寺僧先悟即旧址募修，至十六年告竣。"

　　那么这座石桥为何由一个和尚来筹资修建呢？我们在今崮云湖街道王庄南的衔草寺旧址的一块清代道光年间的石碑上找到了答案。石碑上记载说，在清代嘉庆年间，泰山谷普照寺和尚莲光禅师发誓修建"南普济桥"，用了接近三年时间方建成。

　　事情的经过是这样的：莲光禅师中年入泰山谷普照寺出家，拜祖心和尚为师，法名"先悟"。他"上下莲光，去烦恼发，披忍辱衣，诵《大藏经》，超然世外，身入法门而心存济物。"一日，莲光禅师因佛事来到张夏金庄村，被中川河挡住了去路。踌躇了一阵儿，看到有行人挽起裤腿提着鞋子过河。他纳闷：这些人难道不怕水深被淹死？再细看，原来在清澈的河水下面隐隐约约发现有一座四五尺宽的水下石桥。他明白了：这是一座"路桥"，（也就是"水下桥"）。问路人，被告知：中川河在这里绕了一个大弯，河道变宽，河水也很浅，平时季节没有急流，桥体自然露出；雨季也能涉水通过。这样旱时是桥，雨季也不挡水流。加上河流在金庄村南东行，到村北又返回来西行，把御道截为三段，因修桥需要大批银两，同时建两座桥就更不现实了，只好修了"水下桥"。这也实在是无奈之举。莲光和尚想：出家人以慈悲为怀，解百姓之难，应是分内之事。自此，他开始了漫长的修桥之举。但巨大的工程，仅靠四大皆空的和尚一己微薄之力是非常非常困难的。他又返回到泰山，千方百计地多方筹集钱款。附近村民闻讯，也慷慨解囊，捐献了一部分。当修桥的钱筹措得差不多时，莲光和尚又四处寻找工匠设计筹建，开工后他日夜在工地上操劳，可说是呕心沥血。终于用了近三年时间建修了这座全石结构的大桥。

再看这座石桥，桥墩和桥孔上的石板厚重粗壮，做工也非常精细。由于石板的长度不一，桥孔的宽度也不尽相同，中间水深的地方跨度大、两边水浅的地方跨度小，有利于及时排水。最短的青石板2米以上，最长的达3米左右，桥板厚度大都在30厘米以上。石桥桥面宽3米多，高约1.2米，长度约100米。桥的体量在长清境内御道上同时期修建的桥梁中是绝无仅有的。那取个什么名字呢？众人合计，既然莲光是和尚，出家人以普度众生为本，就叫"普济桥"吧。

桥修好了，新的难题又来了：金庄北面还有一座"水下桥"也需要修建。可这里的河面比南面的更宽、水更深。莲光师傅虽想再建修北普济桥，但实在是工程浩大，再也筹不到足够的钱来修桥了。即使这样，张夏、崮山一带的百姓还是非常感念莲光禅师的宏大善举，于嘉庆二十二年（1807），纷纷推荐并报请县令让他到衔草寺做了住持。后人为了纪念他，在桥头立碑《重修南普济桥碑记》（道光版《长清县志》有载），遗憾的是该碑已无寻，好在今在衔草寺还有碑刻文记述了他修殿建桥的事迹。

另据道光版《长清县志》载：北普济桥"县治东南四十余里，距张夏八里许。嘉庆十九年创修,道光十二年告竣。"并也立碑《创修北普济桥记》,如此算来,莲光和尚的夙愿终于在做了衔草寺住持十五年后得以实现,足见当时修北普济桥的难度之大。

至今在普济桥东边不远处还残存着那段原来的"路桥"。看得出来,这座桥在没有车辆和那么多行人的年代也倒挺实用的。

日辉月映鸡冠山

鸡冠山,顾名思义,是因山形似鸡的冠子得名。其位于今张夏街道井字坡村东北,海拔369米,坐东面西守在御道东边路旁。

鸡冠山西南面的山坡上有一个很旺的山泉,能供全村人饮用,村民取名井子坡泉。多少年来,泉名即村名、村名也是泉名,都称"井子坡"。据《长清区志》记载:"明崇祯间(1628—1644),王氏八世祖传方由车厢峪迁来建村,以村北山坡上有山泉,命名井子庄。清中叶,始名井子坡。后来误写作'井字坡'。"过去雨水丰沛,井子坡的泉水长年溢出井口,随意流淌,不仅满足村民的吃水,还能引到田地里灌溉庄稼。

图8—1 鸡冠山

　　说起鸡冠山,还有一个神奇的传说:300多年前,鸡冠山下紧挨着井子坡泉南边住着一个老汉,每天晚上他都听见屋后有"咕咕咕"的鸡叫声,可是一到白天却怎么也不见有鸡出现。老汉感到非常奇怪。一天晚上,明亮的月光下,他顺着鸡叫的声音到家后面想看个究竟。见一只黄色母鸡在饮用井边的泉水,喝饱后再用翅膀在水里扑腾几下,直到把翅膀的羽毛全弄湿了才掉头往山半腰跑去。老汉便跟了去想看个明白。母鸡在一个小山洞前停了下来,一群金黄色的小鸡见鸡妈妈回来了,就出洞啄食鸡妈妈翅膀上的水分。老汉看到这群可爱的小鸡,明白了一切。心里顿时对鸡妈妈的行为产生敬佩感。他没去惊动它们。此后老汉每天天黑前提着一个小瓷罐,送些水过去,并把省下来的粮食撒在山洞前,供鸡食用。天长日久,这群鸡就和老汉成了朋友。一天,老汉家来了一位远房亲戚,称老家遭了水灾,想在他家里暂住些时日。老汉是位热心肠,就把这位亲戚留了下来。正在这时,县里接到朝廷命令,要百姓们到北边不远的大崮山给皇帝修建行宫。因老汉是个石匠,自然也被列在出夫名单里。他临走前,便把喂鸡的事委托给这位亲戚,并嘱咐他鸡食可以少送点,因为山上有草种子和昆虫可以供它们觅食,但一定不能忘了送水。每天黑天以前只管放在洞口就行。谁知这个亲戚是个贪财的小人,当他给鸡送水米的时候,发现这群鸡不是普通的鸡,而是一群金鸡。他想,如果能得到金鸡,就会有享不尽的荣华富贵。于是他贪心顿起,把老汉的话早忘得一干二净。一天晚上,他把水米放好后偷偷地躲在山洞旁边,正当母鸡领着小鸡出洞食用时,他猛地扑向老母鸡。小鸡们一惊都赶快跑回洞内,只有母鸡来不及回洞,就一口气跑到了北边崮山行宫的建筑工地。老汉正在砌垒石墙,忽然看见母鸡惊慌飞来,知道它一定是遇到了不幸的事,就立即把老母鸡保护起来。那个亲戚追过来,藏到暗处,等待时机再下手。但他看到母鸡和老汉形影不离,又怕老汉发现,就只好丧气地回去了。此后,金鸡就在周围"咕咕咕"地叫着,与老汉砌墙、雕砖、打石的声音相呼应。终于赶上工匠轮换,老汉很快同母鸡一起回到山洞前,与多日不见的鸡崽们团聚。而那亲戚自己感到羞愧,不辞而别回了老家。

后来人们便把鸡冠山的那个小石洞称为"金鸡窝"。不知道从什么时候起,这座山的形状也越来越像一只母鸡巨大的身躯。后来人们还发现,在老母鸡的前面还有一块岩石,非常像一只小鸡,并且朝着同一个方向张望,活灵活现。简直太神奇了。

直到现在,每逢日出日落,太阳照射在山尖上,鲜红的"鸡冠子"就会活灵活现地展现在人们面前。当明月高照时,鸡冠山的影子便会清晰地映在山下的田野上,映出一只硕大的金鸡形状,从而构成了一幅"鸡冠挂月三千丈"的雄伟壮丽的画面,给人以美妙的想象。而井子坡的村民每年五谷丰登,旱涝保收,过上了富足的生活。

另外,各位看官不要误会,长清还有两座鸡冠山,海拔分别为 498 米(张夏境内)、513.5 米(万德境内),都比这座山高很多,但它们是山峰像鸡冠子,山体却没有这么逼真,也没有这个动人的故事,千万不要搞混哟!

义净励志取真经

　　义净,俗姓张,字文明,齐州山茌县(今山东济南长清)人,唐代著名高僧,是我国古代佛教四大译经家之一,与法显、玄奘并称为中国历史上到印度取经求法最著名的三大高僧。

　　义净的父亲和母亲都笃信佛法,平日以耕读度日,广做善事。祖上曾当过东齐的郡守,后来看到兵荒马乱,豺狼当道,就隐居不仕。到了祖父和父亲这两代,都恪守祖训,在州城旁的一处偏僻山村隐居。几间茅屋,几块薄田,依山傍水,绿荫环抱。农活忙时,乡亲邻里互相帮助,不分你我。平时教子读书,诵经礼佛,日子倒也过得快乐。

图 8—2　义净寺鸟瞰

可天有不测风云,这一年,出奇地热,七个月内滴雨全无,河流枯竭。禾苗一天天枯萎,几乎颗粒无收,齐州灾情尤为严重,受灾的人口太多,官府赈济有限。就在人们绝望的时候,忽然传来了一个特大喜讯:城南土窟寺(今长清四禅寺)有两位和尚,不但拿出了寺里所有粮食,而且还从泰山神通寺运来了许多粮食来赈济灾民。见此情形,义净父亲的愁眉才稍稍舒展。

义净的父亲想去土窟寺看看,就牵着义净的手向土窟寺走去。土窟寺离义净的家并不太远。绕过河湾,翻过一座小山就是。父亲也常来土窟寺参加佛事活动,所以和土窟寺的明德法师挺熟。父子俩随着人流进了寺。明德法师平日就很喜欢义净,一看到他来了很是高兴。明德法师一面介绍另外两位法师:"这两位是从神通寺来的善遇法师和慧智禅师,专门放粮赈灾的。"一面又指着义净父子介绍。

两位禅师一边答着礼,一边注意到义净。只见这个孩子顶梳双髻,脚穿粉底布履,长得虎头虎脑;又见他刚才跟父亲进门时,亦步亦趋,举止有方,也不由得心中喜欢。善遇法师就笑着问道:"小施主,几岁了?"义净举起小手答道:"五岁。"善遇法师又问:"学过经文吗?"义净答道:"学过,爹爹去年就教我背《金刚经》了。"

善遇法师眼中一亮,把义净拉到身边,不住地称赞。随后,众人谈起了赈灾的事情。

只听得明德法师说道:"此次大旱百年未遇,实为齐州百姓一大劫难,老衲已倾其所有,连土窟寺众也只每天喝两顿苦菜稀粥度日,粮食完全救济了灾民。正在窘迫之际,幸得两位师弟运粮而来,还说动齐州富户,布施了许多。我佛慈悲!师弟这场功德不小啊!"善遇法师忙合十道:"师兄过奖了,这是佛门弟子分内之事,何足挂齿!只是前日运来的三百担粮食,恐怕依旧不敷赈济,正和慧智师弟商讨,由慧智师弟回神通寺筹措一些,愚弟在齐州再设法募集,这样才不至于粥棚断粮。"

听了这话,义净的父亲心中一动:家中有一南珠,有拇指般大,价值不下百金,祖上历代相传,现正在自己手中,并有"妥善保存,必有大用"的祖宗遗言。现在将此宝珠献出,拿来购买粮食,济度饥民,不是最大的功德吗？义净父亲将这一想法提了出来,各位法师免不了又夸奖一番。

次日一大早,寺僧慧力奉善遇法师之命前来义净家中取宝珠,看见义净,慧力道:"这位小施主想必是令公子了？昨日师父和慧智师叔好夸奖,说公子又聪慧又仁厚,与我佛门大有渊源！"

"是吗？"义净父亲又惊又喜,忙请慧力师父落座。他又有些羞愧,暗自感伤。先祖之隐居,自有不得已的苦衷:仕途险恶,身家难保平安。恍惚间瞥见身旁的儿子正瞪大眼睛看着自己,心中突然一动:明德法师常说此儿如浑金璞玉,颇有慧根,与佛门大有缘分。这次神通寺两位来此行化,俱是有道的高僧。如果能得到他们的指点,儿子造化不浅！

有了这个想法,他便决定同慧力一同回寺去见善遇法师。因此,他拿了宝珠,牵着义净的手,随慧力师父去了土窟寺。

善遇法师和慧智禅师正站在山门外,看见义净父子走来,慧智禅师对善遇法师说道:"师兄,我说双珠必同归佛门,如何？"善遇法师知道,这另一颗宝珠指的是义净。众人一同进入寺内,在客堂落座。

童子献茶毕,义净的父亲站起身来,面对两位法师,合十说道:"弟子愚昧,昨天得两位大师开示,如醍醐灌顶,茅塞顿开。今有一事相求,不知当说不当说？"二法师道:"但说无妨。"义净父亲说:"修、齐、治、平是圣贤的遗训,本应努力奉行。只是弟子先祖屡遭坎坷,遂令后人走隐居不仕之路,以耕读持家,至今已历数代,虽说布衣蔬食,人丁还算平安,如今我见大师们的所作所为,顿生敬羡。回首半生,真是碌碌无为啊！今唯有此子,尚还可教,请两位大师能拨冗赐教,指点迷津,使学有所成,不要像弟子这样老死于荒丘！"

慧智禅师说道:"我等未来土窟寺以前,已听明德师兄说过施主的事,说施主一家持斋吃素一心向佛,平日里乐善好施,乡里有口皆碑。施主能克制贪、嗔、痴三魔,已是有大勇心了,怎么能说是碌碌无为呢！"

善遇法师接口道："明德师兄曾说令公子颇具慧根,这次相见,我和慧智师都很喜爱。"

听到两位大师父交口称赞,义净的父亲又惊又喜,忙起身合十道："犬子如能得两位大师的接引,确实是天大的福分! 愿两位大师能大发慈悲,让他随侍左右,早登正果!"说着,让义净给两位大师跪下。

善遇和慧智见此情景,也站起来向义净的父亲合十道："施主但请放心,不必多虑。弘传佛法,本是我等的责任。何况得良材而育之,也是我等的福缘!"

说罢,两位师父转向义净,一人一句,合成一首偈子："佛法广且大,普度苦与厄。双珠今现世,摩尼放光辉!"

就这样,义净就以善遇法师和慧智禅师为师。善遇法师为亲教师,慧智禅师为轨范师。善遇师父给他安排了许多功课。转眼间,4 年多过去了。时间到了贞观二十年(646),义净已 12 岁。

这天,大雪初霁,世界一片银白。善遇法师将慧力与义净召到身旁,拿出一部《说文解字》,对义净说："你已粗通文字,今后可游心圣典,只是不要被文字所累啊!"然后,善遇法师又对慧力和义净说："我三日之内定当西去……"

义净一听,不禁得鼻子一酸,眼中涌出了泪花。一会儿,慧智禅师进来了,善遇法师说："师弟,愚兄即将西去,慧力随我多年,已略知佛法大意,以后他自己努力,当可成材;惟教养净儿的这副担子,就由师弟一人承担了。净儿今后一定会担荷起佛门的大任,望师弟费心看顾!"

慧智禅师合十道："师兄放心,愚弟明白。"

第三天清晨,在土窟寺外一株高大的白杨树下,善遇法师安详打坐圆寂。茶毗大典之后,善遇法师的遗骨安葬在土窟寺西园。自善遇法师下世后,很长时间义净闷闷不乐。随善遇法师虽仅 5 年,但朝夕相处,师父对他体贴入微地关怀。在义净幼小的心灵中,善退法师早已代替了父亲的地位。

义净在寺里学佛这么长时间,却只能带发修行。按大唐的规矩,禁止私自剃度为僧,否则官府要给予很重的惩罚。得等到一定的时候,或因某一机缘,朝廷颁发诏书,才允许度僧。度僧时有很多条件,其中很重要的一条就是"试经",即背诵所指定的佛教经文,须背诵数百纸方可,况且音调和内容不能出一点错!慧智禅师严格要求义净用心读经、背经的深意,就在这里。

这天晚间回到房内,义净前来请慧智师父检查本天的功课。功课背诵没有一点差错,慧智禅师很满意,之后又向义净讲起玄奘大师,道:"徒儿记住,玄奘大师实为我大唐第一位有道行的高僧大德,为济度天下苍生,不惜冒死求法,此为大勇;在异国研学佛法,被尊为'大乘天'和'解脱天',此为大智。徒儿当努力精进,以这位大师为榜样,他日若有所成,方不辜负为师的一片苦心,也不辜负善遇师兄的教育之恩!"

义净很懂事地点点头,双手合十,道:"师父请放心,一定不让师父失望!"

从此,义净默默以玄奘大师为榜样,学习更加用功了。

一个月后,朝廷敕令度僧,义净以神通寺僧人的身份参加了应试考校,一下子脱颖而出,成为十名赴州府应试者之一。在十人当中,义净年龄最轻。在州试中,他泰然自若,有问必答,举动有仪,风范清雅,再次入选。十多天后,正式考试举行。州刺史和所辖八县令一齐到场;齐王王妃、王子及长史、司马、主簿等僚属,也一齐来到。

齐州有额之寺共18座,每寺度5人,共度90名。但前来应考请度的,却有300余人。这300余人,都是十八座有额大寺及其余百座下院,经过十多年细心培养出来的人才,个个品行俱优,学业精良。

宣读圣旨后,举行了隆重的仪典。然后,考试开始。第一天,问难。问俗家情况、志向和学业概况。有几位童子由于太紧张而被淘汰。第二天,问戒。询问有关戒规的知识与实践方法,又有一些童子退场。第三天,写论,出题笔答。这是义净相对薄弱的环节,幸得明德法师和慧智禅师十多天的指导,总算顺利通过。这天考完,全场只剩了一半童子。第四天,诵经,分念诵和背诵。这是义净的特长,无论《金刚》《法华》《涅槃》,无论念与背,都是既流利又清楚,毫无挂碍之处。主考们惊讶不已。义净顺利地通过了最后一场考试。

几天后,举行庄严的开坛剃度大典。此后,义净成为一名正式的僧人。这一年是唐太宗贞观二十二年(648),义净14岁。

后赴洛阳、长安学习佛法,修为不断精深。期间,驻锡灵岩寺,为到泰山封禅的唐高宗和武后讲法。但他少年时就非常仰慕法显、玄奘两位高僧坚韧不拔、西行求法的壮举,希望能像他们一样西行印度求佛法。

咸亨二年(671)义净36岁时,从广州走海路前往印度求法,途中在印度拜访佛教圣迹,在那烂陀寺求学11年,最后求得梵本三藏近400部,合50余万颂。50岁时,他仍然选择海路东归,重经室利佛逝时,在此又居留10年,从事译述佛经,并补抄梵本佛经。证圣元年(695)五月,他离开室利佛逝归国,抵达洛阳时受到热情的欢迎,得武则天亲自迎迓,备受朝廷礼遇,在洛阳佛授记寺翻译佛经和传授律仪,门徒弟子遍布京都西安和东都洛阳,成为中国古代佛教四大译经家之一,并被尊为“三藏法师”。

义净自印度归国后,致力于佛经翻译,所译佛经经典及个人撰述共计107部,428卷,功绩卓著,多次受到唐王朝的褒奖,成为一代高僧。

皇子治病赐学田

在今张夏街道丁家庄村内有一座看似古庙的建筑,村里人管它叫"学田庙",是"五峰书院"旧址。它是百里御道沿途唯一一座用于学堂的庙宇。关于来历,有村民讲了一个动人故事:

图8—3 丁家庄学田庙

说是乾隆一生六次南巡,八至灵岩,仅在长清百里御道上就走过十次以上,应该是他在九省御道上走得最多的一段。自然,每次都前呼后拥,浩浩荡荡,好不气派。但也不尽然,这位爷有时候也喜欢"单溜"。说有一次他叫上和珅等,想再到泰山走一遭,恰巧被10岁的皇子听到了,缠着也想跟着去。这弘历一生生了十七位皇子,唯独喜欢第十五子爱新觉罗·

颙琰,也就是后来的嘉庆皇帝。颙琰刚满 10 周岁,可自小聪颖过人,能文能武,是乾隆最看好的皇位继承人。他前些日子刚学会骑马,想跟着父皇到外面去遛遛。乾隆想想,也罢,反正到山东千把里地也不算太远,就让孩子出门见见世面吧。他把教书的师爷叫到跟前交待了一番注意事项,就轻车简从地上了路。

君臣一行出京城后,不住行宫,也很少惊动地方官员,第三天就到了长清县。不知不觉中,一座突兀平顶大山出现在西南边的御道旁。这座山叫满寿山,对乾隆来说早就很熟悉了。他十几岁的时候,父皇为了考验几个皇子,让他们寻找能唱歌的石头,结果只有他在这里找到了木鱼石,从而使雍正皇帝下定了决心让这个四儿子弘历继承皇位。看着满寿山下中川河的潺潺流水,欣赏着两边翠绿的群山,乾隆爷的灵感又来了。他正要赋诗一首,忽然听到颙琰的马长嘶一声,掉回头就向河边狂奔。吓得颙琰把身子紧贴在马背上不敢抬头。这还了得,师爷和两个奴才吓得屁滚尿流,撒腿就去追。乾隆右手紧托缰绳,也调头追了上去。咦?颙琰的马在北边河边突然又停了下来。大家这才发现,有一位老马夫正在给一匹枣红马擦洗身子。只见颙琰的马往枣红马身边凑,并仰头噘起嘴露出一排大牙齿。乾隆一看明白了,原来那枣红马是匹母马,而皇子的马是匹公马,又处在青春期,它是想寻配偶哩。老马夫一看来了那么多人和马,即刻放开母马,上前抓住了公马的缰绳,熟练地把嚼子给它戴上。颙琰的公马在原地打了几个转儿,老实了下来。

再看那皇子颙琰,被吓得脸色苍白,额头上挂满了汗珠子,浑身瑟瑟发抖。师爷赶忙把他扶下马,脱下自己的马褂铺在一片鹅卵石上,让他坐下平静一会儿。乾隆也下马上前,心疼地搀扶皇子。不用说,赶路是不可能了。过了一会儿,一行人牵马来到前边的茶棚村歇息下来。

茶棚村原名叫李家庄,村子不大,只有十几户人家。后来因为丁仲选在这里搭茶棚舍茶,被人称作茶棚李家庄。待李家乏嗣后,就被直截了当地叫作茶棚了。据说在明弘治年间历城人丁仲选来村定居后,于鸡冠山上立寨行劫,名声很坏。一次丁仲选进村时逢兄弟俩诅咒他,说道:"谁做伤天害理事,出门碰上丁恶人……"丁仲选听罢,即改邪归正,建茶棚接济路人,行人感之,改称他丁善人。后来他在东边购置土地盖房建村,由于他原来建棚开茶馆的地方紧挨着官道,慢慢地逐渐发展成了一个村子。取名丁家庄。

再说这颙琰受惊吓后便一直昏昏欲睡。这可怎么办呀? 往次南巡乾隆爷都有御医跟着,这回出门只带了几个随从,乾隆后悔莫及。他们在道边一家农舍安顿下来。和珅和两个随从急急忙忙上村里找郎中。可仅几户人家的村子,哪有什么郎中啊? 村里人马上想到了东边丁家庄的"神嬷嬷",说她能驱邪也能治病。唉,也只能让她试试了! 这位神嬷嬷姓于,村民都习惯叫她于老嬷嬷,据说不仅能掐会算,还会治疗疑难杂症。不管怎么说,有总比没有强,随从就把她接了过来。于老嬷嬷不知道眼前是位皇子,更不知道当今皇上驾临这个小山村。她胳肢窝里夹着一个小布袋子,先问明了事情经过,忙上前摸皇子的脉象,接着从布袋里取出三颗手指头那么长的银针,在油灯火苗上烤了烤,正要下针,被和珅阻止了。到底行不行啊? 别再扎出个好歹来。乾隆立马拉住和珅,意思是别打扰她。于老嬷嬷熟练地分别在颙琰的印堂、合谷和胳膊肘上各扎了一针,等着病人的反应。过了一袋烟工夫,颙琰喘气均匀了。于老嬷嬷松了一口气说:"没事了,没事了。他这是受惊吓引起的,大鬼儿小鬼儿都让我撵跑了。"

其实这于老嬷嬷真的会看病。她打小是个独生女,老爹早些年在济南城里是位很有名的老中医,可就是没儿子,他怕祖传医术在他这辈儿上断了,就把一些医病技巧和秘方教给了闺女。过去讲究"传男不传女",他又悄悄地告诉女儿,以"神嬷嬷"的名义给人看病,只要能治病救命就行了。

再说这颙琰,慢慢地睁开眼,说了句:"我想喝水。"师爷忙给他倒了一碗水递过去。咕咚咕咚一气喝完,颙琰微笑着对大家说:"刚才我做了一个梦,梦见额娘拿着鸡毛掸子揍我,我跑不动就吓醒了!"众人这才都放心地笑了。

乾隆看到孩子没事了,长舒了一口气。忙想起了给那位老嬷嬷医病钱。老嬷嬷推让道:"什么钱不钱的,孩子福大命大造化大,以后定能成大事,说不定我还得沾他个光哩!"乾隆爷岂止是财大气粗啊?忙问老嬷嬷:"这样吧,您救了孩子一命,我给您建一座庙吧?"老嬷嬷一愣,这才上下打量眼前这位爷来,心想:"乖乖,这是什么大人物,出手这么大方?"乾隆看出了她的疑虑:"这么跟您说吧,只要您不要大清的江山,朕什么都可以给您。"啊?难道他是当今皇上?这句话吓到了所有在场看热闹的人,忙哗的一下都跪下,口呼:"吾皇万岁,万岁,万万岁!"乾隆知道说漏了嘴,也就不隐瞒了。忙搀起老嬷嬷说"平身平身",并执意要赏赐她。于老嬷嬷不再推辞,就说道:"我都黄土埋到脖子的人了,要钱有什么用?干脆就给附近几个村的孩子们盖个学堂吧,也好为咱大清多教出几个栋梁之材!"

乾隆皇帝看到这穷乡僻壤还有这么开通的人非常高兴,就敕赐了2顷25亩地,在东边丁家庄盖起了长清第一座书院——五峰书院。

故事讲完了,那到底有无此事呢?据道光版《长清县志》记载:

"五峰书院距城东南五十里之张夏镇,迤东五里丁家庄,庄东有五峰山,其支山中有大小洞六座,小洞仅能容身,惟娄敬洞约深有七八尺,可以穿穴而过。国初,历城县民丁仲选夫妇拜胡海莲为师,在洞焚修,创立寺院,倡为香火会。胡海莲死,积有布施,在丁家庄盖宅置田,立为常处,每年三月二十四日,四方男妇会集拜扫,百余年来,相习成风。嘉庆二十年十二月间,邑令槩堂李应曾详请一概封禁,抄出地二顷二十五亩有奇、常处房屋七十五间,改建书院,招佃纳租,为师生膏火费;改丁家庄为青云庄,因地近五峰山,名为五峰书院。"

从道光县志得知,五峰书院系查抄邪教土地而建,实与乾隆为儿看病无关。不过此故事在丁家庄流传已久,权作茶余饭后一段美谈而已。

失而复得玉如意

　　人类自原始社会开始,就开始懂得群居形成族群,这样首先能抵御野生动物的袭击,有利于人类种族繁衍生息,还能有效地防御其他族群的攻击侵扰。经过数千年的衍变和社会发展,形成了众多村落一级的居住地。至道光年间,长清县的村庄曾一度达到 1018 个,仅御道两边就达上百个。过去的村名多以始建村大户人家姓氏命名,如马家村、李家村、张家庄、王家庄等,还有以附近地形地貌命名的,如开山、灵岩、大崮山、双乳山等;有以距离城镇远近而取名的,如东三里、西三里、东八里、十里铺等,还有以山的方位而取名的,如马东、马西、张下、前后大彦等;有因建在桥边而得名的,如大桥、黑狗桥、桥子里、南桥等,还有以庙宇而得名的,如娘娘庙、玉皇庙、孙庙、小寺,等等。但皇帝亲自赐名的村庄你听说过吗?

　　今张夏街道青杨村就是皇帝给取的名。据民国版《长清县地名志》载:据传,青杨村前名南梅花庄、北梅花庄。明洪武间(1368—1398)两村连为一体,名梅花庄。后来有皇帝南巡路经此地,在村头大杨树下停轿纳凉时遗一物,差人觅得后报曰:“物在青杨树下。”帝以物未失,赐村名青杨树。清道光版《长清县志·地舆志》载:“东仓·石保青杨树。”1958 年始名青杨。

　　青杨村位于今张夏街道驻地偏东南 7.5 公里处,村中南北向街道就是古御道,纵贯整个村子。一百年前,这条道是北京城通往泰山以至江南东部各省的唯一一条南北大通道,其位置之重要、经济之繁华可想而知。

康熙给青杨村赐名,要从这位皇帝第一次南巡时发生的一个故事说起:

话说康熙皇帝于康熙二十三年(1684)十月,为体察民情巡幸山东,初八日到了济南府境内。康熙皇帝从大清河(现黄河)桥上进入长清县,令他疑惑的是,此桥有东西二坊:西坊上明明写的是"通津桥",可东坊上却写的是"大清桥"。问前来迎驾的长清知县得知,此桥始建于明嘉靖二十七年,为齐河、长清两县合修,桥中分界:西坊为齐河县所建,东坊系长清县所建。康熙笑而不语。站在大清桥上,望着清澈见底的大清河,康熙感慨良多:国为"大清国",河名"大清河",桥曰"大清桥",好! 于是,这位大清国皇帝豪情万丈,诗兴大发,当场作诗一首:

晓渡更临济水,野风时卷霓旌。

几曲寒流荡漾,十月舆梁始成。

康熙皇帝这次巡幸规模浩大,"巡幸东鲁,黎庶拥马瞻拜,命诃警者弗禁,得以查其疾苦"。车驾于当日中午抵达济南城,康熙直赴趵突泉。他在趵突泉御观澜亭,命内侍卫以银碗汲泉水饮之,饮毕书"激湍"二字。又御制诗一首:"十亩风潭曲,亭间驻羽旗。鸣涛飘素练,迸水溅珠玑。汲杓旋烹鼎,侵阶暗湿衣。似从银汉落,喷作瀑泉飞。"

康熙帝游罢济南府,沿御道继续南行,下榻当时属于长清县的杜家庙行宫(今属济南市中区杜家庙村)。此后沿途中,康熙帝人少时乘辇,人多时骑马,既能保证及时休息补充体力,又能随时下马与民接触。就这样一路观村赏景,访察民情,不觉间来到一个叫梅花庄的村子。艳阳高照,御辇悠悠,康熙帝见路旁有几棵高大的青杨树,便令一行人停下来休息。路边两棵粗大的杨树下,有村民搭起的用于休闲纳凉的光滑石板,康熙皇帝随便坐下,并让人找了三两个村中老者前来问话,顺手拿出从不离身的宝贝玉如意把玩儿。康熙问了一些民间习俗及年景情况,听说村名是因有棵蜡梅树而得，遂点头称赞蜡梅傲雪寒霜、自强不息的高尚品质。歇够了，上马继续赶路。等到了全国"四大名刹"之首的大灵岩寺时，已近黄昏，康熙帝先粗略地游览了辟支塔和千佛殿后，路过"五步三泉"到东边的临时行宫住下。用罢晚膳，康熙习惯性地摸腰间的玉如意。咦，怎么不见了？他这才想起来是不是在梅花庄与人交谈时，将手把件遗失在了石板上？他忙差人回去寻找。"人养玉，玉养人"，这可是康熙皇帝最钟爱的玩意儿啊！随身多年，一直没离开过，岂能轻易丢了呢？抑郁间，半个时辰过了，小太监飞马加鞭，已把那玉如意寻了回来。当听到太监回到青杨树下，那如意还正好好地放在康熙歇息时坐过的石板之上时，他十分高兴，感于此地民风淳朴，于是思忖道：青杨树高大挺拔，宁折不弯，不正是大清百姓所应具备的品德吗？遂降旨免除长清县二年赋税，并赐梅花庄名为"青杨树"村了。

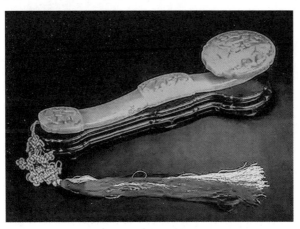

图8-4　玉如意把玩

　　据年近八旬的青北村米殿法等老人介绍，当年康熙皇帝休息时失而复得玉如意的地方，早已物是人非，只留下了村民津津乐道的美谈。据说民国时期还有那棵毛白杨，并且村中还有过好几棵毛白杨，都非常粗大。后来大树都"寿终正寝"死掉了，再也找不到当年的痕迹了。

　　离开长清县，康熙皇帝又登泰山、祀孔庙，感慨山东不愧为孔孟之乡，礼仪之邦,又下旨免除车驾所经地徭役一年。

　　此次南巡,康熙帝一路忙碌且逍遥自在,寻访民间,体察民情,还留下了几首诗词,其中一首写道:

　　　东来端为重民生,不事汾阴泰畤名。

　　　井里俨存齐国俗,田畴还忆历山耕。

　　　暂宽羽骑钩陈卫,一任村童野老迎。

　　　敢道迩言勤访察,止期治理得舆情。

得道成仙靳八公

　　在今张夏街道靳庄小学内,保存着一块刻着十个字的石碑,由于自古就无人能识得一字,故被称为"十字天书"。为解开这一千古之谜,靳庄人曾经悬赏 10 万元征集解读,至今未果。

　　许多年来,人们把"十字天书"的来源和一段颇具传奇色彩的故事联系起来,相传至今。

　　故事的主人公是靳庄人,叫靳八公。虽然随着多年来的口耳相传,细节有些出入,但故事的框架是基本一致的。相传,靳八公的父亲曾在京城任尚书,是当时掌管全国行政事务的大臣。他留恋家乡的自然风光,优游于名山胜水之间,卸任后回乡过着幸福的晚年生活。在父亲的熏陶下,靳八公也成为一个对道教思想有深刻研究和领悟的人。他乐善好施,喜欢帮助人。在今茶棚附近的御道旁设圃种瓜,搭茶棚设茶点为过往行人解渴。冬季设肆酿酒,沽不计值。天长日久,过路行人,瓜熟食瓜,酒热饮酒,他从不要报酬,赢得了很高的声誉。有位道士闻讯经常来靳八公家里喝酒,俩人逐步成了好朋友。一天,道士又来了,而且在靳八公家里喝得酩酊大醉。道士走后不久,自称有病又回来了。好心的靳八公赶紧将道士安顿在自家床上休息。道士上床后,不断呕吐,将床被都弄脏了。一觉醒来后,他又提出想喝面汤。恰巧靳八公家中没有面,道士就从随身携带的葫芦里倒出来一点面,让靳八公做面汤。结果没喝完,面汤剩下了一些。靳八公的妻子嫌道士喝剩的太肮脏,准备倒掉。靳八公不想浪费粮食,就夺过来喝掉了。道士高兴地对靳八公说:"你是个可塑之才,是否愿意和我一起周游'十州三岛'?"靳八公欣然应允,于是弃家随道,同道士登东山而去。靳八公的妻子不愿意让他离家出游,号泣追逐。而那道士挥手成云,抛下了草书十字。

原来八公家来的道士就是吕洞宾,留下的蜿蜒离奇的十个字,一直细辨难识。

在离藏有"十字天书"石碑的靳庄小学不远处的御道上,今还有一座历史近500年的"真武阁"。这是一座很特别的建筑,位于一个高近5米、宽近10米的高台之上。在石砌券门的北侧门上方的横额上,刻着"齐川通鲁"四个字。真武阁大门洞外东边,尚存一通明嘉靖五年(1526)的《重修真武阁记》石碑,碑文有相关文字记载,上面的"吕纯阳"正是吕洞宾。

贪财性命断金山

　　金山铺也是长清百里御道上的一个村庄，处在村东的京沪高铁、津浦铁路和村西的京福高速公路、国道104线中间。金山铺原来的村名曾叫"合一河"，因有两条分别从村东和村南流来的小河在这里交汇而得名，是个山清水秀、交通便利的村庄。

　　那么本来"合一河"这个村名富有含义也挺形象的，为什么改成"金山铺"了呢？这里有一个村民们耳熟能详的传说，解答了外人的疑惑。

　　据说过去合一河建村时只有几户人家，自古以来就靠土里刨食种庄稼谋生活，自从村边修了一条皇家御道，就改变了村子的格局和许多人的命运。那时南来北往推车的，挑担儿的，赶集的，上店儿的，到泰山进香的，去曲阜祭孔的，都要路过这里，走乏了，口渴了，饥饿了，免不了到村人家中歇歇脚，讨口水喝，啃几口自带的干粮。久而久之，村中刘老汉就看出一个发财的门道，便在村头御道边盖起三间茅草屋，砌起几个灶台烧水卖茶。别看一碗茶水值不了几个钱儿，可水是河里挑的，柴是山上砍的，唯一的资本投入就是扁担、砍刀和那把祖传的大铜壶。所以，开业才一年拐点弯儿，刘老汉就积攒下几个钱，并且在茶棚的基础上扩大规模又开了个饭铺。

　　说话间，时光过去了十几年，生意一直稳定，收入也很可观。那天吃了晌午饭，打发走客人，刘老汉就搬个藤椅在门口，眯缝着眼躺在那儿养神。正睡得迷迷糊糊，一声"阿弥陀佛"把他唤醒，睁眼看时，一位胖大和尚来到近前。和尚对刘老汉施礼道："老施主，贫僧一路劳顿，干渴得很，不知可否舍杯淡茶以解口干之苦？"刘老汉说："师傅说哪里话？别说喝杯茶水，就是用些斋饭，小店也乐意供奉哩。"胖和尚一听，面带笑容说："如此说来，老施主还是个大善人呢！"刘老汉急忙摇头摆手说："师傅过奖了，老汉实在受不起。小店以粗茶淡饭赚取过往客商行人血汗钱，心下甚不过意。"胖和尚说："老施主之言差矣，在商言商，信道说道，做工凭手艺，务农盼收获，自古皆然。您只要不掺杂使假、坑蒙拐骗，诚信经营，即是行善。若能扶危助困，救灾救难，则是大善。贫僧听说老施主在这里开店多年，从不为贪图钱财而出卖良心，也不曾因缺少茶饭钱而呵斥打骂路人，这在一些商家已是很难做到。故此，贫僧称老施主为大善人，您还是担当得起的。"

刘老汉本是老实巴交的庄稼人，只是比别人先知先觉些，才在这里开茶馆、饭铺赚了几个轻松钱。回头比比那些还在那里面朝黄土背朝天、一颗汗珠摔八瓣儿的农哥们儿，心里已是知足得了不得。所以，从开茶棚到开饭铺从不计较赚多赚少，也从不以客人穿戴行囊的贵贱轻重而别样看待，他的这个茶棚、饭铺也才在这千里御道上赚得一个好名声。眼下见胖和尚如此敬重夸奖自己，心中更是高兴，不仅让老伴将茶壶、茶碗重新刷洗一遍，还亲自净锅、净勺、净案板，给胖和尚做了一顿洁净的素斋饭。胖和尚茶喝得香，饭吃得饱，跟刘老汉话说得投机，很是高兴。神秘地将刘老汉拉到一旁悄悄说："老施主可知道你这生意为啥这么兴隆火爆吗？"刘老汉说："这您知道呀，还不是因为我们老两口不奸不猾，不刁不钻，公平相待，和气生财吗？"胖和尚说："你说的这些也对，可最根本的一条是你这儿占了一处好风水。"刘老汉瞅瞅那两条自东、自南而来，又相交相汇潺潺西去的河，问胖和尚："师父是说这两条在这儿相交相汇两碰头的长流水？"胖和尚说："这两条河固然是好河，好水，可它毕竟是流动之物，难以聚财。真正的风水是那个山头啊!"刘老汉顺着和尚的手指看去,看了半天也没看出有什么特别的地方。便说:"师父说的可能是真,可俺这小店小铺除了老实经营之外,也还是个和气生财。所以,只要俺老实巴交做生意,和和气气赚小钱儿,到底是个啥风水,俺也就不去管它了。"胖和尚一听,乐得开怀大笑,说:"老施主真是心诚实在人! 这事儿要搁在别人身上,早就问那山头究竟是啥风水,你这店铺咋能更红火了。这样吧,贫僧念你是个诚心诚意做善事的人,就把那个山头的秘密告诉你,万一将来你这小店开不下去,也好有个来财的地儿,供你二老颐养天年。"刘老汉说:"那山头能有啥秘密?"胖和尚说:"那个山头有个金洞,你只要在那里连喊三遍:'金山金洞金门开,善人求你舍钱来',那金洞就会打开一道门;等你拿上金子,再喊三遍:'金山金洞金门关,子孙万代有金山'。那金洞就又关得严丝合缝儿了。"

刘老汉送走胖和尚,刚刚回到店里,儿子小财乐滋滋儿地从屋后面转出来,拉着刘老汉的袖子就心急火燎地催:"爹,咱爷儿俩赶紧去呀!"刘老汉说:"去哪儿? 干啥去?"小财说:"去东山,背金子去呀!"刘老汉立刻沉下脸来,说:"小儿啊,那胖师傅说的玩笑话,你也当真? 再说了,就是那胖师傅说的句句是实咱也不能去! 咱祖祖辈辈儿都是靠力气吃饭,到你爹我这儿才在这开个店,挣几个光操心不费力的轻松钱儿,你爹我还觉着沾了大光呢! 你咋能去干那不费力气捡大钱的事儿?"小财说:"爹,你老人家可真是属马的,只晓得出力不晓得得便宜。那金山金洞不是哪家哪院儿的家财私产,咱到那里走上一遭儿,喊上三声就能背着金子银子回家来,不比咱烟熏火燎地干这苦营生强上百倍?"

爷儿俩你一句我一句,你声高我声低地争了大半天,谁也没有说服谁。到了儿,儿子小财一拧脖颈出了店门,跺脚赌气地说:"好好好,你老人家不让我去,我去找那个胖大和尚跟着他出家去!"刘老汉赌气说:"就你这样的,人家那师傅也不收留你! 去吧,去吧! 你要真能跟着人家学个好,还省下我成天提心吊胆地担心你不成器哩!"心里却说:就凭你这德行,人家还收留你? 八成一脚就把你踹回来哩!

　　谁知,老两口一等二等都不见儿子回来。一直等到半夜时分,东山头那儿忽然闪过一道金光,传来小财一声哭喊:"娘啊,您儿背的金子忒多,金门打不开,咱娘俩今生今世再也见不上面了啊!"之后,又一切归于平静。第二天,刘老汉去东山头上转啊、转啊。最后在一堵石崖的缝里找到儿子小财一只鞋脸朝外夹着的鞋,就断定那石崖就是金洞的门,可他连着喊了几遍"金山金洞金门开,善人求你舍钱来",却只听里边嗡嗡地响,那石崖却纹丝不动。他又试着喊了三遍:"金山金洞金门关,子孙万代有金山。"里边倒是传出儿子的嗓音儿说:"有金山,有金山,我不该,心太贪……有金山,有金山,我不该,心太贪……"就再也没了动静。

图8-5　金山铺东金子山

　　后来,刘老汉和老伴大哭一场之后,依然在御道边儿经营他的那个茶棚和饭铺。只是那茶棚的茶施舍得更多,那饭铺的饭价钱更便宜,名声越来越大,越传越远。合一河村人也因受老两口的好处最大,都想着应该用什么方式报答他们,又念其儿子的不幸遭遇,大伙一合计,就把村名改作"金山铺"了。

县城变成一条街

　　在长清有许多下了雨就存水的天然大坑,长形的叫"湾"、圆形的叫"坑",有的地方直接叫"湾坑"。可您听说过有用它来做村镇名的吗?如今的万德街道驻地一带,史上就曾有过"湾底"一名。当然,这个名称只有万德街上了年纪的人还有印象,年轻一点的就不知道了。

　　不仅如此,多少年以来,万德街以南的人都听说南边这个长城,是秦始皇时候修的,这些年专家又纠正说是春秋战国时齐国修的。到底哪个说法靠谱呢?其实毛主席 1952 年来济南视察的时候,就对时任山东军区司令员许世友讲过,济南南部的长城是齐长城,孟姜女哭长城的故事就发生在齐长城,而不是秦长城。这一点错不了。如今咱万德长城村还有姜女庙(遗址)、孟府、姜宅和孟姜女哭倒长城后投江自尽的红石江哩!

　　言归正传,咱还是听听原汁原味地传了多年的湾底街的故事吧。

　　春秋战国时期,长城以北这一片儿属金山县管,金山县的县城就在如今万德街道驻地这一带。说的是县城边的一个村子里有个老嬷嬷,两个儿都被派出去修长城了。一个在东山膀上,一个在西山膀上。正是十冬腊月天,东北风、西北风是

图 8-6　湾底东边鸡鸣山

倒替着刮呀,冻得地上都裂了老宽的缝子,那个冷就甭提了。老嬷嬷家里穷得叮当响,连棉袄棉裤都穿不上,这么冷的天,你想想叫谁能撑得住劲儿呀!她知道俩儿冷,心里疼得慌,东拼西借,好歹地做了个棉袄想着给儿送去。可是棉袄只有一件啊,到底给哪个穿呢?给大儿穿吧,小儿得冻着;给小儿穿上吧,大儿还是冷啊!老嬷嬷抱着个棉袄在十字路口可就转悠开了。说来也巧,秦始皇微服私访到这里来察看长城工程,他穿一身老百姓衣裳,谁也不知道他就是当今皇上。他看见老嬷嬷在十字路口转磨磨儿,就问老嬷嬷:"你抱个棉袄干么去呀?"老嬷嬷长叹了口气说:"俺那俩儿都出民夫修长城去了,这么冷的天,还在野地里干活儿,俺怕他们冻坏了,才做了这件棉袄,可手心手背都是肉,到底给哪个儿穿呀?""你不会再做一件吗?"老嬷嬷一下子流出泪水来,说:"大兄弟,你是饱汉不知饿汉饥呀,俺要是再有一件棉袄的布和棉花,谁还在这冻煞人的寒风里望着两个山膀儿伤心呀!咱家里不是穷嘛!"秦始皇一听,脸上也变得伤心戚戚的,试探着说:"都怪秦始皇这个昏君,老百姓日子过得这么难还让他们受苦遭罪地修长城!"老嬷嬷说:"话也不能这么说,听说他修长城一是为着防洪水,二是为着挡大兵哩!你想想,甭管洪水还是南边大兵来咱这儿折腾,咱老百姓的日子不也还是油里煎、火上熬地受苦吗?俺觉着,要是秦始皇真能让咱老百姓过上安生日子,还真的算是个有道明君哩!"秦始皇听后立马有了笑脸,高兴地说:"老嫂子真是个明理人呀,不知道您这块儿有这个想法的人多不多?"老嬷嬷说:"别的地方俺不知道,反正俺金山县的老百姓没几个怨秦始皇胡来蛮干的。"秦始皇一听,不光脸上高兴,心里也喜滋滋的,乐呵呵地对老嬷嬷说:"你也别在这里犯难了,你回家等着,我保你两个儿子天黑以前就能回家吃上你做的热乎饭!"接着记下了孩子们的名字扬长而去。

　　老嬷嬷起初还不相信,等天黑之前,两个儿子还真的都回家了。后来他们才知道,那个瘦老头儿就是微服私访的秦始皇。原来秦始皇回去就下了一道圣旨,说凡是金山县的民工从此免除徭役,一律回家种田,还免除三年赋税。这一下金山县里可热闹啦。别说周围的百姓,就是远处州县的老百姓也扶老携幼地来金山县里安家落户,逃避徭役和赋税。林子大了什么鸟都往这里飞呀!慢慢儿地,一个祥和安乐的小县逐渐变成了一个男盗女娼、尔虞我诈、人满为患的大县。不光是伤风败俗的事多,还在长城两边险要处出现了劫道的土匪。这一来,玉皇大帝发怒了,这成何体统?就命令雷公、电母、雨神、风婆全体出动,还调来四海龙王,将水一个劲儿地往金山县的地盘上浇。这可了不得啦,大水很快淹没了房屋,淹没了田园,整个金山县很快成了一片汪洋。

等大水消停了,再看金山县城,除了碎砖烂瓦,一切都没了影儿。侥幸逃出去的人站在鸡鸣山上往下看,红火热闹的县城让一场大水变成了蛤蟆乱窜乱跳的大湾,心里那个难受呦!可再难受也得过日子,再难受也得修房盖屋挡风避雨呀。远道来的人都纷纷回了老家,在这里土生土长的就在原来的地方重新安家立业,生儿育女。同时,为了躲避玉皇大帝再惩罚,金山县就别再叫什么金山银山了,干脆改名叫"湾底"吧。好端端的县城一下子剩的人也不多了,只剩下一条街了,还叫什么县啊!从此"湾底街"这个名就叫起来了。后来又讹传为剜底街,湾德街。直到清朝中叶,有文化人觉着这几个名字不但不雅,还会让人感到有些恐惧。你想想啊,尤其是"湾底"太难听,那在湾底上住着的都是些啥玩意儿?除了蛤蟆之外就是鱼鳖虾蟹烂泥鳅呀!所以,就按湾底的谐音改叫万德(当地口音读 dei),不但好听好记,还能训教后人要以万种道德修心怡情、养身立命!

这个传说听起来似乎有点离谱,可是"万德"这个名字确实是"湾底"演变而来的。不信?你上东边鸡鸣山南的麻衣洞里边看看去,那里有石碑为证哩!啊?山高太难爬?那就找本《山东省长清县地名志》或者《长清县志》看看,上面白纸黑字写得明明白白的呢!

2000 多年后的今天,万德南北大街的御道旁还有古戏楼、天齐庙、娘娘庙、老槐树等遗址,虽然大都岌岌可危或老态龙钟了,但足以证明这里多少年来一直都很繁华。据说乾隆皇帝南巡时来到万德,听到大伙都叫"万德(dei)"这个方言时,还觉着挺好笑哩!

第九篇

四途同归 庆峰书

随着封建王朝的衰落，九省御道逐步衍变为官道、国道，而作为我国东部连通南北的大通道，它越来越显得力不从心。19世纪初，清政府开始贷巨款修建津浦铁路，以缓解交通压力。中华人民共和国成立后，祖国建设更是一日千里，短短几十年，先后在御道两边建设了国道104线、京福高速公路和京沪高速铁路。原来的御道逐步退出历史舞台。这四条交通干线，如同四条巨龙，在祖国东部川流不息。这是质的改变，是社会发展的必然，更是任何力量也阻挡不住的时代洪流。

通车百年津浦路

长清位于泰山余脉西面的谷地,不仅为九省御道提供了条件,也为津浦铁路开通提供了便利。在乾隆去世的 110 年后,清宣统元年(1909),清政府向英德两国贷款建设最长的一条铁路,历时 4 年,于 1912 年全线建成通车,创建了由天津到南京的津浦铁路。其纵贯长清境内 42.8 公里,总长度比百里御道仅少不到十里路。陆路、铁路并驾齐驱,沿途所经大致相同:北起玉符桥,南至界首站,设炒米店、崮山、张夏、青杨、万德、界首车站和皮家店旅客乘降所。界首是全线的制高点,海拔 206.7 米。通车后长清境内始有铁路客、货运输。

这些站点承担着济南地区(一度为泰安地区)的货物、人员的运输和缓存任务。做出了相当大的贡献。在公路欠发达的新中国成立初期到 20 世纪七八十年代,沿线居民短途经常在这些小站乘车。

炒米店站

炒米店站民国二年(1913)德国人始建,新中国成立后对原站进行扩建。1969 年 10 月,由原址向南迁移 1 公里扩建新站,修筑站台、货台,增设候车室。1979 年,开始使用自动控制信号,为 3 级站。

图 9—1　炒米店火车站

崮山站

崮山站始建于民国二年(1913),德国人建。新中国成立后,对原站进行改建。1979 年安装了自动控制信号,是津浦铁路 3 级火车站。大崮山原是崮山镇驻地,津浦铁路和古御道并行了一段后又向东南穿村而过,20世纪初修建了"崮山火车站"。曾几何时,附近的旅客北去济南、天津、北京,南到泰安、南京、上海等都要从这里上车,因此崮山站担负过近百年的客运任务。

图 9—2　崮山火车站

张夏站

张夏站始建于清宣统元年(1909),占地面积 1000 平方米。德国人修建。由济南火车站发往泰安火车站的火车,因泰山山脉地理高度的原因,一路向南就要一路爬坡。因此,张夏火车站就充当起了铁路"加油站"的角色,慢慢变得重要起来。由于当时都是蒸汽机车,全凭煤炭、水来拖动,爬坡时耗能极大,张夏火车站的主要作用因此拓展到给来往火车加水、加煤,补充运行中的给养等,以保证火车的正常运行。该站 1958 年扩建,属4 级站。车站对面由德国人修建的水楼至今依然可用。

图 9—3 张夏火车站

青杨站

青杨站建于民国二十九年(1940),日本人建,原站为 200 平方米,1958 年扩建为 4 级站。青杨村所处的位置在张夏和万德之间,与两站距离基本相等,供民众短途运输使用。

图9-4 青杨火车站

万德站

万德站始建于清宣统二年(1910),德国人建。1958年扩建。后又对原站进行改建。1979年安装了自动控制信号,是津浦铁路3级火车站。

图9-5 万德火车站

界首站

界首站始建于清宣统二年(1910),1958 年与万德站同时扩建。界首处于泰山脚下,不仅风景秀丽,而且地理位置相当重要。村南的火车站在抗战时期还发生过震惊齐鲁大地的一次战斗。1938 年 1 月 28 日午夜,山东西区人民抗敌自卫团三个小队在张华北率领下夜袭界首站,上演了一出真实版的"大刀向鬼子们的头上砍去"活剧,打死打伤日军 20 余人,缴获枪支弹药一批,并中断日军铁路运输一个星期。至今的界首站墙壁上还留有当年战斗时的弹孔。

图 9—6 界首火车站

不仅如此,抗战时期在津浦铁路线上还发生过两次当地军民营救美国飞行员的事件。据《中共长清县党史大事记》记载:美国对日军作战,经常派飞机沿铁路线向日军轰炸。其中美 51 型"野马式"战斗机,装有 6 门机关炮,专打日军火车头。1945 年入夏以来,每日 4 架一组,沿峰山县(时长清县改为峰山县)铁路线往返两次执行任务。日军为防遭飞机射击,在各火车站两端修筑防空掩护墙壁,发现美机,即将火车头掩藏其中。6 月,一架美机执行任务时,为寻找射击目标,一再降低飞行高度,将青杨车站火车头击中后,飞机螺旋桨遭电话线缠绕,被迫西飞,至七区二乡的李店山口降落。峰山县大队迅速赶到现场,指挥区队及附近村庄民兵紧张进行营救工作。待日伪军赶到时,美飞行员已安全脱离现场。战斗中,县大队1名战士牺牲,区队1名战士负伤。县大队将美机驾驶员护送至军分区。7月27日,另一架美机执行任务时,在万德火车站上空中弹,坠落在六区胡家崖村西小河里。该乡"伪乡长"(实为我六分区委任)刘汉东配合我六区队,组织民兵紧张营救美机飞行员安大卫,并拆卸飞机上机关炮6门、炮弹300余发、降落伞1个,由峰山县大队上交军分区。万德火车站50余名日伪军赶赴现场时,一无所获,将刘汉东逮捕,押往泰安城宪兵队。经日军严刑拷打,刘汉东始终没有吐露一字,最后被日军残酷杀害。

皮家店旅客乘降所

皮家店旅客乘降所始建于民国三十年(1941),初为信号所,后改为车站,1978年更名旅客乘降所。2006年,乘降所改为线路段。2011年高速铁路通车后彻底废弃。

长清这些火车站,开通后货物运输以粮、禽畜、干鲜果品等土特产品为主,销售于济南、上海等地。于1958年动工修建津浦铁路复线(1961—1963年),1964年暂停。1976年全线通车,加速了南北客货运输周转。年最高货运量由上行683万吨,下行568万吨,货车15对,增加到上行1200万吨,下行3370万吨,货车41对。客车由7对,通过能力36对,增加到客车18对,通过能力180对。1997年,各乘降所先后改为线路段,不再承担客运任务,辖区内无客运站点。1986年,经长清地区发送的大宗货物有煤炭、木材、粮食、燃料,开办集装箱运输,有5吨、10吨集装箱。1997年6月,开办20吨集装箱运输。2002年,货运量达到最高341.5万吨。2008年,货运量298.9万吨,主要大宗货物有煤炭、木材、建材、粮食、燃料,货运收入1800万元。

据《长清区志》记载:1997 年 4 月 1 日 0 时,京沪铁路第一次大提速,各乘降所先后改为线路段,不再承担客运任务,辖区内无客运站点;此后分别于 1998 年 10 月 1 日 0 时、2000 年 10 月 21 日 0 时、2001 年 10 月 21 日 0 时、2004 年 4 月 18 日 0 时和 2007 年 4 月 18 日 0 时,又进行了 5 次大提速。

此后公路运输成为主要近途交通方式,这些小站的客运功能也逐渐退出了历史舞台。如今这些小站仍然承担着货运调度和中转任务。

并驾齐驱 104

国道 104 长清段是御道旁新辟的一条路，北起平安街道南桥，南至泰安界，穿越平安、崮云、张夏、万德四街道的 24 个村庄。全长 41.6 公里。1986 年 6 月，界首公铁立交桥竣工通车；7 月，济微公路（属国道 104 线）竣工通车。1991 年 4 月 1 日至 9 月 28 日，国道 104 线大修，完成 17.76 公里的沥青混凝土罩面工程。1993 年 6 月，南桥至石店桥 18.2 公里的改建工程开始施工，11 月 4 日竣工。改建后的水泥路宽 18 米，厚 0.24 米，设双向 4 车道。

图 9—7　国道 104 线长清万德段

高速公路京福线

京福高速公路(2009年改名为京台高速公路—G3)长清段北起殷家林,经平安、崮云湖、张夏、万德4个街道,南至泰安界。1996年开工建设,1999年9月竣工通车。长清段全长40.2公里,双向六车道,全封闭、全立交,设计时速120公里/小时。路面结构为沥青混凝土,路基宽35.5米,路面宽31米。在炒米店和万德设2个出入口,出口分别连接国道104线、大学科技园和灵岩寺旅游景点。在崮云湖设服务区1处,有餐饮、汽修、住宿等服务项目。

图9—8 京福高速公路长清张夏段

高铁时速三百五

    京沪高速铁路,全长约 1318 公里,连接中国的首都北京和经济中心上海。这条高速铁路于 2011 年开通,是中国第一条设计时速为 350 公里的高速铁路,也是世界上最长的高速铁路之一,同时还是我国第一条具有世界先进水平的高速铁路。总投资 2200 亿元。建成后北京至上海只需 5 小时。全线共设置 21 个客运车站,济南为 5 个始发站之一。京沪高速铁路在济南市途经天桥、槐荫、市中、长清 4 区,线路长度约 65.9 公里。其中长清段 31 公里,占济南市总长度的近一半。从总长 2.8 公里的西渴马隧道进入长清境,穿越崮云湖、张夏、万德 3 个街道共 23 个村庄。张夏镇境内开凿西渴马一号、二号隧道及张夏隧道 3 处隧道,全长分别为 1008 米、2812 米、722 米。

    四条贯穿长清南北的交通干线,宛如四条巨龙腾飞,再现了"千里江陵一日还"的场景,为长清的经济建设带来了契机,也为百里御道沿途百姓提供了便利:从人力推车到车马拉套,从漫天飞扬的黄土路到平静如砥的柏油路,从时速几十公里的绿皮慢车到 350 公里的高速列车,实现了质的飞跃。如今的九省御道已逐渐被人们淡忘,也许会从印象中彻底抹去。回望是为了远瞻,温故是为了知新。这段有着 300 多年历史的古道会永远载入史册,周边衍生的宝贵历史文化符号将会常忆常新。

图 9—9 京沪高速铁路长清张夏段

第十篇

風物特產

李好

　　长清东部属于纯山区，御道处在泰山断裂带上，长达百余里，加之四季分明，土特产品种非常丰富。先民代代生息、勤于劳作、长于技艺，形成了独具区域特色的乡村文化。域内尤以石雕工艺和果木种植见长。石雕主要是木鱼石、泰山玉和花岗石等，果木有御杏、白梨、柿子、核桃、板栗、山楂等，还有茶叶栽培、农作物种植、沙石开采，无不体现了长清物产丰富、人勤地灵的山区特点。

崮山馍馍梅花印

　　崮山馍馍源于今崮云湖街道大崮山村,始创于明末,盛于清朝。现在仍很畅销。据《长清县志》记载:位于玉皇山下的大崮山村,早在唐朝就已建镇,后来从北京到南方各省的驿路穿街而过,集市、驿站相继设立,逐渐变得火爆起来。在临街的众多商家当中,有两家开饭铺的颇有经济头脑:一家姓司,一家姓张。为了多挣钱给孩子置办家产物业,两家不约而同地展开了花样、味道、劲道的竞赛:你把大面饼子改为小面饼子,我把小面饼子做成二十个一斤的小馍馍;你用揉面,我用压杠挤面;你排列整齐,我足秤足两。这样就做出了既好看又好吃的面食佳品,从而顾客盈门,生意兴隆。许多顾客不光自己在店里吃,还买上几串带回家让老人孩子品尝。当他们问"这是什么食品"时,捎馍馍的人顺口答道"崮山馍馍"!"崮山馍馍"的名称就由外地人给叫起来了。

　　崮山馍馍形状奇特,每个手指大小,十个一排,吃起来劲道香甜可口。相传乾隆皇帝南巡时驻跸崮山行宫,当地官员选送崮山馍馍供皇上品尝,乾隆皇帝品尝后,龙颜大悦,连连夸赞馍馍好吃。并御笔为崮山馍馍点上了象征"福禄寿喜"的四个红点,赏给制作崮山馍馍的店家白银五百两,还指定为每年进贡朝廷的贡品。因为是皇上亲点,于是四个红点的梅花印记就成了崮山馍馍的独家商标,别人不得随意仿制,否则就会戴上"欺君之罪"的帽子。

图 10—1　崮山馍馍

　　崮山馍馍的美味源于其制作的考究,它的面粉选自附近唐王寨山下产的小麦。唐王寨原名宝泉山,山下全是黑土地,又有宝泉水浇灌,生长的小麦质量非常好。发面选用酒厂的大曲来制作引酵,这样制作出的崮山馍馍略带有一丝甜味。制作时要用压杠压面,就是用木头杠子揉面,面团非常劲道。然后把压好的面揉成雏形,再将揉好的一条条雏形面块摆成十个一排的形状,把馍馍贴在口径一米的大锅锅帮上蒸。这样蒸出的崮山馍馍底面是杏黄色,口感酥脆,出锅后粗头朝上,细头朝下,点上象征"福禄寿喜"的四个梅花点。这样上白下黄,头点"梅花",既美观,又芬芳诱人。

　　随着技术的改进完善和工艺水平的不断提高,崮山馍馍现在可以大批量生产,代表象征意义的梅花印,也换成了"福禄寿喜"四个汉字,更加亲切地表达了商家的美好祝福。

　　崮山馍馍曾获"山东省名优小吃"称号,还远销外地,让远方人也能尝到大崮山馍馍的味道! 如今它不再是皇上的专用食品,早已走进了寻常百姓家。做法还是沿用着传统手工操作,保持着独到的用料,靠品质赢得信誉。崮山馍馍不仅可以冷食,也可以热食,还可以配以汤料制成独具风味的崮山泡馍。正因如此,崮山馍馍成为当地及周边地区宴请宾客、馈赠亲友的理想食品。

精美石头会唱歌

　　木鱼石产于今张夏街道的馒头山上，这里在泰山隆起带的边缘，地势东南高、西北低，由东南向西北依次是山区、丘陵、山前平原和黄河洼区。张夏境内物产资源十分丰富，农副产品种类齐全，矿产资源有煤、金、铜、铝、磷、铁等，特别是木鱼石材资源比较丰富。木鱼石产品发展成为张夏乃至长清区的拳头产品。

图 10－2　木鱼石产品

　　木鱼石又称木纹玉，呈紫檀色，质地细腻，纹理清晰，它形成于寒武纪，与泰山石的形成年代相近，是在 16 亿年前海底沉淀生成的一种珍贵玉石矿材,其成材距今已有 5.5 亿—5.8 亿年之久远,而产地仅限于列入世界三大古老剖面标本之一的泰山西侧的张夏镇境内。早在 2500 年前的战国时期,卢医扁鹊就用砭石疗法为民众疗病,而在宋、明、清时代已有人将木鱼石雕刻成工艺品供人把玩。直到改革开放后的 1989 年,经科研部门对木鱼石进行权威科学鉴定,确认该石对人体具有较高的保健作用后,方才进行规模生产。

木鱼石是史上稀有的珍贵保健石材,仅产于济南市长清区张夏街道附近。在张夏境内产的木鱼石材中,又以上泉村为最佳。这里的木鱼石质地细腻,纹理清晰,密度高,不渗水,能与广东高要端溪产的端砚石媲美。上泉出的木鱼石保健杯在1994 年经日本穗高科研株式会社对浸泡 24 小时的水质进行检验,结果证明水质中含有锌(< 0.2)、锶(1.1)、钼(< 0.2)、硅(130)、硒(< 60)等 5 种元素。又对木鱼石材用光谱验出结果:含钾、钙、锆、钛、钠、铜、铌、钒、铝、铁、铬、镁、硅、硼、钡、铷等 16 种元素,故唐代药王孙思邈也用木鱼石进行砭疗;明代李时珍的《本草纲目》中也记载:木鱼石系珍稀中药材,其性甘平无毒,有定六腑、镇五脏的功效,久服有强力、耐寒、耐暑、不饥、轻身、延年不老之神奇功效,故古人称该石为"神石""多福石""鸿福石"。直到上世纪 80 年代被后人称为"中华一绝"。目前山东长清木鱼石协会生产的"长清木鱼石"牌茶具、保健杯和工艺品既有实用价值,又有观赏价值。据介绍,用木鱼石保健杯泡茶,酷暑季节其色、香、味十日不变,春秋季节三十日不变质,当日泡的茶水,绵绵入口,清香怡人。普通的酒,装在该杯内 3—5 日后,味道更加甘醇,芳香扑鼻,饮之口感极佳,回味悠长。经常使用木鱼石杯,不仅具有神奇的消毒净化作用,而且还能不断补充人体必需的微量元素,调节人体新陈代谢,预防高血压、动脉硬化,蓄精固本、养颜护肤,有明显的保健功效,起到抗衰老、防癌、延年益寿的作用。木鱼石的产地馒头山下的附近几个村,村民人均寿命在 80 岁以上,基本上无癌症患者。传说乾隆当年奉父皇雍正旨意曾来此地寻找到了"会唱歌的石头",并顺利地继承了皇位。

卅里杏谷万亩花

　　万亩御杏园,位于今张夏镇驻地东南黄家峪内,原来御道旁的丁家庄有一条岔路,到东野老村大约三十里路的两旁载满了杏树。多少年来,村民家家栽树,户户卖杏,形成规模。杏树属于北亚热带至温带长日照偏阳性植物,性喜温暖湿润的气候环境,春季气温在 10—15℃时,便开始萌芽和孕蕾开花。在我国,杏花的栽培可追溯到战国时期,在《管子》一书中,就记载说:"五沃之土,其木宜杏。"我国古代记录农事的历书《大戴礼记·夏小正》中写道:正月,"梅、杏、杝、桃则华",四月,"囿有见杏"。可见,在公元前,杏已成为我国园林中的栽培果木。

图 10－3　三十里御杏谷

张夏街道"三十里御杏康养谷"赏花基地位于黄家峪,分布在纸坊、焦台、桃园、娄峪等 20 多个村,杏树种植面积 1.2 万亩;车厢峪赏花区主要分布在绿豆囤、王庄、王泉等 8 个村。御杏 3 月开花,5 月成熟。开花时节,游人到了这里,就仿佛进入了花的海洋。风摇花枝,四野飘香,宛如片片彩云飘落在山间。杏花花瓣圆形或倒卵形,白色或带红色,不仅好看,还有变色的特点:含苞待放时,朵朵艳红,随着花瓣的伸展,色彩由浓渐渐转淡,到谢落时又变成了雪白一片,煞是好看。常言道:"杏花谢,桃花开。"杏花是早春第一花,冬藏了几个月的人们来到这里踏青赏花,顿觉心旷神怡,流连忘返。

图 10—4 御杏熟了

杏花开罢即开始结果,两个月左右就能采摘果实。"梅子金黄杏子肥,麦花雪白菜花稀。"黄澄澄、圆溜溜的杏儿,咬到嘴里,稍酸又甜,清爽提神,蜜汁充满全口,非常好吃。其实在中国,杏子有着悠久的栽培历史,早在《诗经》中就有对杏的记载。古人还将杏林作为医生的象征,源自三国时期名医董奉的故事,久而久之形成了"杏林春暖"的佳话。杏花谷的御杏是张夏的独特产物,不仅受地理位置影响,更离不开张夏人的精心培育。围绕单果更大、品相更优、口感更佳、营养更丰，果农们煞费苦心，一直摸索着种植经验，年年结出丰硕果实。相传乾隆皇帝在经张夏御道去泰山途中，远见满山遍野金黄灿灿的山杏，便命随从摘来品尝。乾隆帝吃起来酸甜适口、质优性甘、风味甜美，于是龙颜大悦，随命将此果定为宫廷御用。从此就有了"御杏"一名。

如今，村民仍然延续多年传统习惯，植杏树面积多达 2 万多亩，100多万株，该杏园被列入济南市市长工程和全市八大林果基地之一，也是目前全省规模最大的御杏生产基地。近年来，张夏街道以节为媒，运用现代技术手段创新融合千年张夏人文历史、九省御道文化古迹，将古御道文化与现代杏花融为一体，将杏花节发展成为长清区春季旅游的重要标志性活动。推出"杏花所愿"文旅品牌，每年举办一次"杏花节"和"采摘节"，已连续举办了二十一届，很好地推介了张夏，推介了长清。

泰山白梨成贡品

　　泰山小白梨主产于泰山北麓,在今张夏街道种植面积也很大,有250多年的栽培历史,主要集中在张夏镇纸房峪一带,是我省优良果树品种之一。该品种成熟早,果型端正,色泽美观,皮薄肉嫩,汁多香甜。具有果皮黄白、肉质清脆、甘甜、无渣等特点,且产量高、经济寿命长、耐贮运。并含苹果酸、柠檬酸、葡萄糖、果糖、胡萝卜素及多种维生素,具有清心润肺、止咳化痰、降低血压等功效。

图 10—5　泰山小白梨

据说泰山小白梨最早是在张夏黄家峪里发现的。传说当年乾隆皇上去泰山巡视，来到此处忽遇狂风，一阵飞沙走石使队伍迷失了方向。当发现已偏离了御道时，皇上遂停下来令随从打探。一行人偶见前方梨树树干粗壮、枝叶茂盛，结出的果实硕大且颜色诱人。便采摘一枚品尝，梨子皮薄肉嫩，汁多香甜。于是他们便边走边采，边采边吃，不知不觉中竟又神奇地回到了御道上。

乾隆皇帝认为此梨为祥瑞之兆，是上天的馈赠，便作为贡品运到了泰山。在记录贡品册子时，官员问侍从贡品梨的名字，随行人员灵机一动，根据梨子外形椭圆表皮呈现白色的特点，脱口而出："泰山小白梨。"就这样，泰山小白梨不仅成了贡品，而且直到今天还销往全国各地。

精雕细琢泰山玉

　　泰山玉,产于泰山北麓。该石为蛇纹石质玉,致密块状,质地细腻温润。颜色以绿色为主:有碧绿、暗绿、墨黑等色,石中含有黑黄色的斑点。半透明至微透明,油脂、蜡状光泽,先秦时代已很出名。据《山海经》记载:"又南三百里,曰'泰山'其上多玉,其下多金……,环水出焉,东流注于汶,其中多水玉"。《山海经》之后,对泰山玉有明确描述的还有魏晋时期曹植的诗作《驱车篇》:"驱车掸驽马,东到奉高城。神哉彼泰山,五岳专其名……上有涌醴泉,玉石扬华英……"。五代时期,道书《福地记》中曾记载:"泰山多芝草、玉石。"直到当代人撰写《五岳志》,还有"泰山方圆四十四,多芝美玉石"的记载。据考证,早在五千年前的新石器时期大汶口的先民们就已经用泰山玉制作出了碧玉铲、臂环、佩饰等艺术品。目前已知的世界上最小的泰山玉玉斧实物藏于泰安遇石记博物馆。

　　制作泰山玉的工序很复杂。首先是采料,通常在每年春季天气渐暖时开工采石。开采过程中,严禁用炸药炸山采石,全部为人工操作,以减少对泰山玉石材的浪费。一般来讲,开采一块百余斤重的石材,至少需3人共同协作才能完成。其次是选料,泰山玉石的制作,选料至关重要,靠的是独到的眼力和丰富的经验。第三步是解料,依据作品形态要求,将石材切割成适合大小。传统的做法是,先用墨斗、直尺、拐尺取线,再用锤子、凿子进行切割。然后是画样、扯毛坯，遵照作品形态的具体要求，依"样"用滑石把相关图案和纹样直接画在解好的石料上。根据画出的大样轮廓线，用锤子、凿子凿刻出产品的大形，多用平雕技法。第四步是精雕刻，不同材质石料需要不同的雕刻技法和工具，同一类石料不同部位的雕刻也需要不同的技法和工具。就泰山玉石雕刻而言，工匠在石材表面上以平雕、浮雕、透雕等技法雕刻出各种花纹图案，通称"剔凿花活"。最后一步是打细，用小铁锤、小凿子、錾子等进行修整。雕刻完成的作品，需用牛皮砂纸打磨、抛光。先用粗砂纸将作品打磨，再用细一些的砂纸细磨，然后选用更细的砂纸打磨，直至作品光亮精美。

图 10-6　泰山玉产品

　　泰山玉石蕴藏量极少，有"镇山玉""辟邪玉"之称，因此极其珍贵。

柿子酿出玉琼浆

　　柿子酒原产地在今长清区万德街道武庄一带,这里属于山区,地势南高北低,土地以沙石山为主,土壤肥沃,非常适应柿子树的生长。暖温带大陆性季风气候,四季分明,冬季干冷,夏季炎热,而且季节之间的气温变化很快。降水集中在 7 月和 8 月,此时的降水占到全年的 54％。境内还有大小河溪 20 多条,河水面积 3 平方公里。优良的水质,为柿子酒生产提供了丰富的水源。

　　据传说和有关史料记载,柿子酒已有近 2000 年的历史。有消息报道,某地前些年发现了一只 1800 年的两耳细颈酒罐。通过对罐壁红色斑的成分分析,其中有单宁和酒石酸,这是柿子酒里所含的天然化学物质。说明人类在那时已经开始饮用柿子酒了。明朝李时珍的《本草纲目》中,也多处提到柿子酒的酿造方法及柿子酒的药用价值。"柿子酒有降血压,软化血管,增进健康、养颜悦色等功效。

图 10－7　柿子酒产品

　　柿子酒是自然发酵的产物,直到现今,有许多柿子酒生产商仍采用自然发酵的工艺生产柿子酒。即柿子破碎后,不加任何菌种，让野生酵母自然繁殖。众所周知，自然界的野生柿子和野生酵母，很早以前就已经存在。特别在万德境内柿子酒酿制工艺一直流传至今，武家庄一带酿造柿子酒工艺还在传承，已被列为非物质文化遗产项目。

孟姜酥盐煎饼卷

　　孟姜酥盐煎饼卷是万德长城村历经两千多年传下来的传统名吃。春秋时期，长城村由于地处要冲，交通便利，人丁兴旺，经济比较繁华，人们衣食无忧，路不拾遗，夜不闭户，从而摸索出许多"吃"的文化来。其中"酥盐煎饼卷"就是最流行的代表食品。推出它的初衷，是为了来往商贾和外出经商的家人携带方便，且不用生火，不易发酸变霉，不用菜肴。传说这种煎饼卷，在孟姜女千里寻夫要离家出走前，闻讯赶来的邻居们送了很多，成为孟姜女寻夫路上唯一的食品。因长城村是孟姜女的故里，所以长城村的人，尤其是妇女都知道孟姜酥盐煎饼卷的制作工艺，因此一直传到现在。

图 10－8　孟姜酥盐煎饼卷

酥盐煎饼卷的主要原料就是玉米，或稍加小米、豆子，做出来的成色微黄，最大的优势就是香、酥，略咸，给人一种永远吃不饱的感觉，吃了还想吃。而且吃下去后，余香留口，香飘四溢。

因为它的制作工艺比一般的食品工艺复杂，又要掌握技术要领，延续到人民公社时期，人们就没有时间做这道食品了，只是冬闲或过年之际，好这一口的村妇才做个一回两回的解解馋，成为一种奢侈品了。

制作孟姜酥盐煎饼卷需要的工具是石磨子、大盆、熬子、石碾，技术要领包括炒盐、炒芝麻、摊煎饼的火候、烙出的煎饼的成色等。

干鲜果品销四方

　　长清东部山区果树栽培历史悠久,资源丰富。清道光年间,栽培的鲜果即有杏、桃、李、柿、梨、银杏、樱桃、石榴、葡萄、沙果、文官果和苹果等。民国年间,除以上果树品种外,还有海棠果、佛手等。以前,果树栽培多为当地品种,农户零星种植,成片果林很少。上世纪70年代后,政府通过引进优良品种和培育推广,树种和品种都较前有大的增加。1985年,共有苹果树栽培树种13个:金帅、红星、小国光、红玉、红斜子、倭锦、祝光、大国光、白粉皮、鸡冠、青香焦、印度、富士等。梨树栽培品种14个,主要有小白梨、秋白梨、金坠子、鹅梨、鸭梨、伏梨、长把梨、花梨、香水梨等。桃树栽培品种10个,主要有肥桃、蟠桃、五月红、上海水蜜桃等。杏树栽培品种6个,有红玉杏、车头杏、八旦杏、水杏、红荷、山杏等。红玉杏在本地有两千多年的栽培历史,具有色泽美,肉质厚而实,酸甜可口等特点,是杏的优良品种,分布于张夏、万德两街道的山峪里,行销上海、香港等地。葡萄栽培品种3个:玫瑰香、龙眼、牛奶子等。

　　干果主要有大枣、柿子、核桃、板栗、山楂、花椒等,具有储存时间长、能二次深加工等特点。

　　由于产区紧靠津浦铁路的四个车站,运输方便,干鲜果品畅销全国各地,成为山区农民一大经济来源。

江北最早灵岩茶

中国茶道从一开始就与佛教有着千丝万缕的联系。最初，茶为僧人提供不可替代的饮品，而僧人和寺院促进茶叶生产的发展和制茶技术源远流长。据历史记载，山东地区较大规模茶树种植是从唐朝开始的。而茶道、茶文化始于灵岩寺。中唐时期的著作《封氏闻见记》卷六记载："开元中，泰山灵岩寺有降魔师大兴禅教，学禅务于不寐，又不夕食，皆许其饮茶。人自怀挟，到处煮饮，从此转相仿效，遂成风俗。自邹、齐、沧、棣，渐至京邑，城市多开店铺煎茶卖之，不问道俗，投钱取饮。其茶自江、淮而来，舟车相继，

图 10—9 禅茶

所在山积，色额甚多。楚人陆鸿渐为《茶论》，说茶之功效并煎茶炙茶之法，造茶具二十四事以都统，笼贮之，远近倾慕，好事者家藏一副。有常伯

熊者,又因鸿渐之论广润色之,于是茶道大兴,王公朝市无不饮者。"这是关于饮茶之风形成过程的最早、最系统的记录。

《宋高僧传》卷八有《唐兖州东岳降魔藏师传》,记降魔藏师为禅宗北宗祖师神秀的弟子事迹,其文云:"寻入泰山数年,学者臻萃,供亿克周。"这与《封氏闻见记》可以相互印证。

由此可推断,中国南方饮茶颇早,而北方饮茶的起源在唐代。唐代开元年间,济南(齐州)附近(今济南长清)的灵岩寺,就是中国北方饮茶的发源地。如果用今天的话来讲,大意是唐玄宗开元年间,灵岩寺来了一位禅宗大师叫作降魔师,他在灵岩寺大兴禅教,学禅(打坐)不睡觉,又不吃晚饭,只允许喝茶。为了提神不瞌睡,人人都把茶叶随身携带,到处煮着喝。这一风俗,逐渐从寺庙传到社会中。"禅茶一味",即由此来。自唐宋开始,灵岩寺就成为闻名天下的禅茶祖庭,也是"禅茶一味"的故乡。灵岩茶,因产自山东大灵岩寺而得名。当时灵岩寺虽居山中,但寺外山峪有许多禅地,据记载,宋金时期灵岩寺的面积东至朗公山野老庄石门、西至鸡鸣山、南至明孔山、北至山后的神宝寺,即东西10公里、南北5公里,共50平方公里。众僧开荒种田,保证自给,除耕种粮食外,还种植茶叶。因地多人少,寺院还专门雇附近农户帮忙种植采摘。

灵岩茶田主要分布在今灵岩村滴水崖北边一带,这里土地肥沃,离水源很近。又因纬度高、气温较低、昼夜温差大,鲜叶中叶绿素、蛋白质、多酚类物质含量高,干茶色泽、汤色和叶底均绿亮、品质好。灵岩茶具有叶片厚、滋味浓、耐冲泡的特点,被誉为"泉城第一茶"。有诗云:"泉城水灵岩茶,相映生辉甲天下"。

灵岩茶有绿茶和红茶之分:灵岩绿茶叶片肥厚、茶叶香气高、滋味浓郁、耐冲泡、汤色嫩绿明亮,并带有独特的板栗香;灵岩红茶原料细嫩,经萎凋、揉捻、干燥等典型工艺过程,外形条索紧直、匀齐,色泽乌润、香气浓郁、滋味醇甜而甘浓,汤色、叶底红艳明亮,具有独特的天然玫瑰花香和形质兼优的品质特征。在第八届中国国际农产品交易会上,灵岩绿茶荣获金奖。

　　"春山谷雨前,并手摘芳烟。长清山水美,谷雨茶更香"。目前长清茶叶种植产业方兴未艾,除灵岩茶外,还有坡里庄的"泉城红茶""泉城绿茶"和马套村的"马套将军山茶"两个茶叶种植园区,生产的茶叶销往国内外,形成了享誉长江以北的茶叶生产基地。

参考文献

（清）高晋等编撰：《南巡盛典名胜图录》，古吴轩出版社 1999 年 7 月影印出版

向斯著：《乾隆南巡的故事》，故宫出版社 2016 年 8 月出版

郦道元著，叶当前、曹旭评注：《水经注》，凤凰出版社 2011 年出版

山东省历史地图集编纂委员会编《山东省历史地图集·社会》，山东省地图出版社 2016 年 2 月出版

（清）王赠芳等修、（清）成瓘等纂，济南市史志办公室整理：《济南府志》（道光），中华书局 2013 年 4 月出版

中共济南市委党史研究院、济南地方志研究院编：《济南名山诗总汇》天津古籍出版社 2022 年 11 月出版

侯林、王文编校：《济南泉水诗全编》，线装书局 2022 年 5 月出版

山东省泰安市新闻出版局编：《泰山大全》，山东友谊出版社 1995 年 8 月出版

济南市槐荫区编纂委员会编：《槐荫区志》，济南出版社 1993 年 11 月出版

徐宾 桑恒昌主编:《百村故事》,济南出版社 2019 年 11 月出版

徐宾 桑恒昌主编:《百村记忆》,济南出版社 2018 年 1 月出版

齐河县史志办公室编:《齐河县志》,中华书局 1990 年 8 月出版

长清档案局:《长清县志》康熙版,2002 年 5 月影印

中共长清区委党史(史志)研究中心整理:《长清县志》民国版(点校本),线装书局 2022 年出版

中共长清区委党史(史志)研究中心整理:《长清县志》道光版(点校本),线装书局 2024 年 5 月出版

长清县志编纂委员会编:《长清县志》,济南出版社 1992 年出版

济南市长清区地方史志编纂委员会编:《长清区志》,方志出版社 2014 年出版

长清县地名委员会办公室编:《山东省长清县地名志》,1996 年 5 月出版(内部资料)

张兆森主编:《长清碑刻》,济南出版社 2020 年 12 月出版

(清)马大相编纂:《灵岩志》,山东友谊出版社 1994 年出版

王荣玉 卞允斗 王长锐 王晶主编:《灵岩寺》,文物出版社 1999 年出版

马丛丛著:《山东灵岩寺史研究》,中国社会科学出版社 2024 年 1 月出版

李良森著:《卢邑故事》,中国广播电视出版社 2003 年 12 月出版

李现新著:《散记长清》,中国言实出版社 2010 年 8 月出版

附：爱新觉罗·弘历
咏长清诗选

　　乾隆是历史上写诗最多的皇帝，一生合计达 43630 首（含辞臣之作）。后人评价他写诗"不求最好，只求最多"。乾隆皇帝南巡或东巡共八次驻跸灵岩寺，每次来都为"灵岩八景"逐一赋诗，仅此就达 64 首。加上御道沿途山美水美，他走走停停，随走随写，诗意如画之行草诗篇，赞颂长清美好河山。笔者根据道光版《长清县志》、灵岩寺御碑崖石刻并参考《清高宗御制诗文全集》辑录他在长清百余里御道留下诗作 116 首，以飨读者。

见山

燕山小别见齐山，十日余行平甸间。
乍觉一棱写犀额，旋看几幛列云鬟。
那能仁者同其乐，且喜静分对以闲。
计里明当玉符宿，更应屦妖领屏颜。

开山驿

开山向平野，东北济城垂。已过十年事，惟消片刻思。
了知如窝梦，何必惹清悲。朝爽城犹近，前旌可慢移。

晓发崮山（四首）

云封昨过藏松色，雪积今看缋巘姿。
清致山程逢不易，却教回首立移时。

雪后春朝生峭寒，轻裘暖憾意遑安。
为他道左来黎庶，粗布衣犹纩絮单。

连朝剧暖换棉装，一雪青郊顿作凉。
凡事如斯难逆料，鞠躬谁是昔南阳？

春山迤逦度朝晴，卓午还逢薄暖生。
旅况暄寒人自备，所欣连垄麦方萌。

（辑自《御制诗二集》卷六十七）

崮山叠旧作韵

十日行春尽郊野，今朝发驾见山姿。
逢迎喜与峰峦近，驻跸才方卓午时。

雪积阴崖勒薄寒，和门武帐向南安。
予宁阙丰裘暖，虑在多人布帐单。

生色围屏画意装，谡声泛出籁含凉。

前番却忆雪中见,依旧行斋松岭阳。

翠云千叠美春晴,抱石为胎强项生。
落落宁同凡草木,却随冬夏变枯萌。

辛卯仲春下浣憩崮山,传餐,因而有作(四首)

行久平原此入山,停舆恰趁一时闲。
何来几架山房见,不为怡颜为怔颜。

崮山原属昔常过,绝顶仙宫栖岌峨。
瞬息六年何所异,绿窗云影绛垣多。

一间亭舆两肩楼,咫尺峰容望里收。
朴斫亦知无大费,惜他终属费人修。

片刻传餐复就途,那因佳处久耽娱。
何当此意未喻众,犹见尔为每惭吾。

(辑自《御制诗三集》卷九十五)

小憩崮山,叠辛卯韵(四首)

一卷岂不足称山?半刻停舆趁此闲。
迤日陆行平甸久,今朝恰喜见峰颜。

崮山来往屡经过,凭辇惟看翠岭峨。
小驻传餐辛卯始,几间朴斫却嫌多。

对山不是背山楼，淡淡朝岚晓欲收。
一炷名香差致敬，未登石磴恐防修。

传宣便复进前途，肯以栖迟恣揽娱。
虽未八义四章就，由来拙速尚能吾。

小憩崮山，叠甲辰韵四首

齐郊行不见燕山，旷野轻与目为闲。
今晓一峰忽入望，岩岩遥示岱宗颜。

数岁兹山复一过，虽云岭小亦嵯峨。
翠微处有传餐室，不说由来愧已多。

岩顶精蓝有佛楼，隆崇入望晓云收。
频经曾未一拾级，付与阇黎自净修。

小驻轻舆复就途，迎銮老幼总欢娱。
屡丰见尔足衣食，此景熙熙信悦吾。
（辑自《御制诗五集》卷五十四）

题长城

乘山筑障连琅琊，四起防门谨蔽遮。
策士合纵资倡议，萋笘天下属嬴家。

驻跸方山

济北名山驻玉符,欣于始遇畅清娱。
梵宫高下罗诸岫,行殿朴淳别一区。
容膝已安谓多矣,奇观何限讵穷乎?
润州此去栖霞揽,吉甫均标十道图。

驻跸方山叠旧作韵

谁向丹阳借宋符? 佳谈一例助游吴。
何须此是彼非论,不异水流山峙区。
行馆数间堪驻耳,好峰几叠试登乎。
前年已是携图去,今日居然身在图。

方山夕景

雪积有余寒,山高易为暮。
松梢落暝色,忽失苍松处。
行斋倚岩半,谡谡仙风御。
神谧息外营,景清契始遇。
然此不可著,明当清跸去。

驻跸方山,再叠前韵

南北灵岩若合符,一般佛宇足遨娱。
由来在此即言此,何必分区有定区?
计里而行堪驻矣,辟斋以待岂宜乎?
壁间相映朗公石,却是前巡手自图。

方山夕景

苍苍落屏山，冥冥暗柏关。

莲榭一室静，梅岙万几闲。

近见疏星缀，遥闻幽涧潺。

今宵有清梦，亦只在民间。

方山歌

久行广甸思见山，侵寻行入众山里。

行山未若宿山逸，宿山况是山最美。

山方宛似碧玉符，帝付东皇俾掌此。

熊熊奕奕镇齐疆，蕴写灵泉为玉水。

是时峰顶春云起，雾雯叆叇流成绮。

幂松铺谷乍有无，岩斋响像难容拟。

为霖信好雪亦佳，麦陇崇朝润千里。

驻跸方山·三叠前韵

山两岩双似契符，不妨随处供巡娱。

助休一例皆廑念，疆界何须定执区！

行馆无过信宿耳，层岚有待咏歌乎。

咏歌亦只消几暇，察吏安民是本图。

登玉符最高处

玉符高处未恒登，兹以停跸余几暇。

肩舆迤逦梯青云，十步一憩依松架。

戢霱晻霼莫得辨，亦有甽平厘畖下。

可公床与白云洞，时见微泉滴石罅。

牝穴一线弗易入，细磴行踪光却砑。

其中或住地行仙，拟欲问之转复罢。

更进乃造功德顶，石凿相好非虚借。

把笔拈吟那可得，心凝形释泯万化。

是宜原付可公辈，与木石居此结夏。

返吾行馆勤吾政，道不同焉不相假。

登玉符最高峰，得四百字

春巡气尚寒，有兴未登眺。　清和兹返辔，日长况早到。

宇宙最奇处，空过山灵谯。　设如逢炎暄，挥汗亦何要。

时景值佳会，况鲜几务告。　邂逅不可失，一畅智仁乐。

园北启便门，不必命旌蠢。　肩舆陟崇椒，林鸟为前导。

摧娄罗疏峰，威纡列层峤。　陡壁若无路，一线穿林徼。

或如田见龙，或如雾隐豹。　或雄以狰狞，或深以窅窱。

或秀若丹青，或壮若廊庙。　树抱石为胎，前飞峡成调。

山花霏细芳，山禽递幽噪。　历历所揽结，朗朗开怀抱。

舍舆还进步，何藉筇屐趫？　初至半空岩，屋屋以棚窖。

方床俨维摩，不著天花落。　为想诗僧逸，顿息尘缘闹。

蹑险扪烟萝，洞有白云号。　肤寸一脉起，泽应三农祷。

证盟功德顶，调御真古貌。　巢鹤最高处，仙胎宛可召。

应接乃无暇，奇观拱四照。　南瞻日观峰，是我昨所造。

北睇鹊华翠，云中辨隐约。　其东朗公近，疑听锡声摽。

惟西乃豁开，来路盘崖隩。　已觉鲜其匹，便欲观其窍。

设匪片时劳，安识无穷妙！　苍然日色暮，归路寻蓓峭。

忆昔可公辈，别传西竺教。　想亦巢许流，林泉寄笑傲。

侵寻事庄严，逐末吁可笑。　其师若有知，弗许头应掉。

有为法终幻，成坏像相诏。　犹然冀施檀，云有福田报。

松坞坐静观，万缘信谁觉。　忘物我未能，吟怀且推敲。

驻跸方山作

匼匝方山此五来,几间行馆称清陪。

松无今古青还绿,泉有筑琴往复回。

率欲题诗仍郑重,因艰佳句辄徘徊。

于斯结习终难置,纪实抒怀戒逞材。

方山夜宿

水宿莫非舟,陆宿莫非屋。妙哉方山夜,其宿胜水陆。

倚岩构几架,窈深复幽曲。林海漾碧波,云关护硕轴。

两兼舟屋美,有过无不足。因缘欣所遇,神谧如新沐。

独我宵衣人,久耽恐非淑。拟告无事者,于此消清福。

宿方山

我宿方山率有诗,此来七字可无之?

承欢侍笑嗟非昔,抹月披风又一时。

胜处忘忧那能忘,个中宜咏信相宜。

历年旧作联新句,补阙聊因勉缀词。

方山雨景

余闲陟山顶,四野暮云披。莫莫藏峰黛,纤纤落雨丝。

湿衣看不见,蓄眼静含思。诗格于何是? 惟应韦氏宜。

宿方山

行馆傍花宫,林峦益致静。山游薄暮归,篝灯夜方永。

定钟近宵声,弗霜亦含警。安禅付彼僧,我自娱清省。

宿方山

寺则灵岩寺，山实古方山。寺名同姑苏，山号如田盘。
究应属之谁，真假辨为难。在兹合言兹，趣况性所安。
窈深廓有容，缭曲往复还。游穷半日力，大略亦毕观。
薄暮归寝室，清宵静以闲。向者林泉佳，勿留方寸间。

灵岩寺

方山亦有灵岩寺，吴下灵岩不独灵。
立字安名由个个，今来古往镇亭亭。
砌甃塔尚干云矗，卓锡泉常注窦渟。
希有佛曾出现地，既云希有现何形？

灵岩寺·叠前韵

玉符祇苑由来久，岩有佛居合号灵。
岂必吴中八面塔，请看历下五花亭。
松因摩顶今听法，泉自渡杯古泻渟。
别馆近旁堪一宿，清虚端足谧神形。

灵岩寺·再叠前韵

烟霞朝暮传心印，泉石古今惬性灵。
不二殿旁法松郁，成双门外刹竿亭。
风来檐角虚铃语，春入山根新水渟。
此是色空无著处，作么更觅梵王形。

灵岩寺·三叠前韵

难穷匣玉藏符玉，且置南灵礼北灵。

千载松仍笼古殿，一溪水自绕岩亭。
闲云不系心同淡，法乳无根性与渟。
山鸟小花解传偈，何妨色色复形形。

灵岩寺·四叠前韵

空色由来一归幻，北南何碍两称灵。
虽无负钵千秋迹，却有柏松百丈亭。
岩是雨花笙嚣嵲，泉犹卓锡贮澄渟。
山僧纵不通禅教，解读金经便换形。

灵岩寺·五叠前韵

事用长卿后知误，迹传玄奘昔称灵。
原由西入非其路，尚自右存是此亭。
院柏又经三载别，山泉仍俯一泓渟。
今宵小驻明朝去，无暇呼僧参色形。

灵岩寺·六叠前韵

东西路径原一路，南北灵岩有二灵。
岂必长卿重赓句，依然玄奘尚留亭。
漫云逝水如其法，试看石泉镇此渟。
调御丈夫独无语，由他色色与形形。

灵岩寺·七叠前韵

叠韵每宗玉局法，输他落笔句称灵。
道林继考远别域，僧寺原吟一个亭。
东指老松仍此峙，重来乳窦镇斯渟。
光阴五载一瞬眼，作么生为色与形。

灵岩寺礼佛作

绅衿处处设经坛,祝嘏同钦是所欢。

绞缚黄棚称茂庆,便宜白社得施檀。

泉因卓锡春犹喷,松为取经东向攒。

安辇奉行益康健,瑞征彤史得纸看。

灵岩寺西入石路用唐刘长卿韵(二首)

峰雪全皴柏,蹊春未点苔。寒钟云表落,溅瀑涧边回。

游目无眼接,悦心初度来。佛原不碍古,士亦得称开。

境自符秦辟,松犹玄奘栽。石泉信清冽,便可试茶杯。

旛影标今揭,碑痕载石苔。金绳重轮奂,贝叶镇昭回。

偶步长卿韵,兼思太白来。峰形皆内抱,谷口独西开。

石路黉缘入,春翘次弟栽。应真渡河代,鸥鸟不惊杯。

西峪

又问灵岩路,言从西峪途。林阴入夏密,峰翠较春殊。

诗意常思李,画情讵让吴。时存勤政念,一宿岂妨乎。

灵岩寺西入石路仍用唐刘长卿韵二首

其一

入山全展画,问径每梯苔。觌相应须礼,肩舆可漫回。

图经谁说创,刺史此曾来。泰岳秀分得,符秦境早开。

云皆依嶂吐,松不藉人栽。甘露泉犹渫,禅房重举杯。

其二

前岁镌岩句,今看亦隐苔。可知无住相,胜处且迟回。

花雨当春落,山容识我来。钟声几杵静,经帙大乘开。

忍草庭中苗,禅枝道者栽。长城信佳作,谁得议琼杯。

卓锡泉上作

古寺礼灵岩,春泉憩卓锡。泉上自有亭,左倚千寻壁。

松盖密密张,乳窦淙淙滴。眉目于焉朗,心神一以涤。

志乘谁所作,咄咄夸妙迹。锡如能昭昭,泉既所历历。

便实有其事,临济与棒吃。

朗公石歌并为图

玉符东麓卓立峰,图志犹称是朗公。

人尽云然胡独不,飘飘合掌行云空。

又如达摩面岩壁,复传曾有点头石。

一之为甚可再乎? 初祖生公笑可惜。

兴来为写朗公貌,三氉何曾求曲肖。

眉毛拖地至今然,海月团团镜光照。

登玉符山极顶作歌

初春昼短景易闲,复虑高处不胜寒。

即今清和驻跸早,有山罢登孤素抱。

内竖肩舆攀蔹萝,更弗松下鸣梢诃。

绝顶放眼一千里,犁云锄雨何其多。

东山小鲁泰山小天下,我则何敢凛乎御六马。

惟有祈年意非假,与民休息孜孜者。

雄辩那须夸炙輠,返吾勤政延儒雅。

灵岩寺西入石路三用唐刘长卿韵(二首)(古风)

例必由西入,石蹊皱绿苔。今朝暂彼宿,明日率斯回。
僧自不他去,佛原识我来。秦符经已辟,唐李法重开。
梵呗分筵演,刹竿当户栽。名泉试甘露,漉雪一浮杯。

路遵道林石,碑古麓山苔。两寺今千载,三年又一回。
因怀长卿昔,曾访法崇来。胜会久寥寂,禅关自阖开。
老兵呼已得,司马祸谁栽。望古兴遥集,何妨为酹杯。

写摩顶松图成复走笔赋此

松以玄奘传古迹,柏忽居之主逊客。
谓柏即松松又非,却有指东枝历历。
谓松即柏柏故是,那见五绒可假借。
以讹传真真已讹,真讹是非更滋惑。
复思太古始制字,柏谓之松松谓柏。
是非真讹究何辨,名循至竟奚实责。
掷笔大笑有是哉,拘墟戏论终无益。

灵岩寺西入石路四用唐刘长卿韵辛卯(二首)

忽吟遗集句,难觅断碑苔。俊逸昔五字,巡游今四回。
齐郊突平起,岱岳秀分来。山寺东犹远,石蹊西向开。
春芜自为吐,古树是谁栽。放眼青天外,芥舟斯胶杯。

此路行原惯,前踪想印苔。泉源碧波落,树杪白云回。
法侣故居在,诗人防友来。老兵呼宋得,邑尉谱吴开。
运否天难问,才多祸自栽。和惟惭覆瓿,玷那拟珍杯。

夕

夙喜宿山中，山中气真静。

凉生松下风，曦隐谷上岭。

万树忽苍苍，一水犹泂泂。

泂泂望复失，夜斋书檠炳。

芸编有至趣，何谓无人领。

晓

山鸟噪瓦檐，却识山将晓。

宁借自鸣钟，偷天炫人巧。

吾已觉眠晏，内侍谓起早。

停跸复无事，何不睡以饱。

去去非汝知，吾有吾之道。

至泰安白鹤泉行馆作

出谷缘山跸路延，花村柳墅望相连。

观民缓迈青郊道，行馆新成白鹤泉。

只以娱慈用允尔，设云适己实惭焉。

八旬圣母扶瞻岳，更祝如斯亿万年。

灵岩寺西人石路咏事

长卿谪宦本湘楚，石路入西韵数酬。

昔每断章因取义，今知非实笑重由。

虽然总此一天下，何必区分四部洲。

李贺梦游真卓识，春烟九点自齐州。

朗公石

灵岩西路远瞻东，石丈魁然见朗公。

谁辨是一还是二，谩云非色亦非空。

无妨雪积彻骨冷，也识春回满面融。

云表如闻可公语，于斯疑似可能同。

题灵岩寺八景

巢鹤岩

法定开山有鹤瑞，羽衣翩翩驻云峰。

至今月白风清夕，仿佛东坡梦所逢。

甘露亭

泉疏甘露淙淙注，亭子因仍甘露名。

用汲谁工注爻象，马迁曾是叹王明。

卓锡泉

泉临卓畅一亭幽，万壑千岩景毕收。

最喜东南缥缈处，澄公常共朗公游。

摩顶松

高松西指为求经，般若真诠泯色形。

假使虬枝解更向，定知糟粕是青宁。

铁袈裟

片铁为衣状水田，沧桑几阅镇精坚。

谁云五叶一花止，试看伽梨万古传。

白云洞

霭霭英英相后先，穿云忽上白云巅。

春郊方待一犁雨，便可为霖润大田。

雨花岩

峰枝涧叶未芬芳，只有天花扑鼻香。

底事坐来都不著，维摩室里即斯床。

爱山楼

萦青缭白相氤氲，无色声天大块文。

著个横楼真恰当，四时佳气与平分。

再题灵岩寺八景

巢鹤岩

羽客本来瑶岛种，何因瑞相兆开山。

应缘命命同飞去，安养道场听法还。

甘露亭

甘露泉头甘露亭，瀹泉洗钵茁莲青。

无端津逮阇黎口，说法犹当字字馨。

卓锡泉

都大缁流也好奇，锡传乳窦注山陂。

玉泉第一惠泉二，问尔神僧卓者谁。

摩顶松

长安辞阙来西竺，摩顶松何在鲁东。

迁固犹然有踳驳，稗官奚怪语多空。

铁袈裟

铁铸袈裟图久住，谁能著得自元超。

蒲牢设拟鲸鱼发，也似钟声披七条。

白云洞

天半嵌岩名白云,晴空无雨亦氤氲。

前春忆得探奇到,路自英英蔚处分。

雨花岩

维摩室里文殊问,那是如来不二门。

付与层岩雨花者,更无人说默无言。

爱山楼

洁治行宫备豫巡,高楼纳得好山皴。

设云仁者有同乐,便拟当春泽物均。

再(三)题灵岩寺八景

巢鹤岩

瑞迹原因法定开,胎仙那识去今来。

层岩或见翙翙者,莫认当年丁令回。

甘露亭

一例回回山下泉,名称甘露岂徒然。

法王解灌群生顶,会否原来在汝边。

卓锡泉

泉如为所锡为能,有卓应非最上乘。

藉问阿谁留此迹,依稀云是佛图澄。

摩顶松

法师西域返关中,宏福译经阐梵风。

何涉殿旁摩顶树,真成野语述齐东。

铁袈裟

铸钟弗就袈裟就,孰是幻兮孰是常。

或曰石坚如铁耳，难持一切问荣将。

白云洞

昔年回跸忆登峰，疑见仙人驭鹿踪。

春晓尚寒且无暇，白云洞口任他封。

雨花岩

弗随冬谢逐春芳，满意清凉满鼻香。

更不分疏著与否，较于天女散犹强。

爱山楼

高低七景围山寺，独喜书楼在小园。

更不安名征故事，包函无尽意中存。

四题灵岩八景

巢鹤岩

胎仙来去本无心，何系开山便驻林。

以此因缘为瑞相，释迦迦叶笑难禁。

甘露亭

四柱虚亭俯石泉，法王甘露法如然。

所欣恒在山中住，不向人间谂瑞编。

卓锡泉

清跸方山复此过，高僧往事忆如何。

寻常消得石勒拜，卓畅于兹又作么。

摩顶松

是柏谓松松攘柏，谓松非柏柏成松。

是非称谓诚何定，一笑真教辨莫从。

铁袈裟

祖衣作铁底须惊,七字因之为定评。

当是铸钟昔未就,袈裟略似故传名。

白云洞

绝顶岩峣趣转奇,忽然牝洞穴岩披。

春云每自封中出,讶是画家留白为。

滴水岩改名雨花岩

未见飞空天女散,落来岩际尽天花。

似赢梵怢相问答,岂默然时便不差。

爱山楼

行馆依山更有楼,偶然拾级畅吟眸。

峰姿岭态寻常好,不及春耕意所留。

五题灵岩八景

巢鹤岩

闻说开山有鹤来,千年佳话泖崖甤。

无心羽客闲翔蕎,何系高僧此驻哉。

甘露亭

石罅淙泉清且冷,观澜每至小徜徉。

设云此即是甘露,一滴曹溪谁果尝。

卓锡泉

卓锡仍论今有无,实遥名在两非孤。

试观树石丹青老,尽是雪溪礼佛图。

摩顶松

或传东指验僧归,此日此言仍弗违。

却看乔枝已四出，指何无定昔今非。

铁袈裟

割烦恼故服消受，一具犹然此路蹊。

项背设非真铁汉，亦谁能著此伽梨。

白云洞

洞易在低难再高，何来极顶穴居遭。

东郊正此需春雨，咨尔白云莫漫韬。

雨花岩

深处入云衣履湿，天花终古落婆娑。

设云此即维摩室，问答其间已属多。

爱山楼

只有山楼行馆中，今春拾级昔年同。

林峦纳景犹其次，满眼民艰望莫穷。

六题灵岩八景

巢鹤岩

高士此山当日开，巢居云有鹤相陪。

方山本异辽东境，丁令知他何事来。

甘露亭

小亭泉上俯石窦，甘露为名乐泌洋。

不涉世间称瑞事，皇山应笑米襄阳。

卓锡泉

卓锡犹闻经佛图，六神通越世间无。

虽然更有欲咨者，四句金刚亦识乎。

摩顶松

西枝东指是谁为,僧自归来松岂知。
设以此传玄奘异,质之玄奘定遭嗤。

铁袈裟

铁否石乎半信疑,伽梨路畔是谁遗。
朗公设向澄公问,一笑还成两不知。

白云洞

牝洞偏居绝顶峰,薜然小坐膝堪容。
攀跻早是人艰到,漫倩白云一片封。

雨花岩

维摩室里文殊问,曰致曼陀落雨如。
有著者还无著者,天花未免涉分疏。

爱山楼

七景错罗行馆外,一楼迥据石墙中。
爱山原括其余矣,却以凭窗静会通。

七题灵岩八景

巢鹤岩

隐士高僧率爱鹤,盖难屈指数其踪。
胎仙最是性孤介,未必人间愿屡逢。

甘露亭

上方自合有灵泉,甘露佳名亭额传。
一字纵诠三乘义,那如无字广长宣。

卓锡泉

杖锡原从天竺来,适然小驻此崔嵬。

六通得谓神奇矣，四句金刚可识哉。

摩顶松

求经去实自长安，松树焉能摩顶看。

却笑千秋耳食辈，弗如斯者转应难。

铁袈裟

铁铸袈裟千百斤，谁能披得七条纹。

可看平石擎崖路，不识分疏不用勤。

白云洞

有暇无妨山路寻，崇椒石洞窈而深。

白云霭霭洞中出，山上犹晴山下阴。

雨花岩

方山岩与秣陵台，都说讲经花雨来。

试谓天花知厌否，那禁人世屡重怡。

爱山楼

园墙内倚爱山楼，近远奇观向牖投。

闲凭纱疏聊骋目，方山七景一时收。

八题灵岩八景叠甲辰韵

巢鹤岩

朗公岂是逋翁侣，破戒留斯妻鹤踪。

我自闲情寄岩顶，胎仙飞去那期逢。

甘露亭

潝然石罅吐幽泉，借问声传是色传。

甘露昔曾领真味，笑兹何事发多宣。

卓锡泉

五年隔复偶斯来,不改青山崖与嵬。

一宿便当催辔去,谓他卓锡涉多哉。

摩顶松

顶自称摩松自安,底须唐史检重看。

佛无来去人岂异,玄奘试询想答难。

铁袈裟

一领净衣那论斤,法身披祗当丝纹。

铸钟想以不成废,置此半途徒费勤。

白云洞

岂是张华空洞寻,秘书仙箓庋藏深。

写才一缕浮岩白,山下旋成铺谷阴。

雨花岩

维摩室与讲经台,都说散花天女来。

为甚一之岂可再,笑兹不厌重为俳。

爱山楼

居山更有爱山楼,意气翻嫌太相投。

何必多因思杜老,不过诗本几篇收。

后记

　　在键盘上敲击完最后一个字,如释重负的我长舒一口气——用 3 至 5 年时间写三本书的计划不仅提前一年完成,而且还多出了一本。总结这几年的劳作,既感到欣慰,又伴随着惭愧和无奈:欣慰的是,尽管自己阅历及文化水平有限,但所编写都是参照正规史书资料和亲力亲为所见的事实,绝无杜撰成分,能为家乡父老在茶余饭后多了解一些长清博大精深的历史文化提供一些信息,做一件有意义的事,很值得;惭愧和无奈的是,长时间"面壁",心无旁骛,从而几乎荒废了摄影主业,疏远了圈内多年的影友,时有愧欠感。更为严重的是,因长期盯着电脑屏幕和久坐,眼疾复发,身体也一度亮起了红灯。没办法,鱼和熊掌不可兼得。好在遵医嘱调理一段时间后,慢慢恢复了。

　　雄关锁乱滩,古道越千年。长清地绾齐鲁,扼控水陆,南依泰山,北靠省会济南,地理位置非常优越。历史钟情于这片热土,为我们留下了相当多的文化符号,采之不尽,写之不竭。让我只要一翻开史书,就被家乡的史海逸闻所吸引;只要一看到大山深处的摩崖石刻或庙宇楼台,就禁不住想一探究竟;只要一打开电脑,就有写作的冲动。其实我的第一本《长清访古》中已涉及长清百里御道内容,只是所究浅显,点到为止。起初我的印象是,修建于上世纪 80 年代初的国道 104 线,几乎把御道全部"侵占"了。既然存之无几,也就没有多大研究价值,甚至还曾为这件"破旧立新"的事感到惋惜。而促使我再专门写这条已几乎"灭绝"的或是沦落为村庄街巷的古道,是从寻访"泰山行宫"开始的。这些年我发现,在长清东部一线,几乎每个村庄都有泰山行宫,或叫"泰山奶奶庙",或叫"碧霞元君殿""娘娘庙"等,其数量多得惊人。而它们几乎全部都建在御道旁。顺着这条线,我又沿着御道一个村子不落地走了一遍,这才恍然大悟:也许 104 国道修建时人们已经考虑到要保护这条老路,因此国道大都修建在御道西边,只有万德街道长城村在它的东边,基本保存了它的完整性。

同时我还惊奇地发现,可能是为了尽量减少修桥的经费,当年修御道时有意识地尽量避开穿越中川河。这使我感到惊讶,感到欣慰,继而感到振奋,于是把主要精力又转移到对这条古道的追溯上来。

据查找各种资料和实际探寻得知:九省御道长清部分在山东中段,从西北的大清桥入长清境,至东南边的界首铺到泰山,经过了今平安、崮云湖、张夏和万德四个街道办事处,总长 51 公里,俗称"百里御道"。御道基本上是先沿玉符河东南行,从潘村东开始进入山区向正南拐弯,经开山、炒米店,穿范庄、大崮山高地后进入中川河谷地;然后过大刘庄进入张夏街道的红石岭、金庄、张夏村,经茶棚、石店、青杨、土门过靳庄真武阁;后进入万德街道义灵关,再走金山铺、长城铺、皮家店到店台铺,最后过界首铺上圣济桥出长清界入泰安境。从崮云湖开始,一路基本同中川河相伴而行,御道大多沿中川河东岸铺设,其间还是躲不过东、西两边山区下来的多股细流,故沿途架设了十座大石桥:分别是崮云湖街道炒米店广惠桥、大崮山无影桥,张夏街道北普济桥、南普济桥,张夏北桥、土门广济桥和永济桥,万德街道义灵关桥、店台广生桥和界首圣济桥等。一路最壮观的莫过于四道过街阁:张夏村玄帝阁、靳庄村真武阁、长城铺玉皇阁和店台村真武阁等。沿线众多古迹遗存保留之完好程度大大出乎我的预料。同时,百里御道正处在两边层峦叠翠的大山中间,加上如今两条公路、两条铁路车水马龙的动人景象,更是妙趣横生,构成了一道迷人的百里画廊。行走其间,让人为之啧叹,令人流连忘返。

百里御道真有这么迷人吗？以至于乾隆皇帝每次南巡或东巡都必经长清,都"赖"在灵岩寺里舍不得走。这位老爷子一生共八次驻跸灵岩寺,并且每次来都要为"灵岩八景"逐一赋诗(仅此一项就达64首),还多有楹联和题字等。加上御道沿途他走走停停,随走随写,赞颂沿途美好河山。故在长清百余里御道上共留下诗作达116首。"独乐乐不如众乐乐",我又将乾隆过长清的诗做了辑录,放在附录里,看看这位封建皇帝是如何用绝妙词语赞美我们长清的。

其实长清"百里御道"是现今叫法,而实际上旧时御道在长清境内还要长得多。因为康熙版、道光版和民国版《长清县志》上记载的长清县疆域远比今天的面积要大得多。其中民国版《长清县志》载长清县四至是:"至省城历城县治七十里,至茌平县治九十里,至肥城县治九十里,至齐河县治四十里。"1992年版《长清县志》所载史上长清县最大面积是1935年前后,曾达到了1854平方公里。长清地图大体呈蝴蝶状,而不是现在的三角形。1992年版《长清县志》大事记载:"1950年6月,长清县第五区所辖的北店子、大金庄等41个村,划属济南市郊区。""1955年春,长清县东北部的宋庄、周王庄等21个村划属济南市郊区。""1956年10月,黄河西赵官镇、胡官屯、仁里集和潘店4个区划归齐河县。"现在长清的总面积是1178平方公里,比旧时小了三分之一还要多。

也就是说,当年长清段御道还经过今槐荫区的申家庄、由里庄、大李庄、石头庄和今市中区的杜家庙、双庙屯等村。故追溯这条御道的来龙去脉，不能落下这几个村庄。为此本书还特意介绍了槐荫区沿御道有特色的三个村子，旨在让读者更多地了解一些康乾皇帝南巡、东巡的路线及些许印记。

　　到目前为止，笔者的长清文史系列书籍《长城之源》《百里黄河》和《九省御道过长清》画上了句号，与社会上以长城一百里（公里）、黄河一百里、御道一百里的系列探源活动相契合。近段时间以来，"大学生读城计划·我的大学我的城"文旅融媒互动课堂走进长清大学城山东师范大学校区，掀起大学迎新文旅新高潮。大学生们以"长清的风，吹越三百里"为主题，讲述了黄河流经长清境内一百里、齐长城在长清境内的一百里（公里）和串联长清的古御道一百里的前世今生。说明社会各界对长清的古文化越来越重视，"我从哪里来，要到哪里去"的探究越来越深入人心。这无疑是件好事。回望是为了前瞻，温故是为了知新。相信随着"让文物活起来"专题活动的深入开展，那些隐入历史尘烟的故事浮出水面，用心讲好长清故事，进一步激发新时代文史工作的动力和活力，定会促进长清文物保护利用与文化建设、旅游提质相融合，与乡村振兴、区域发展相融合，与民生福祉、社会发展相融合，着力提升长清文化事业的软实力。这是件非常有意义的事，作为长清人我十分乐意参与其中，助火添薪。

　　在本书采编过程中，得到了中共济南市长清区党史（史志）研究中心魏珺主任一如既往的大力支持；济南市文史学者刘书龙、《齐鲁晚报》文史研究院院长雍坚、《长清方言大辞典》主编王文起和长清文史爱好者李现新、魏文森、赵福平、韩特等先生或赐书点校，或隔空沟通，或亲临指导，都给予了大力帮助；80岁高龄的著名书法家王景吾老先生三次题写书名，同样进入耄耋之年的著名画家李良盛老先生根据脑中印象泼墨绘出老家店台村村貌图和真武阁复原图，都令我感激涕零；我区著名书法家温少峰先生听说拙作即将付梓，热心帮忙联系区内刘学功、刘金宣、董正峰、王培震、张同金、张庆刚、郝琳、张玉峰、赵庆峰、李好等十位书法家为本书十个标题挥毫，为本书增加亮点。在此，对以上良师益友一并表示最衷心的感谢。

　　因资料和笔者水平所限，书中难免错舛，敬请读者批评指正。

曹建民
2024 年仲夏于长清玉皇山下读书阁